Die Haftung im Fall der Doppelinsolvenz im AG-Vertragskonzern

Europäische Hochschulschriften Recht

European University Studies in Law

Publications Universitaires Européennes de Droit

Band/Volume 6154

Julian Hageböke

Die Haftung im Fall der Doppelinsolvenz im AG-Vertragskonzern

PETER LANG

Bibliografische Information der Deutschen Nationalbibliothek
Die Deutsche Nationalbibliothek verzeichnet diese Publikation in der Deutschen Nationalbibliografie; detaillierte bibliografische Daten sind im Internet über http://dnb.d-nb.de abrufbar.

Zugl.: Passau, Univ., Diss., 2019

Gedruckt auf alterungsbeständigem, säurefreiem Papier.
Druck und Bindung: CPI books GmbH, Leck

D 739
ISSN 0531-7312
ISBN 978-3-631-81355-3 (Print)
E-ISBN 978-3-631-81805-3 (E-PDF)
E-ISBN 978-3-631-81806-0 (EPUB)
E-ISBN 978-3-631-81807-7 (MOBI)
DOI 10.3726/b16792

Diese Publikation wurde begutachtet.

www.peterlang.com

Meinen Eltern

Vorwort

Die vorliegende Abhandlung ist meine im Herbst 2019 bei der Juristischen Fakultät in Passau eingereichte Promotionsschrift. Sie ist auf dem Stand von September 2019.

Mein erster Dank gilt meinem Doktorvater Herrn Prof. Dr. Holger Altmeppen, der meine Arbeit betreut und mich stets mit Wohlwollen sowie mit wertvollen Ideen und Hinweisen unterstützt hat. Zudem danke ich ihm für die gewährten Freiheiten, die ich während meiner Tätigkeit an seinem Lehrstuhl hatte, und für das hervorragende persönliche Verhältnis, welches die Arbeit mit ihm zu einem wirklichen Vergnügen machte. Ich werde mein Leben lang gerne auf die gemeinsame Zeit zurückschauen.

Herrn Prof. Dr. Michael Beurskens danke ich für die zügige Erstellung des Zweitgutachtens, die in dieser Form keine Selbstverständlichkeit ist.

Ausdrücklich möchte ich mich auch bei meinen ehemaligen Kollegen für die stets offene, freundliche und produktive Atmosphäre bedanken. Besonders genannt seien hier die mittlerweile promovierte Kollegin Frau Dr. Laura Gerauer, die derzeit noch promovierende Frau Babette Milz und Prof. Dr. Holger Altmeppens langjährige persönliche Assistentin Frau Sylvia Steubl, die mit ihren tollen Charakterzügen jeden noch so langen Arbeitstag wie im Flug vergehen lassen konnten – wahre Bilderbuchkollegen.

Auf meinen Kollegen, Herrn Maximilian Hirschfeld, trifft das nicht minder zu, verdient aber deshalb eine gesonderte Nennung, da er mir zum einen – im Übrigen damals noch als Studentische Hilfskraft – den Weg zu der in Passau sehr begehrten Lehrstuhlstelle mit einem Leumundszeugnis geebnet hat, und zum anderen ein stetiger und konstruktiver Diskussionspartner im Entstehungsverlauf der vorliegenden Arbeit war.

Herr Hirschfeld hat neben den Herren Luca Koukounakis, Christian Gerth und Lorenz Walbrunn auch das Manuskript kritisch durchgesehen. Diese vier waren maßgeblich an den letzten Feinschliffen der vorliegenden Arbeit beteiligt.

Meinem seit dem ersten Semester in Passau bestehenden engsten Freundeskreis, bestehend aus den Herren Moritz Schubert, Lucas Steinkopf und Alexander von Quistorp, sowie meiner Freundin Frau Sandra Achatz danke ich für die vielen Gespräche und Erlebnisse, die meine Zeit in Passau zu einer unvergesslichen und zu der gewiss bisher besten Zeit meines Lebens gemacht haben. Ich hoffe, unsere Wege führen bald wieder zusammen.

Es sind meine Eltern, denen ich zu guter Letzt meine Arbeit widmen möchte. Ihre finanzielle Unterstützung war und ist bis heute keine Selbstverständlichkeit. Für sie ist meine Bildung keine Ausgabe, sondern vielmehr eine nicht zu hinterfragende Investition. Diese mit einem Selbstverständnis getätigte Hilfe ermöglichte es mir, mich stets auf die zu erledigenden Aufgaben zu konzentrieren, und mich nie hemmende existentielle Ängste spüren zu lassen. Für mich aber noch weitaus bedeutender war ihr unermüdlicher Einsatz, mich an allen Fronten meines Lebensweges zu unterstützen und mir mit Rat und Tat beiseitezustehen. Ohne sie wäre weder ein Doppelstudium möglich gewesen, noch hätte diese Abhandlung in seiner jetzigen Form entstehen können. Danke!

Boston, im Januar 2020 Julian Hageböke

Inhaltsübersicht

Inhaltsverzeichnis

A. Einleitung

Weltbild (Umsatz in Mio €: 610; Mitarbeiter: 6.800)
Scherer und Trier (Umsatz in Mio €: 240; Mitarbeiter: 2.000)
Imtech (Umsatz in Mio €: 860; Mitarbeiter: 4.210)
Burger King GmbH (Umsatz in Mio €: 132; Mitarbeiter: 3.300)
Steilmann (Umsatz in Mio €: 900; Mitarbeiter: 5.000)
DNZ-Gruppe (Umsatz in Mio €: 61; Mitarbeiter: 2.400)
AirBerlin (Umsatz in Mio €: 3.790; Mitarbeiter: 8.000)
Solarworld (Umsatz in Mio €: 803; Mitarbeiter: 3.000)

Diese Unternehmen haben in den letzten Jahren in der Bundesrepublik Deutschland für Schlagzeilen gesorgt. Nicht, weil sie besonders innovativ, besonders effektiv, besonders umwelt- oder arbeitnehmerfreundlich waren, sondern weil sie insolvent geworden sind. Aneinandergereiht sind jeweils die zwei größten insolventen Unternehmen der Jahre 2014 bis 2017.[1] Allein wegen dieser acht Unternehmen war das deutsche Bruttoinlandsprodukt um 7.396 Millionen Euro (7,396 Milliarden Euro) gefährdet und 34.710 Mitarbeiter fürchteten um ihre Arbeit. 1

Alle oben genannten Unternehmen haben gemein, dass sie zu einem Unternehmensverbund gehören. Entweder weil sie von einer anderen Gesellschaft gehalten werden oder weil sie selbst Beteiligungen an anderen Gesellschaften halten. Im Volksmund würde man hierbei von einem Konzern sprechen.[2] Aus juristischer Sicht ist dies aber nicht zwangsläufig der Fall. Es handelt sich nämlich ausweislich des § 18 Abs. 1 S. 1 Hs. 1 AktG nur dann um einen Konzern, wenn ein herrschendes Unternehmen über eine oder mehrere abhängige Unternehmen die Leitungsmacht hat, wobei das schon bei Abhängigkeit (§ 17 AktG) vermutet wird, § 18 Abs. 1 S. 3 AktG. Möchte man sich den Konzern bildlich vorstellen, kann man mit *Flechtheim* die Konzernmutter als Sonne ansehen, um die die einzelnen Konzerngesellschaften als Trabanten kreisen.[3] 2

---

1 Vgl.: *JUVE* Top 50 Insolvenzen 2014; *JUVE* Top 50 Insolvenzen 2015; *JUVE* Top 50 Insolvenzen 2016; *JUVE* Top 50 Insolvenzen 2017.

2 *T. Raiser/Veil* KapGesR, § 58 Rn. 2.

3 *Flechtheim* Recht und Wirtschaft 1922, 21, 23.

3 Die „Insolvenz eines Unternehmensverbundes“ war zu Zeiten der Gesetzesarbeiten zum Konzernrecht quasi ausgeschlossen. *Rasch* schreibt 1960: „In unseren großen Konzernen ist diese Möglichkeit [sc. die Beeinträchtigung der Gläubigerrechte] praktisch nicht bedeutsam, noch niemals wohl haben die Gläubiger der von diesen beherrschten Tochtergesellschaften Ausfälle erlitten.“[4]

4 Doch *Rasch* sollte sich irren: Unternehmensinsolvenzen sind in den letzten Jahren vermehrt in den Fokus der Öffentlichkeit gerückt.[5] Nicht zuletzt ist die globale Finanz- und Wirtschaftskrise von 2008, einschließlich der Insolvenz der Investmentbank *Lehman Brothers*, ursächlich dafür. Statt als „Eintagsfliege“ schnell in der breiten Öffentlichkeit in Vergessenheit zu geraten, wird die Erinnerung jährlich an die für die meisten Mitmenschen wirtschaftlich turbulenten Zeiten durch neue Insolvenzen prominenter Unternehmen aufgefrischt.

5 Grund für die öffentliche Aufmerksamkeit sind die einschneidenden Folgen einer Insolvenz, denn in aller Regel müssen Arbeitnehmer entlassen werden. Im schlimmsten Fall, namentlich im Fall der Liquidation, verlieren alle Arbeitnehmer ihre Arbeit. Das kann bei einigen Großunternehmen dazu führen, dass eine riesige Anzahl von Menschen, unter Umständen gleich der Anzahl aller Einwohner einer Großstadt, ihre Arbeit verlieren. Deshalb sind Insolvenzen bei Großunternehmen in quantitativer Hinsicht besonders verheerend.[6]

6 Nun kann ein Unternehmensverbund aber gar nicht insolvent werden, weil ein solcher nicht rechtsfähig ist (vgl. § 11 InsO). Allerdings führt der noch näher darzustellende „Dominoeffekt“ dazu, dass die Insolvenz einer Gesellschaft rein faktisch doch zur Insolvenz der ganzen Unternehmensgruppe, sprich des Konzerns, führen kann (Rn. 194 ff.).

7 Sieht man von den Gründen für die öffentliche Aufmerksamkeit ab, haben Unternehmensinsolvenzen auch negative Auswirkungen auf die entsprechende Volkswirtschaft. Die meisten der für den deutschen wirtschaftlichen Erfolg maßgeblichen Kapitalgesellschaften sind in Unternehmensverbünden organisiert. Geschätzt wird, dass etwa 75 % der Aktiengesellschaften und jede zweite GmbH mit anderen Unternehmen im aktienrechtlichen Sinne verbunden sind.[7]

---

4 *Rasch* Aktienrechtsreform, S. 37 f.; so auch: *Peltzer* AG 1975, 309, 310; *Acher* Vertragskonzern und Insolvenz, S. 3; zum Begriff der Tochtergesellschaft: *Haussmann* Tochtergesellschaft, S. 22 f.

5 Flöther/*Flöther* HdB-KonzernInsR, § 1 Rn. 1.

6 Vgl.: *Görling* AG 1993, 538; *Leutheusser-Schnarrenberger* ZIP 2013, 97, 97.

7 *Emmerich/Habersack* KonzernR, § 1 Rn. 8; *F. Kübler/Assmann* GesR, § 29 I 4 (S. 416); *Kuhlmann/Ahnis* KonzernR, Rn. 6; *Mellewigt* Konzernorganisation, S. 2; *Saenger* GesR, Rn. 923; *Wiedemann/Frey* GesR, S. 315.

Hieraus kann man schon die hohe Relevanz von Unternehmensverbünden herauslesen, was sich logischerweise auch auf das statistische Zahlenmaterial auswirkt.[8] Im Jahr 2007 waren Unternehmensgruppen für 71 % aller deutschen Unternehmensumsätze verantwortlich und beschäftigten 53 % aller sozialversicherungspflichtigen Arbeitnehmer.[9] Das sind mit der heutigen Anzahl von sozialversicherungspflichtigen Beschäftigten immerhin knapp 17,5 Millionen Menschen in Deutschland.[10] Würde man heutzutage eine solche Studie durchführen, wären die Anteile und damit auch die absoluten Zahlen mit Sicherheit höher.[11] 8

Das belegt eindrucksvoll, welche Reichweite und welche Verflochtenheit die Unternehmensverbünde in Deutschland haben. Das Schicksal einer ganzen Volkswirtschaft hängt von deren wirtschaftlichen Erfolg ab.[12] Denn nicht nur der Unternehmensverbund selbst, einschließlich seiner Beschäftigten, sondern auch die Gläubiger der einzelnen Gesellschaften müssen in die Betrachtung miteinbezogen werden. Nach einer Untersuchung des Statistischen Bundesamts beträgt nämlich die durchschnittliche Insolvenzquote bei Unternehmensinsolvenzen nur 5 %.[13] Ist ein Gläubiger von der Forderung wirtschaftlich abhängig, könnte dieser durch die Insolvenz der Schuldnerin möglicherweise auch in die wirtschaftliche Schieflage geraten. Ein Effekt, der sich potenziert, wenn nicht eine einzelne Gesellschaft, sondern die mit ihr konzernverbundenen Gesellschaften ebenfalls in die Insolvenz gezogen werden. 9

Für alle Gläubiger, ganz gleich ob sie von der Forderung abhängig sind oder nicht, stellt sich im Fall der Insolvenz die Frage, wer für die Forderung haftet. Typischerweise ist das lediglich die Haftungsmasse der insolventen Schuldnerin. Die vorliegende Arbeit untersucht, ob sich hieran etwas in Vertragskonzernkonstellationen ändert. 10

Vertragskonzerne zeichnen sich dadurch aus, dass die Gesellschaften des Unternehmensverbundes in einem Über-/Unterordnungsverhältnis *qua* Beherrschungsvertrag stehen.[14] Behandelt wird allein die Konstellation, dass eine AG 11

8 Schon im Jahre 1914 war der Konzern in der breiten Öffentlichkeit keine Unbekannte mehr, vgl.: *Eschwege* Die Bank 1914, 544, 546.

9 BT-Drs. 17/2600, S. 80 f.

10 *Bundesagentur für Arbeit* Beschäftigung 12/2018, Tabelle 1.

11 So auch: Flöther/*Flöther* HdB-KonzernInsR, § 1 Rn. 1.

12 *Zöllner* JuS 1968, 297, 297; vgl.: *Roth* FS Baums, S. 1023, 1023.

13 *Statistisches Bundesamt* Pressemitteilung Nr. 427.

14 *Stephan* Der Konzern 2014, 1, 3; *Thümmel* Haftung von Managern, Rn. 154.

die Leitung ihrer Gesellschaft an eine andere AG überträgt, wobei die meisten Ausführungen auch für die KGaA und den GmbH-Konzern[15] gelten dürften.

12 Die Untersuchung beginnt mit einer – eher wirtschaftswissenschaftlichen – Analyse von Konzernrechtsverhältnissen in der Praxis (Rn. 17 ff.). Das liegt daran, dass das Konzernrecht aus wissenschaftlicher Sicht eine maßgeblich von Wirtschafts- und Rechtswissenschaftlern bearbeitete Querschnittsmaterie[16] ist und die Haftungsfragen sich nicht ohne wirtschaftliches Grundlagenverständnis sachgerecht beantworten lassen. Hierbei wird insbesondere geklärt, welche Relevanz die Vertragskonzerne heute haben (Rn. 17 ff.), wie Konzernstrukturen in ihrer Reinform aussehen (Rn. 21 ff.) und welche Gründe für und gegen eine vertragliche Konzernierung (Rn. 32 ff.) sprechen. Auf diese Ausführungen wird bei der Klärung der Haftung, insbesondere bei der Besprechung der materiellen Konsolidierung (Rn. 227 ff.) zurückzukommen sein.

13 Nach dem wirtschaftswissenschaftlichen Einstieg werden die einzelnen Regelungsinstitute des Vertragskonzernrechts *en détail* dargestellt (Rn. 86 ff.). Der Schwerpunkt dieser Darstellung nimmt die Sicherung der Gesellschaft, deren Gläubiger und der außenstehenden Aktionäre ein (Rn. 94 ff.). Im Anschluss werden die einzelnen Regelungsinstitute in Beziehung zueinander gesetzt (Rn. 142 ff.), um aus der Systematik Konsequenzen für die Haftung ableiten zu können. Als letzte Vorfrage ist zu klären, welche Folgen eine Insolvenz für den Vertragskonzern hat (Rn. 189 ff.).

14 Im Anschluss wird sich der Hauptfrage zugewandt: der Haftung (Rn. 220 ff.). Es erfolgt eine dreistufige Prüfung, angefangen mit der Idee der materiellen Konsolidierung (Rn. 227 ff.) und deren Vereinbarkeit mit dem deutschen Recht. Anschließend wird geprüft, inwiefern die Gläubiger der Tochtergesellschaft auf das Vermögen der Muttergesellschaft zugreifen können (Rn. 303 ff.).

15 Zuletzt wird der Frage nachgegangen, ob und gegebenenfalls unter welchen Voraussetzungen die Organträger der herrschenden und abhängigen Gesellschaft haften, wenn sie den Beherrschungsvertrag trotz mangelnder Vollwertigkeit des Verlustausgleichsanspruchs (§ 302 Abs. 1 AktG) weiterpraktizieren (Rn. 338 ff.).

16 Zum Schluss werden alle für die Frage der Haftung maßgeblichen Ergebnisse thesenartig zusammengefasst.

---

15 Für den GmbH-Konzern gelten die meisten Regelungen der §§ 291 ff. AktG entsprechend, vgl.: Roth/Altmeppen/*Altmeppen* GmbHG, Anh. § 13 Rn. 2; Baumbach/Hueck/*Beurskens* GmbHG, KonzernR Rn. 94.

16 Vgl.: *Bälz* FS Raiser, S. 287, 288; *L. Raiser* Konzernbildung, S. 51, 51.

B. Analyse von Konzernen in der Praxis

I. Vertragskonzern vs. faktischer Konzern

Über die Anzahl und Ausgestaltung von Konzernverhältnissen in der Praxis sind bis heute keine genauen Angaben bekannt.[17] Die oben genannte Quote bezüglich der Quantität von Unternehmensverbindungen in Deutschland beruht auf einer Vermutung.[18] Da die Erarbeitung von Fakten nicht Aufgabe der Rechts-, sondern der Wirtschaftswissenschaften und Stochastik ist, wird auch die vorliegende Arbeit in dieser Hinsicht keine neuen Erkenntnisse liefern. Es reicht aber vollkommen aus, sich mit den Schätzungen auseinanderzusetzen. Fest steht jedenfalls, dass die Konzerne maßgeblich für den jeweiligen Erfolg der entsprechenden Volkswirtschaft verantwortlich sind. Dies liegt nicht zuletzt auch an den nationalen und internationalen Expansions- und Konzentrationsprozessen.[19] 17

Entgegen den Vorstellungen des Gesetzgebers vom AktG 1965 hat es das Recht über verbundene Unternehmen nicht geschafft, die bis dahin bestehenden faktischen Konzernverhältnisse (§§ 18 Abs. 1 S. 3, 17 Abs. 1, 2 AktG) in das transparent geregelte Regime des Vertragskonzerns zu überführen. Um dieses Ziel zu erreichen, hat der Gesetzgeber für den faktischen Konzern einen aus seiner Sicht lästigen Abhängigkeitsbericht (§ 312 AktG) eingeführt, um so den Vertragskonzern attraktiver zu machen.[20] Bis heute beruht aber nur die Minderheit der Konzerne auf einer vertraglichen Grundlage.[21] 18

Dafür gibt es in der Regel zwei unterschiedliche Begründungen: Zum einen kann es daran liegen, dass der Mehrheitsaktionär zwar gewillt, aber aufgrund der erforderlichen Dreiviertelmehrheit des bei der Beschlussfassung vertretenen Grundkapitals (§ 293 Abs. 1 S. 2 AktG) nicht in der Lage ist, einen Beherrschungsvertrag durchzusetzen.[22] Zum anderen kann es daran liegen, dass in der 19

---

17 Historisch zum Konzern: *Liefmann* Kartelle, Konzerne und Trusts, S. 275 ff.

18 *Emmerich/Habersack* KonzernR, § 1 Rn. 8.

19 *Weller/Prütting* Handels- und GesR, Rn. 589.

20 *Altmeppen* ZHR 171 (2007), 320, 325; kritisch zum Abhängigkeitsbericht: *Lehmann* GesR, S. 346 f.

21 MüKoAktG/*Altmeppen*, Einl. §§ 291 ff. Rn. 19; *Emmerich/Habersack* KonzernR, § 11 Rn. 6; *Rasch* Aktienrechtsreform, S. 41; Spindler/Stilz/*Veil* AktG, Vorb. § 291 Rn. 57; *Wiedemann/Frey* GesR, S. 324.

22 MüKoAktG/*Altmeppen*, Einl. §§ 291 ff. Rn. 5; *Altmeppen* Abschied vom „qualifiziert faktischen“ Konzern, S. 20.

Praxis die Rechtsfolgen eines faktischen Konzerns als geringere Belastung empfunden werden, als die eines Vertragskonzerns.[23]

20 Wenn jedoch ein Beherrschungsvertrag geschlossen wurde, wird dieser häufig mit einem Gewinnabführungsvertrag kombiniert.[24] Dies liegt daran, dass die Kombination der beiden Verträge keine weitergehenden negativen Konsequenzen für das herrschende Unternehmen zur Folge hat, dafür aber weitergehende Befugnisse (z. B.: § 301 AktG).

II. Phänotypik des Konzerns

21 Das Bemerkenswerte an Konzernen ist nicht nur deren Relevanz im heutigen Wirtschaftsleben, sondern darüber hinaus auch das Phänomen, dass keine Konzernstruktur einer anderen gleichen muss. Es gibt – im wahrsten Sinne – unendlich viele Möglichkeiten einen Konzern zu strukturieren.

22 Deshalb ist es unmöglich, alle verschiedenen Ausgestaltungsmöglichkeiten eines Konzerns darzustellen. Es kann lediglich versucht werden, bestehende Konzernstrukturen in einzelne Gruppen zu gliedern. *Theisen* hat beispielsweise im Jahre 2000 Konzerne innerhalb der beiden Gruppen „Anteilsstruktur" (Familienunternehmen, Publikumskonzerne, etc.) und „geographisches Tätigwerden" unterschieden.[25] Beide sind zwar valide Unterscheidungsgruppen innerhalb derer man differenzieren kann, jedoch bietet sich für die folgenden Erwägungen die Unterscheidung zwischen anorganischen und organischen Konzernen an.[26]

23 Die gleich ausgeführten Beispiele zu den Phänotypen dienen nur der Veranschaulichung. Diese Konzerne entsprechen in Wirklichkeit ihrer Struktur nach nicht der Reinform, sind an dieser aber nah dran.

1. Anorganische Konzerne

24 Anorganische Konzerne kennt man vermutlich vielmehr unter dem Begriff „Mischkonzern". Ein solcher charakterisiert sich dadurch, dass sich hierbei branchenfremde Unternehmen zusammenschließen.

---

23 *Hirte* KapGesR, Rn. 8.152; *F. Kübler/Assmann* GesR, § 30 I 1 (S. 427); *Saenger* GesR, Rn. 968.

24 *Bitter/Heim* GesR, § 3 Rn. 232; so auch schon im RegE vorhergesehen: *Kropff* Textausgabe AktG 1965, S. 374.

25 *Theisen* Konzern, S. 2 ff.

26 So auch: *I. Schmidt/Röhrich* WiSt 1992, 179, 181 f.; ähnlich: Flöther/*Thole* HdB-KonzernInsR, § 2 Rn. 2 ff.; *Fröchtenicht* Desinvestitionsstrategien, S. 20 ff. unterteilt Konzerne in ihre Organisationsformen.

Beispiele für einen anorganischen Konzern wären *Procter&Gamble* oder *Unilever. P&G* ist in den Branchen Haarpflege (*Head&Shoulders, Pantene Pro-V*), Hygiene (*Always, Pampers*), Rasur (*Braun, Gilette*), Zahnpflege (*Blend-a-med, Oral-B*), Gesundheit (*Wick*), Waschmittel (*Ariel, Lenor*) wie auch in der Reinigungsmittelbranche (*Febreze, Swiffer*) vertreten. Unter dem Dach von *Unilever* werden sowohl Lebensmittel (*Ben & Jerry's, Knorr*) als auch Reinigungs- und Putzmittel (*Coral*), wie auch Hygiene- und Kosmetikartikel (*dusch das, Axe*) hergestellt. 25

2. Organische Konzerne

Der organische Konzern unterscheidet sich vom anorganischen Konzern dadurch, dass sich bei diesem Gesellschaften aus derselben Branche zusammengeschlossen haben. Hierbei kann ferner danach differenziert werden, ob die Konzerngesellschaften im selben Wirtschaftszweig tätig sind oder ob sie auf einer unterschiedlichen Stufe der Wertschöpfungskette arbeiten.[27] Unter einer Wertschöpfungskette versteht man die graphische Darstellung eines von *Porter* entwickelten Managementsystems, anhand dessen erkennbar ist, wie der Wert des endgültigen Kundenprodukts oder der endgültigen Dienstleistung entlang der Kette unternehmerischer Aktivitäten anwächst.[28] Klassischerweise werden die Prozesse in Eingangslogistik, Fertigung/Operation/Produktion, Vertrieb/Marketing, Ausgangslogistik und Kundendienst unterteilt. 26

a) Horizontale Konzerne

Horizontale Konzerne zeichnen sich dadurch aus, dass mehrere Konzernunternehmen die gleiche Funktion wahrnehmen.[29] 27

Beispiel für einen horizontalen Konzern ist der *VW*-Konzern. Dieser produziert sowohl im „Low-End-", als auch im „High-End-Bereich" Automobile. Mit anderen Worten: Vom *VW-up!* bis zum *Bugatti-Chiron* ist der VW-Konzern in allen Segmenten vertreten. 28

b) Vertikale Konzerne

Beim vertikalen Konzern schließen sich Konzernunternehmen zusammen, die entweder auf einer vor- bzw. nachgelagerten Produktionsstufe arbeiten.[30] Es wird 29

---

27 Potthoff/Trescher/*Theisen* Aufsichtsratsmitglied, Rn. 258 f.

28 *Porter* Competetive Advantage.

29 *Rasch* KonzernR, S. 2.

30 *Rasch* KonzernR, S. 2; so auch schon: *Friedländer* Konzernbildung, S. 3 f.

hierbei versucht, entlang der Wertschöpfungskette ein breites Spektrum selbst abzudecken.

30 Als Beispiel sei der *IKEA*-Konzern genannt. Von der Eingangslogistik über den Kundendienst bis hin zu Fertigung, Vertrieb und Ausgangslogistik kümmert sich der *IKEA*-Konzern selbst.

3. Mischformen

31 Dargestellt wurden nun allein die reinsten Formen von Konzernierungen. In der Realität gibt es jedoch in vielerlei Hinsicht Mischformen.[31]

III. Gründe für einen Vertragskonzern

32 Wie soeben gesehen, gibt es vielfältige Ausgestaltungsmöglichkeiten, wie sich verbundene Unternehmen strukturieren können. Dementsprechend vielfältig sind auch die Gründe für eine wirtschaftliche Fusionierung.

33 In erster Linie werden dies aber bei der Verbindung zweier unabhängiger Gesellschaften wirtschaftliche Gründe sein.[32] Warum dies so ist, erklärt sich durch die Handlungsmaximen eines Unternehmens (Rn. 36 f.). Schließlich ist der Konzern im Grundsatz „nur" ein Zusammenschluss mehrerer selbständiger Unternehmen.

34 Entschließt sich ein Unternehmen mit einem anderen Unternehmen wirtschaftlich zu fusionieren, bestehen hierfür zwei Möglichkeiten: Die Eingliederung (§§ 319 ff. AktG) und der Abschluss eines Beherrschungsvertrages (§§ 291 ff. AktG). Beide Konstrukte haben ein Weisungsrecht mit der Aufhebung der Kapitalerhaltungsvorschriften zur Folge (§§ 308 i. V. m. § 291 Abs. 3, § 323 AktG). Die wirtschaftliche Fusionierung bewirkt aus wirtschaftlicher Sicht, dass man sich den Konzern als ein Unternehmen mit mehreren Betriebsabteilungen vorstellen darf. Das kann nicht schon durch das Weisungsrecht bewirkt werden,[33] sondern erst durch die Aufhebung der Kapitalerhaltungsvorschriften.[34] Rein juristisch betrachtet bleibt es aber bei der rechtlichen Selbständigkeit der einzelnen Konzerngesellschaften (§ 15 AktG).

---

31 Lutter/Scheffler/U. Schneider/*Lutter/Scheffler/U. Schneider* HdB-Konzernfinanzierung, Rn. 1.8.

32 Lutter/Scheffler/U. Schneider/*Lutter/Scheffler/U. Schneider* HdB-Konzernfinanzierung, Rn. 1.5; *Saenger* GesR, Rn. 924.

33 *Haussmann* Tochtergesellschaft, S. 36.

34 *Mestmäcker* FS Kronstein, S. 129, 134.

Nach der Darstellung der Handlungsmaxime von Unternehmen werden auf- 35
grund der Vielfältigkeit der Gründe für wirtschaftliche Fusionen nur die Gängigsten genannt (Rn. 38 ff.). Danach werden der Beherrschungsvertrag und die Eingliederung miteinander verglichen, um deren Vor- und Nachteile herauszuarbeiten (Rn. 77 ff.).

1. Die Handlungsmaxime von Unternehmen

Noch heutzutage folgt man dem Begründer der modernen deutschen Betriebs- 36
wirtschaftslehre *Erich Gutenberg*, der meinte, die Handlungsmaxime orientiere sich – abgesehen von „Non-Profit-Organisationen“[35] – an dem erwerbswirtschaftlichen Prinzip.[36]

Zentrales Element des erwerbswirtschaftlichen Prinzips stellt der Wille zur 37
Gewinnmaximierung von Unternehmen in marktwirtschaftlichen Systemen dar.[37] Gewinnmaximierend handelt ein Unternehmen nicht nur dann, wenn ein höherer Preis am Markt erzielt wird, sondern auch dann, wenn die Kosten gesenkt werden.

2. Vorteile einer wirtschaftlichen Fusion

Konsequenterweise müsste beim Unternehmensverbund genauso das erwerbs- 38
wirtschaftliche Prinzip gelten. Dies hätte zur Folge, dass Unternehmensverbünde nur dort bestünden, wo unmittelbar oder mittelbar Kosten gesenkt oder Erlöse gesteigert werden, mithin die Effizienz gesteigert wird.[38] Dies geschieht in Konzernen durch Synergien[39], wobei zwischen Finanz-, Leistungs- und Marktsynergien unterschieden werden kann.[40]

---

35 Die Aktiengesellschaft ist typischerweise auf Gewinnmaximierung ausgelegt. Trotzdem ist Altruismus im Rahmen einer atypischen Zwecksetzung zulässig. Siehe hierzu: *Eberth* Atypische Zwecksetzung, S. 49 ff.

36 *Gutenberg* Die Produktion, S. 464 ff.; ihm folgend: *v. Känel* BWL, S. 15; *Weber/Kabst/Baum* BWL, S. 5.

37 *v. Känel* BWL, S. 25.

38 Ähnlich auch: *Bous* Konzernleitungsmacht, S. 16; *Brünkmans* Koordinierung von Insolvenzverfahren, S. 28; *Kirchner* ZGR 1985, 214, 220 f.; *Schauß* Weisungsrecht, S. 2; Flöther/*Thole* HdB-KonzernInsR, § 2 Rn. 1; *Wellensiek* ZIP 1984, 541, 541.

39 Zum Begriff „Synergien“: *Rodermann* Synergiemanagement, S. 124.

40 *Fröchtenicht* Desinvestitionsstrategien, S. 26.

a) Finanzsynergien

39 Finanzsynergien können durch Finanzierungspotentiale im Konzern erzeugt werden. Dies war auch der originäre Grund für wirtschaftliche Fusionen.

aa) Steuerliche Gründe

40 Über die alleinige Beteiligung an einem anderen Unternehmen hinaus, hat man damals im frühen 20. Jahrhundert aus steuerlichen Gründen einen von der Kautelarjurisprudenz entwickelten „Organschaftsvertrag" geschlossen, um eine sogenannte steuerliche Organschaft zu bilden.[41] Unter einem Organschaftsvertrag versteht man aus heutiger Sicht die Zusammensetzung eines Beherrschungs- und Gewinnabführungsvertrages. Durch die steuerliche Organschaft wird eine steuerrechtlich selbstständige juristische Person aufgrund eines rechtlichen und tatsächlichen Unterordnungsverhältnisses gegenüber einem anderen Unternehmen wirtschaftlich als unselbstständig angesehen.[42] Die Folge dessen ist, dass die Gewinne und Verluste der einzelnen Steuersubjekte beim Organträger zusammengefasst und nur noch beim Organträger besteuert werden.

41 Dieses Rechtsinstitut ist sowohl bei der Körperschaft-, als auch bei der Gewerbe- oder Umsatzsteuer von Bedeutung.

(1) Körperschaft- und gewerbesteuerliche Organschaft

42 Die Vorteile der körperschaft- und gewerbesteuerlichen Organschaft liegen darin, dass die Gewinne und Verluste innerhalb des Organkreises verrechnet werden. Während bei fehlender Organschaft für die defizitäre Gesellschaft nur ein Verlustvortrag festgestellt würde und die profitable Gesellschaft ihre Gewinne voll besteuern müsste, wird bei bestehender Organschaft nur der Saldo beim Organträger (sc. der Muttergesellschaft) besteuert. Innerhalb des Organkreises werden so die Geldmittelabflüsse minimiert, mit der Folge, dass zu diesem Zeitpunkt dem Konzern mehr Kapital zur Verfügung steht (sog. Steuerstundungseffekt). Auf lange Sicht bleibt die von beiden einzelnen Gesellschaften konsolidierte Steuerschuld grundsätzlich gleich. Einzige Ausnahme besteht bei der gewerbesteuerlichen Organschaft, weil die Steuerschuld hier vom

41 MüKoAktG/*Altmeppen*, § 291 Rn. 44; *Emmerich/Habersack* KonzernR, § 11 Rn. 5a; *Haussmann* Tochtergesellschaft, S. 69 ff.; zu den Gründen der Konzernbildung vor dem Organschaftsvertrag: *Eschwege* Die Bank 1914, 544, 546 f.

42 *Busch/Winkens/Büker* InsR und Steuern, S. 312; T. Müller/Stöcker/Lieber/*T. Müller/Stöcker/Lieber* Organschaft, S. 1.

gemeindlichen Hebesatz (§ 16 Abs. 1 GewStG) und dem Zerlegungsanteil (§§ 28 Abs. 1 S. 1, 2 Abs. 2 S. 2 GewStG) abhängt.

Allerdings ist für die körperschaftsteuerliche Organschaft seit dem Veranla- **43**
gungszeitraum 2001 und für die gewerbesteuerliche Organschaft ab Erhebungszeitraum 2002 kein Beherrschungsvertrag und keine Eingliederung mehr nötig.[43] Es reicht seither die Mehrheit der Stimmrechte an der Tochtergesellschaft und der Abschluss eines Gewinnabführungsvertrages (§ 14 KStG, § 2 Abs. 2 S. 2 GewStG).

Die Gründe für den Abschluss eines Beherrschungsvertrages oder einer Ein- **44**
gliederung liegen deshalb nicht mehr in der Schaffung einer körperschaft- oder gewerbesteuerlichen Organschaft.

(2) Umsatzsteuerliche Organschaft

Auch die umsatzsteuerliche Organschaft führt dazu, dass nur der Organträ- **45**
ger besteuert wird. Der Vorteil einer solchen Organschaft liegt darin, dass die Umsatzsteuer und der Vorsteueranspruch allein beim Organträger zu erfassen sind. Leistungen innerhalb des inländischen Organkreises bleiben unbesteuert (§ 2 Abs. 2 Nr. 2 S. 2 UStG). Dies führt, wie bei der körperschaft- und gewerbesteuerlichen Organschaft, dazu, dass innerhalb des Organkreises der Geldmittelabfluss minimiert wird. Auch hier bleibt die konsolidierte Steuerschuld grundsätzlich gleich.[44]

Voraussetzung für eine umsatzsteuerliche Organschaft ist ausweislich des **46**
§ 2 Abs. 2 Nr. 2 S. 1 UStG die finanzielle, wirtschaftliche und organisatorische Eingliederung.[45] Die organisatorische Eingliederung wird u. a. durch den Abschluss eines Beherrschungsvertrages oder durch Eingliederung i. S. d. §§ 319, 320 AktG begründet.[46]

Allerdings hat die umsatzsteuerliche Organschaft eine Vielzahl an Nachtei- **47**
len, auf die hier nicht näher eingegangen wird.[47] Überwiegen die Vorteile, kann durch den Abschluss eines Beherrschungsvertrages oder die Eingliederung i. S. d. Aktiengesetzes die organisatorische Eingliederung bewiesen werden und ist deshalb durchaus ein Grund für den Abschluss eines solchen Vertrages.[48]

---

43 Art. 3 Nr. 6 und Art. 6 des Steuersenkungsgesetzes vom 23.10.2000 (BGBl. I S. 1433).

44 Vertiefend: *Wäger* DB 2014, 915.

45 Zu den einzelnen Merkmalen: *Busch/Winkens/Büker* InsR und Steuern, S. 312.

46 BFH, Urt. v. 10.05.2017, Az. V R 7/16, BFHE 258, 181, 184 = DStR 2017, 1653, 1654; UStAE 2.8 Abs. 10 S. 4.

47 Näher zu den Vor- und Nachteilen: T. Müller/Stöcker/Lieber/*Stöcker* Organschaft, Rn. 1151 ff.

48 Die umsatzsteuerliche Organschaft übersehend: *Altmeppen* ZHR 171 (2007), 320, 324.

bb) Cash-Management

48 Ein weiterer Vorteil ist die vereinfachte Möglichkeit der Bildung eines konzerninternen *Cash*-Managements. Darunter versteht man die sachgerechte Gestaltung der Zahlungsströme und der kurzfristigen Geld- bzw. Kreditbestände.[49]

49 Durch ein *Cash*-Management wird in den meisten Fällen der Fremdkapitalbedarf niedrig gehalten. Das führt nicht nur zu einer optimalen Allokation der internen liquiden Mittel, sondern auch zur Reduzierung der Fremdkapitalkosten.[50] Dies erreicht man durch die Implementierung einer zentralen und konzernweiten Liquiditätsversorgung bzw. -steuerung und der zentralen Gestaltung des Zahlungsverkehrs.[51] Hier soll beispielhaft das physische *Cash Pool*-System vorgestellt werden.

50 Bei einem physischen *Cash Pool* handelt es sich um nichts anderes als eine Liquiditätsbündelung.[52] Die Konzerngesellschaften gründen ein gemeinsames Finanzmanagement, das die Konten der Konzernunternehmen entweder durch die Entziehung oder den Ausgleich von Liquidität täglich auf null setzt (*Zero-Balancing*). Während also eine profitable Konzerngesellschaft finanzielle Mittel in den *Cash Pool* einbringt, benötigt die defizitäre Konzerngesellschaft kein Fremdkapital, weil es sich die Liquidität aus dem *Cash Pool* holt. Erst wenn die konzerninterne Liquidität nicht ausreicht, muss auf externe Kapitalgeber zugegriffen werden.

51 Während der *Cash Pool* im faktischen Konzern nur zulässig ist, wenn nominal die abgezogene Liquidität durch einen vollwertigen Anspruch auf Rückgewähr etwa gegebener „Darlehen" an konzernangehörige Unternehmen gedeckt ist (§ 57 Abs. 1 S. 3 Alt. 2 AktG), ist bei Bestehen eines Beherrschungsvertrages nach zutreffendem Verständnis lediglich die Vollwertigkeit des Verlustausgleichsanspruchs (§ 302 Abs. 1 AktG) Zulässigkeitsvoraussetzung (§ 57 Abs. 1 S. 3 Alt. 1 AktG).[53]

---

49 Definition nach: Lutter/Scheffler/U. Schneider/*Lutter/Scheffler/U. Schneider* HdB-Konzernfinanzierung, Rn. 1.75.

50 *Jula/Breitbarth* AG 1997, 256, 257; näher: *Verhoeven* Konzerninsolvenzrecht, S. 32 f.

51 Grundlegend: Knecht/Hommel/Wohlenberg/*Knecht/Hölzle* HdB-Unternehmensrestrukturierung, S. 1475, 1511; *Morsch* NZG 2003, 97, 97 f.; *Rittscher* Cash-Management-Systeme in der Insolvenz, S. 22; Lutter/Scheffler/U. Schneider/*Wehlen* HdB-Konzernfinanzierung, Rn. 23.1 ff.

52 *Altmeppen* ZIP 2006, 1025, 1025.

53 *Altmeppen* ZIP 2009, 49; siehe Rn. 172 ff.

cc) *Risikoverteilung und Haftungssegmentierung*

Eine wirtschaftliche Fusionierung kann unter Umständen zu günstigeren Zinsen für eventuelle Fremdfinanzierungen führen.[54] Versteht man den Zins als Äquivalent zum Risiko, können die Zinsen gesenkt werden, wenn das Ausfallrisiko der Finanzierung verringert werden kann. 52

Wenn es bei einem Unternehmen aus saisonalen, strukturellen oder konjunkturellen Gründen zu Schwankungen im Unternehmensergebnis kommt, können diese durch anorganische wirtschaftliche Fusionen in der Regel ausgeglichen werden, weil auf diese Weise das Risiko auf mehrere branchenungleiche Produkte gestreut wird.[55] Hierdurch verringert sich das Risiko und damit auch der Zins. 53

Fehl geht allerdings die in der Literatur vielfach anzutreffende Ansicht, das Risiko des Totalverlustes gehe im Konzern wegen der juristischen Selbstständigkeit der einzelnen Konzernunternehmen gegen Null. Es wird argumentiert, das Insolvenzrisiko beschränke sich auf die rechtlich selbständige Konzerngesellschaft.[56] Dieses Argument stammt noch aus der Zeit vor der Schaffung des deutschen Konzernrechts (1965)[57] und kann allenfalls für den faktischen Konzern Geltung beanspruchen. Tatsächlich kann nämlich nach zutreffendem Verständnis die abhängige Gesellschaft weder im Vertragskonzern, noch im Eingliederungskonzern insolvent werden, es sei denn, die Muttergesellschaft kann den Verlustausgleichsanspruch nicht mehr bedienen.[58] Warum dies so ist, wird noch näher dargestellt.[59] 54

b) *Leistungssynergien*

Neben finanzwirtschaftlichen Synergien können durch eine wirtschaftliche Fusionierung auch leistungswirtschaftliche Synergien erzeugt werden. Diese 55

---

54 MüKoAktG/*Altmeppen*, Einl. §§ 291 ff. Rn. 21.

55 *Grunewald* JA 1992, 11, 11; *F. Kübler/Assmann* GesR, § 29 I 1 (S. 414); *Saenger* GesR, Rn. 924; *I. Schmidt/Röhrich* WiSt 1992, 179, 180.

56 *Arens* Untreue im Konzern, S. 45; *Drygala/Staake/Szalai* KapGesR, § 29 Rn. 4; *L. Raiser* Konzernbildung, S. 51, 54; Flöther/*Specovious* HdB-KonzernInsR, § 3 Rn. 125; *Timm* JuS 1999, 553, 555; Flöther/*Thole* HdB-KonzernInsR, § 2 Rn. 1; *Verhoeven* Konzerninsolvenzrecht, S. 35; *Weller/Prütting* Handels- und GesR, Rn. 589; *Wiedemann/Frey* GesR, S. 316, 331; *Zöllner* JuS 1968, 297, 303.

57 *Haussmann* Tochtergesellschaft, S. 16.

58 MüKoAktG/*Altmeppen*, Einl. §§ 291 ff. Rn. 24; vgl.: *Kühnberger/T. Schmidt* ZfB 1999, 1263, 1282 f.

59 Siehe Rn. 122 ff., Rn. 192 f.

ergeben sich aus der Möglichkeit der gemeinsamen Leistungsprozessgestaltung, also der Minimierung des Aufwandes an Ressourcen.[60] Diese können primär im operativen Geschäft erreicht werden.[61] Beispielshaft sei auf Verbundeffekte (*Economies of Scope*), Redundanzeffekte (z. B. Aufgabenzentralisierung), Skaleneffekte (*Economies of Scale*) und Know-how-Effekte hingewiesen. Daneben können auch Organisationsvorteile entstehen.

aa) Economies of Scope

56 Verbundeffekte (*Economies of Scope*) bezeichnen alle positiven und negativen Effekte, die in einem Unternehmensverbund aufgrund des Verbundes entstehen.[62] Betrachtet man allein die positiven Effekte, so entstehen die Kostenvorteile durch eine erhöhte Produktvielfalt, sofern eine gemeinsame Nutzung von Ressourcen eine Effizienzsteigerung zur Folge hat. Die Effizienz wird gesteigert, wenn die Kosten eines Mehrprodukteunternehmens günstiger sind, als bei mehreren Einproduktunternehmen.[63]

57 Beispielhaft genannt sei hier im vertikalen Konzern eine gemeinsame Einkaufsabteilung, die gemeinsame Lagerhaltung oder die gemeinsame Nutzung der Distributionskanäle.

bb) Redundanzeffekte und Economies of Scale

58 Unter Redundanzeffekt versteht man Kosteneinsparungsmöglichkeiten, die entstehen, wenn die wirtschaftlich fusionierten Unternehmen gleichartige Leistungen auf ein Unternehmen übertragen.[64] *Perin* nennt als Beispiel die Schließung eines Produktionsstandortes mit gleichzeitiger Übertragung der Produktion auf ein verbundenes Unternehmen.[65] Dadurch kann gebundenes Kapital freigegeben und fixe Unterhaltskosten reduziert werden. Dies setzt allerdings freie Kapazitäten innerhalb des Konzerns voraus. Redundanzeffekte werden zumeist in vertikalen Konzernen generiert, weil dort Transaktionskosten[66] bei der

---

60 *Perin* Unternehmensakquisitionen, S. 15.

61 *Mittnacht* Kapitalmarktbewertung, S. 43.

62 *Decher* FS Hommelhoff, S. 115, 116.

63 *Oehlrich* Organisation, S. 25; *Rodermann* Synergiemanagement, S. 166; *I. Schmidt/Röhrich* WiSt 1992, 179, 180; *Willig* The American Economic Review 1979, 346, 346.

64 *Willig* The American Economic Review 1979, 346, 346.

65 *Perin* Unternehmensakquisitionen, S. 16.

66 Zum Begriff der Transaktionskosten: *Hill/Hoskisson* Academy of Management Review 1987, 331, 332; grundlegend: *Coase* Economica 1937, 386.

Marktpartnersuche, der Vertragsgestaltung und der Überwachung der Vertragserfüllung reduziert werden.[67]

Weiterhin können Skaleneffekte (*Economies of Scale*) entstehen, wenn infolge der wirtschaftlichen Fusionierung erhöhte Mengen einer gleichartigen Leistung hergestellt werden und der Aufwand je produzierter Einheit gesenkt wird.[68] Als Beispiel sei die Erhöhung der Stückzahlen genannt, wodurch Fixkosten auf mehr Einheiten verteilt werden können, was langfristig zu geringeren Stückkosten führt. Zudem kann es zu Einsparungen bei benötigtem Material (Mengenrabatte) und Arbeitskräften kommen.[69] 59

cc) Know-how-Effekt

Infolge des Zusammenschlusses können die verbundenen Unternehmen ihr Know-how transferieren. Dadurch können sie von den Erfahrungen mit dem Umgang ihrer Stärken und Schwächen, beispielsweise in der Produktion, im Rechnungswesen oder im Vertrieb, profitieren.[70] 60

dd) Organisationsvorteile

Ein weiterer Vorteil kann die Implementierung einer besseren Organisationsstruktur sein. Durch das Weisungsrecht (§§ 308 Abs. 1 S. 1, 323 Abs. 1 S. 1 AktG) können alle Entscheidungen bei der Konzernmutter getroffen werden, wobei sich die Konzernführung zumeist auf strategische Entscheidungen beschränkt, während sich der Vorstand der abhängigen Gesellschaft um das operative Geschäft kümmert. 61

Es bietet mithin die Möglichkeit einer wirtschaftlichen Konzentration bei gleichzeitiger operativer Dezentralisierung.[71] Dadurch kann zumeist das Potential im Wettbewerb effektiver eingesetzt werden, weil die Vorteile einer kleinen 62

---

67 *Perin* Unternehmensakquisitionen, S. 16; *Stienemann* Desinvestitionen, S. 46; zu den Arten möglicher Transaktionskosten: Bitz/Domsch/Ewert/Wagner/*Picot* BWL, S. 43, 53.

68 *Hill/Hoskisson* Academy of Management Review 1987, 331, 331; *F. Kübler/Assmann* GesR, § 29 I 1 (S. 414 f.); *Larsson* Organizational Integration, S. 2; *Oehlrich* Organisation, S. 22; *I. Schmidt/Röhrich* WiSt 1992, 179, 180.

69 *Perin* Unternehmensakquisitionen, S. 17.

70 *Perin* Unternehmensakquisitionen, S. 17 f.

71 Derart auch: *T. Raiser/Veil* KapGesR, § 58 Rn. 10; *U. Schneider* BB 1986, 1993, 1993; *Verhoeven* Konzerninsolvenzrecht, S. 31; *Weller/Prütting* Handels- und GesR, Rn. 589; *Zöllner* JuS 1968, 297, 303.

Unternehmenseinheit erhalten bleiben: flexibles Management, bessere Kommunikation, weniger Bürokratie.[72]

63 Durch die weiterhin bestehende rechtliche Selbständigkeit bleibt der abhängigen Gesellschaft auch ein größeres Maß an Flexibilität erhalten. Zudem kann unternehmensintern die Ergebnisentstehung besser abgegrenzt werden.[73]

64 Ein weiterer organisatorischer Vorteil ist der weiterhin bestehende Vorstand der abhängigen Gesellschaft. Während bei einer umwandlungsrechtlichen Verschmelzung der Vorstand wegfällt, können bei Erhaltung der rechtlichen Selbständigkeit qualifizierte Arbeitskräfte in den Vorstand der abhängigen Gesellschaft berufen werden.[74] Diese Stellung motiviert Arbeitskräfte, weil mit diesem Titel eine gewisse Wertschätzung verbunden wird. Ganz anders bei einem Einheitsunternehmen, wo der Vorstand der abhängigen Gesellschaft „nur" Abteilungsleiter wäre.[75]

c) Marktsynergien

65 Zuletzt können auch Marktsynergien durch die wirtschaftliche Fusionierung erzeugt werden.[76] Diese können sowohl auf dem Beschaffungs- als auch auf dem Absatzmarkt auftreten.[77]

aa) Beschaffungssynergien

66 Werden infolge der Konzernierung die Lieferantenbeziehungen derart neu gestaltet, dass die Ressourcenversorgung verbessert und die Aufwendungen gesenkt werden, entstehen Beschaffungssynergien.

67 Diese können beispielsweise dann entstehen, wenn durch den Zusammenschluss die Marktmacht gegenüber dem Lieferanten wächst. Ist der Bedarf des Konzerns durch den Zusammenschluss gestiegen, gibt es eine höhere Bestellmenge, wodurch zumeist günstigere Konditionen ausgehandelt werden können.

---

72 *Saenger* GesR, Rn. 924; *Timm* JuS 1999, 553, 555; *Weller/Prütting* Handels- und GesR, Rn. 589; *Wiedemann/Frey* GesR, S. 316; *Zöllner* JuS 1968, 297, 303.

73 MüKoAktG/*Altmeppen*, Einl. §§ 291 ff. Rn. 22.

74 *Hirte* KapGesR, Rn. 8.5; *F. Kübler/Assmann* GesR, § 29 I 2 a (S. 416).

75 MüKoAktG/*Altmeppen*, Einl. §§ 291 ff. Rn. 22; *Würdinger* AktR, S. 271.

76 *Perin* Unternehmensakquisitionen, S. 12.

77 *Ott* Akquisition und Integration, S. 86 ff.

bb) Absatzssynergien und Markteffekte

Neben den Beschaffungssynergien können zumeist auch Absatzsynergien entstehen. Diese können dadurch erzielt werden, dass durch neu dazugewonnene oder bestehende Kunden mehr Absatz erzielt oder durch eine Erhöhung der Verkaufspreise der Umsatz gesteigert wird – natürlich unter der Prämisse, dass der Aufwand entweder gleich bleibt oder sinkt.[78] Das kann auf zwei Arten geschehen: **68**

Zum einen können durch die wirtschaftliche Fusion die Marktmachtverhältnisse geändert werden. Der Kreis der Konkurrenten verkleinert sich, während der eigene Wettbewerbsanteil sich vergrößert. Je kleiner die Konkurrenz und größer der eigene Marktanteil, desto mehr können die Preise unabhängig vom Markt bestimmt werden (Marktmachteffekt).[79] Letztlich ist dies also ein Mittel, um einen höheren Erlös zu erzielen. Wenn dies allerdings durch einen Vermögenserwerb konkurrierender Gesellschaften geschieht, ist das einschlägige Kartellrecht („Fusionskontrolle", §§ 35 ff. GWB) zu beachten. Im Kartellrecht spricht man bei einem solchen Vermögenserwerb von einem externen Wachstum.[80] **69**

Zum anderen können Markterweiterungseffekte durch die Konzernierung entstehen. Dies geschieht entweder dadurch, dass die Leistungen des einen verbundenen Unternehmens zusätzlich an die Kunden des anderen verbundenen Unternehmens vertrieben werden (*cross selling*) oder durch die wirtschaftliche Fusionierung ein neues Kundensegment erreicht werden kann. **70**

Möchte sich ein Unternehmen internationalisieren, bietet sich zumeist auch eine wirtschaftliche Fusionierung mit ausländischen Gesellschaften an.[81] Dadurch können die Vorteile ausländischer Rechtsordnungen genutzt werden, was möglicherweise auch die Ausräumung rechtlicher Hindernisse, wie zum Beispiel die Einfuhrbeschränkungen fertiger Erzeugnisse, bewirkt.[82] Außerdem können Lohngefälle ausgenutzt werden, um dann mittels konzerninternen Verrechnungspreisen dort Überschüsse hinzuverlagern, wo sich entweder Kapitalbedarf zeigt oder wo es aus sonstigen (z. B. steuerlichen) Gründen erwünscht ist.[83] **71**

---

78 *Perin* Unternehmensakquisitionen, S. 12.

79 *Gutenberg* Der Absatz, S. 193, 273 f.; *Perin* Unternehmensakquisitionen, S. 12; wirtschaftswissenschaftlich kritisch: *I. Schmidt/Röhrich* WiSt 1992, 179; *Stienemann* Desinvestitionen, S. 50.

80 *Lettl* KartellR, § 10 Rn. 2.

81 *Grunewald* JA 1992, 11, 11; *Hirte* KapGesR, Rn. 8.5; *F. Kübler/Assmann* GesR, § 29 I 1 (S. 415); *Saenger* GesR, Rn. 924; *U. Schneider* BB 1986, 1993, 1993; *Weller/Prütting* Handels- und GesR, Rn. 589; *Würdinger* AktR, S. 270.

82 MüKoAktG/*Altmeppen*, Einl. §§ 291 ff. Rn. 23; *Wiedemann/Frey* GesR, S. 316.

83 MüKoAktG/*Altmeppen*, Einl. §§ 291 ff. Rn. 23; *Würdinger* AktR, S. 270.

72 Ein weiterer Vorteil in dem Erhalt der rechtlichen Selbständigkeit ist die Erhaltung des Firmen- und Geschäftswertes.[84] Dem Argument, man könne hierdurch den Machtzuwachs gegenüber Wettbewerbern und Kunden verschleiern, kann angesichts der Eintragungspflicht für den Abschlusses eines Beherrschungsvertrages und der Eingliederung in das Handelsregister (§§ 294 Abs. 1 S. 1, 319 Abs. 4 S. 1 AktG) nicht zugestimmt werden.[85]

73 Die Erhaltung und Stärkung der Marktmacht ist heutzutage regelmäßig das vordergründige Ziel einer wirtschaftlichen Fusion.[86]

cc) Unabhängigkeit

74 Zuletzt sei noch auf die Schaffung von Unabhängigkeit hingewiesen. Wenn sich ein Unternehmensverbund vertikal vergrößert, ist er weniger von fremden Zulieferern oder nachgelagerten Unternehmen (z. B. Marketing/Vertrieb) abhängig.

75 So kann das herrschende Unternehmen beispielsweise selbst die Qualität, Quantität und die Lieferbedingungen (z. B. *just in time*) an die eigenen Bedürfnisse anpassen.[87] Außerdem fällt bei einem unternehmensgruppenzugehörigen Zulieferer die Handelsspanne weg.

76 Auch hier ist allerdings das einschlägige Kartellrecht zu beachten.[88] Durch einen vertikalen Zusammenschluss könnte nämlich gem. § 18 Abs. 3 Nr. 3 GWB eine marktbeherrschende Stellung begründet oder verstärkt werden, da sich auf dem Markt Veränderungen beim Zugang zu den Beschaffungs- und Absatzmärkten ergeben („Ausschlusseffekte").[89]

3. Vorteile eines Beherrschungsvertrages

77 Wie gesehen bietet die wirtschaftliche Fusion viele Vorteile, die durch die Eingliederung oder den Abschluss eines Beherrschungsvertrags erzielt werden können. Somit sind beide valide Instrumente für die Gründung einer wirtschaftlichen Einheit, die sich jedoch im Detail erheblich unterscheiden. Welche

---

84 MüKoAktG/*Altmeppen*, Einl. §§ 291 ff. Rn. 22; *F. Kübler/Assmann* GesR, § 29 I 2 a (S. 416); *Saenger* GesR, Rn. 924; *Timm* JuS 1999, 553, 555 f.; *Wiedemann/Frey* GesR, S. 316; *Zöllner* JuS 1968, 297, 303; so auch schon: *Haussmann* Tochtergesellschaft, S. 16; im Jahre 1910 widerstrebte der sog. *Goodwill* noch dem deutschen Empfinden, vgl.: *Isay* Recht am Unternehmen, S. 10 f.

85 So jedoch: *Wiedemann/Frey* GesR, S. 316.

86 MüKoAktG/*Altmeppen*, Einl. §§ 291 ff. Rn. 21.

87 MüKoAktG/*Altmeppen*, Einl. §§ 291 ff. Rn. 21.

88 *Lettl* KartellR, § 10 Rn. 50.

89 *Emmerich/Lange* KartellR, § 16 Rn. 20.

Vorteile nun der Beherrschungsvertrag im Gegensatz zur Eingliederung hat, ist bisher im Dunkeln geblieben und wird im kommenden näher beleuchtet.

Das Gesetz bietet für die Eingliederung zwei Möglichkeiten, namentlich die **78**
Eingliederung hundertprozentiger Tochtergesellschaften (§ 319 AktG) und die Eingliederung durch Mehrheitsbeschluss (§ 320 AktG).

Während sich für die Eingliederung hundertprozentiger Tochtergesellschaf- **79**
ten alle Anteile der Tochtergesellschaft in der Hand der zukünftigen Hauptgesellschaft befinden müssen (§ 319 Abs. 1 S. 1 AktG) und für die Eingliederung kraft Mehrheitsbeschlusses eine Beteiligung von mind. 95 % am Grundkapital der einzugliedernden Gesellschaft nötig ist (§ 320 Abs. 1 S. 1 AktG), bedarf es beim Beherrschungsvertrag keiner Beteiligung am abhängigen Unternehmen. In der Praxis ist es jedoch wegen der erforderlichen Dreiviertelmehrheit bei der Beschlussfassung über den Beherrschungsvertrag (§ 293 Abs. 1 S. 2 AktG) üblich, dass die herrschende Gesellschaft mit mindestens 75 % an der abhängigen Gesellschaft beteiligt ist. Bei der wirtschaftlichen Fusion durch Beherrschungsvertrag muss somit nicht so viel Kapital aufgewendet werden wie bei der wirtschaftlichen Fusion *qua* Eingliederung.

Ein weiterer Nachteil der Eingliederung ist, dass sowohl die übernehmende **80**
als auch die eingegliederte Gesellschaft die Rechtsform der Aktiengesellschaft und einen Sitz im Inland haben müssen. Die Vorschriften finden auf die KGaA und die GmbH nach herrschender Meinung keine entsprechende Anwendung.[90] Ein Beherrschungsvertrag kann zwar nach dem Wortlaut des § 291 Abs. 1 S. 1 AktG nur mit einer deutschen AG oder KGaA als abhängigem Unternehmen geschlossen werden, jedoch sind große Teile der Konzernrechtsregelungen auf andere Gesellschaftsformen entsprechend anwendbar.[91] Zu nennen sind zuvörderst die GmbH, aber auch Personengesellschaften, Vereine oder Genossenschaften.[92]

Ein anderer Vor- bzw. Nachteil betrifft bei der Eingliederung kraft Mehrheits- **81**
beschlusses die außenstehenden Aktionäre. Mit der Eingliederung gehen die

90 *Emmerich/Habersack* KonzernR, § 10 Rn. 17 mit Verweis auf Rn. 4.

91 *C. Fischer* AcP 154 (1955), 181, 197 ff. schlug (bekanntermaßen erfolglos) vor, dass das Konzernrecht in einem Rahmengesetz geregelt wird, was für alle Unternehmensformen gleichermaßen gilt; kritisch zum Vorschlag: *Kropff* BB 1965, 1281, 1281.

92 Für die GmbH siehe: *Emmerich/Habersack* KonzernR, § 32 Rn. 7 ff.; für die Personengesellschaften siehe: *Emmerich/Habersack* KonzernR, § 34 Rn. 17 ff.; *Emmerich* FS Stimpel, S. 743; *Schöning/Steininger* NZG 2019, 890; für die Genossenschaften siehe: *Emmerich/Habersack* KonzernR, § 36 Rn. 17 ff.; für die Vereine siehe: *Emmerich/Habersack* KonzernR, § 37 Rn. 14; *Leuschner* VereinskonzernR.

Aktien der außenstehenden Aktionäre auf die Hauptgesellschaft über (§ 320a S. 1 AktG). Beim Beherrschungsvertrag hingegen haben die außenstehenden Aktionäre auch die Wahl, weiterhin an der abhängigen Gesellschaft beteiligt zu bleiben (vgl. § 304 AktG). Entscheiden sie sich hierfür, müssen sie sich aber in der Regel darauf einstellen, dass sie mangels Stimmenmehrheit von ihren Mitgliedschaftsrechten nur eingeschränkt Gebrauch machen können. Diesem nur eingeschränkten Vorteil der außenstehenden Aktionäre steht der Nachteil der herrschenden Gesellschaft entgegen, dass Erstere kraft ihrer Aktionärsstellung die Befugnis zur Anfechtung von Hauptversammlungsbeschlüssen haben (§ 245 Nrn. 1 – 3 AktG).[93]

82 Für die Eingliederung spricht, dass das Weisungsrecht (§ 323 Abs. 1 AktG) noch umfangreicher ist, als das im Vertragskonzern (§ 308 AktG). Während im Vertragskonzern nur dann nachteilige Weisungen erteilt werden dürfen, wenn diese im Konzerninteresse sind (§ 308 Abs. 1 S. 2 AktG), ist eine solche Einschränkung bei Eingliederungskonzernen nicht vorgesehen.

83 Ein weiterer Unterschied besteht in der Verlustausgleichspflicht. Während bei der Eingliederung die Kapitalrücklagen und auch schon vor der Eingliederung gebildete Rücklagen zur Berechnung des Bilanzverlustes berücksichtigt werden (§ 324 Abs. 3 AktG), ist dies bei Vorliegen eines Beherrschungsvertrags nicht der Fall (vgl. § 302 AktG).

84 Zuletzt bestehen noch Unterschiede hinsichtlich der Beendigung. Gemäß § 327 Abs. 1 Nr. 2 AktG endet die Eingliederung, wenn die Hauptgesellschaft ihren Satzungssitz ins Ausland verlegt. Das ist im Falle eines Beherrschungsvertrages nicht so, da schon von vornherein ein Beherrschungsvertrag mit einer ausländischen Muttergesellschaft geschlossen werden kann.[94] Zudem endet die Eingliederung gem. § 327 Abs. 1 Nr. 3 AktG, wenn sich nicht mehr alle Aktien der eingegliederten Gesellschaft in der Hand der Hauptgesellschaft befinden. Beim Vertragskonzern ist es weiterhin möglich Beteiligungsanteile zu übertragen, es sei denn, es gab bei Abschluss des Beherrschungsvertrages keine außenstehenden Aktionäre (§ 307 AktG).

---

93 Man denke insbesondere an sog. „räuberische Aktionäre“, soweit es diese nach dem Freigabeverfahren noch gibt (§ 246a AktG), vgl.: Grigoleit/*Ehmann* AktG, § 246a Rn. 1.

94 BGH, Urt. v. 15.06.1992, Az. II ZR 18/91, BGHZ 119, 1 = NJW 1992, 2760; BGH, Beschl. v. 04.03.1998, Az. II ZB 5/97, BGHZ 138, 136 = NJW 1998, 1866; OLG Schleswig, Beschl. v. 27.08.2008, Az. 2 W 160/05, NZG 2008, 868; OLG Düsseldorf, Beschl. v. 30.10.2006, Az. 26 W 14/06, NZG 2007, 77; MüKoAktG/*Altmeppen*, Einl. §§ 291 ff. Rn. 62; Emmerich/Habersack/*Emmerich* AktG, § 291 Rn. 37; *Kort* NZG 2009, 364, 368.

Zusammenfassend kann festgehalten werden, dass sowohl die Eingliederung als auch der Beherrschungsvertrag ihre Vor- und Nachteile haben. In der Praxis spielt jedoch die Bedeutung der Eingliederung nur eine untergeordnete Rolle[95], was dafür spricht, dass die Vorteile des Beherrschungsvertrags zumindest dort die Vorteile der Eingliederung überwiegen. Daher wird im Folgenden nur noch der Vertragskonzern näher untersucht. **85**

95 *Emmerich/Habersack* KonzernR, § 10 Rn. 2; Hüffer/Koch/*Koch* AktG, § 319 Rn. 1; MHdB-AG/*Krieger*, § 74 Rn. 2; *Mertens* AG 1992, 209, 209 f.; für Streichung: *J. Vetter* ZGR Sonderheft 19 – 50 Jahre Aktiengesetz, 231, 259; anders erwartet gehabt: *Flume* Gesammelte Schriften II, S. 169, 174.

C. Regelungsinstitute des Vertragskonzernrechts

Mit dem Abschluss eines Beherrschungsvertrages entsteht ein sog. Vertragskonzern. Ein solcher beschreibt eine Unternehmensverbindung zwischen zwei Gesellschaften, bei denen ein Abhängigkeitsverhältnis entweder durch den Beherrschungsvertrag gebildet[96] oder durch den Beherrschungsvertrag eindeutig manifestiert (§ 18 Abs. 1 S. 2 AktG; §§ 293 Abs. 3, 294 AktG) wird[97]. Der Abschluss eines solchen Unternehmensvertrages bedarf drei viertel des bei der Beschlussfassung vertretenen Grundkapitals (§ 293 Abs. 1 S. 2 AktG). In der Praxis ist es deshalb üblich, dass nur mit solchen Gesellschaften Beherrschungsverträge geschlossen werden, an denen der Vertragspartner annähernd eine Dreiviertelmehrheit hat.[98] Aufgrund dessen wird im weiteren Verlauf der Arbeit nur noch von dieser Konstellation ausgegangen. 86

Ziel eines Beherrschungsvertrages ist die Anwendbarkeit eines geregelten und insoweit transparenten Systems. In diesem geht es um den Abschluss, die Änderung und Beendigung des Unternehmensvertrages (§§ 293 - 299 AktG), die Sicherung der Gesellschaft und der Gläubiger (§§ 300 - 303 AktG), die Sicherung der außenstehenden Aktionäre (§§ 304 - 307 AktG) sowie die Leitungsmacht und Verantwortlichkeit bei Abhängigkeit von Unternehmen (§§ 308 - 310 AktG). 87

I. Die Konzernproblematik

Wie schon am Aufbau des Aktiengesetzes erkennbar, geht dieses grundsätzlich von der unabhängigen Aktiengesellschaft aus. Leitbild dieser ist die Publikumsgesellschaft mit einer Vielzahl weitgehend einflussloser Kleinaktionäre, die die Verwaltung der Gesellschaft in eine unabhängige Hand legen.[99] Dort ist kein 88

---

96 Dies ist der Fall, wenn kein Mehrheitsbesitz des an dem Unternehmen beteiligten Unternehmens vorliegt, § 17 Abs. 2 AktG; Godin/Wilhelmi/*S. Wilhelmi* AktG, 4. Aufl., § 291 Anm. 2.

97 Vgl.: Zeiß/*Bolsenkötter* AktG 1965, S. 131; *Flume* Gesammelte Schriften II, S. 169, 173; *Weller/Prütting* Handels- und GesR, Rn. 593.

98 *Rasch* Aktienrechtsreform, S. 40 f.; andeutungsweise: *Praël* Eingliederung und Beherrschungsvertrag, S. 77.

99 *Emmerich/Habersack* KonzernR, § 1 Rn. 23.

Schutz von Gläubigern (neben den Kapitalerhaltungsvorschriften), Aktionären oder gar der Gesellschaft nötig, weil alle am Erfolg der Gesellschaft interessiert sind. Selbst wenn es Großaktionäre bei einer unabhängigen Aktiengesellschaft gibt, braucht es aufgrund des Interessensgleichlaufes kein Schutzsystem: Alle Aktionäre sind bestrebt, den Ertrag des Unternehmens zu sichern bzw. zu steigern. Diese haben nämlich mit dem Erwerb der Aktien die Erwartung gehabt, ihr Kapital für eine angemessene Rendite zu investieren.[100] Im Falle eines außergewöhnlichen konjunkturellen Aufschwungs oder Booms hat der Aktionär sogar die Möglichkeit einer besonders hohen Rendite. Auch die Gläubiger profitieren hierdurch, weil diese bei profitablen Gesellschaften ein geringes Ausfallrisiko haben. Alle Beteiligten haben somit – möglicherweise in unterschiedlichem Maße – ein Interesse am wirtschaftlichen Erfolg der Gesellschaft.[101]

89 Diesen Interessensgleichlauf gibt es beim Konzern nicht unbedingt.[102] Die Muttergesellschaft interessiert sich nicht für die Belange der einzelnen Konzerngesellschaften, sondern vielmehr für den Erfolg des Konzerns.[103] Hält sie es für sinnvoll, eine Konzerngesellschaft zugunsten einer anderen zu schädigen, ist dies für die übrigen Aktionäre und Gläubiger nachteilig. Trotzdem kann die Muttergesellschaft als Großaktionärin dieses Interesse durch Einflussnahme auf die Verwaltung durchsetzen.[104]

II. Weisungsrecht

90 Die Interessensdurchsetzung des herrschenden Unternehmens entgegen den Interessen der anderen an dieser Gesellschaft Beteiligten ist ausweislich des § 308 Abs. 1 S. 2 AktG auch legitim.[105] Schließlich hat das herrschende Unternehmen gem. § 308 Abs. 1 S. 1, Abs. 2 S. 1 AktG mit Abschluss eines Beherrschungsvertrages ein bindendes Weisungsrecht gegenüber dem Vorstand der abhängigen Gesellschaft.[106] Dieses umfasst die Leitungsmacht, worunter die

---

100 *Kuhlmann/Ahnis* KonzernR, Rn. 4.

101 Lutter/Semler/*Kropff* Rechtsgrundlagen freiheitlicher Unternehmenswirtschaft, S. 71, 73 f.; *Zöllner* JuS 1968, 297, 299.

102 *Kropff* Textausgabe AktG 1965, S. 373; *Drygala/Staake/Szalai* KapGesR, § 29 Rn. 2; *Leuschner* VereinskonzernR, S. 38 f.; *Timm/Schöne* Handels- und WirtschaftsR II, S. 90; Godin/Wilhelmi/*H. Wilhelmi/S. Wilhelmi* AktG, 3. Aufl., Vorb. §§ 291 – 328 Anm. 1.

103 *Leuschner* VereinskonzernR, S. 20.

104 Vertiefend: *Emmerich/Habersack* KonzernR, § 1 Rn. 23 ff.

105 Zur Interessenlage: *Haussmann* Tochtergesellschaft, S. 55 ff.

106 Zum Weisungsrecht in Matrixstrukturen: *Harbarth* FS Bergmann, S. 243.

herrschende Meinung nicht nur den „hervorgehobenen Teil der Geschäftsführung“, sondern vielmehr alle Geschäftsführungsmaßnahmen subsumiert.[107] Das führt dazu, dass der Tochtervorstand die Gesellschaft nicht mehr unabhängig leitet (§ 76 Abs. 1 AktG), sondern teilweise – je nach Ausübung – die Leitungsmacht auf das herrschende Unternehmen übergeht.[108]

Nach § 308 Abs. 1 S. 2 AktG können die Weisungen für die abhängige Gesellschaft auch nachteilig sein, sofern sie dem Konzerninteresse dienen.[109] Geschehen kann dies in vielfältiger Weise, beispielsweise durch Aushöhlung der Substanz[110], der einseitigen Ausrichtung der Produktion[111], der unentgeltlichen Nutzung von Patenten der Tochtergesellschaft[112], zinslose Kreditgewährung[113], die Zahlung überhöhter Konzernverrechnungspreise[114] oder der Verschiebung von qualifizierten Arbeitnehmern zur Konzernmutter[115]. Die Weisungen müssen sich auch nicht an den Kapitalerhaltungsvorschriften messen lassen, wie § 291 Abs. 3 AktG ausdrücklich bestimmt. **91**

Wird der Vorstand der abhängigen Gesellschaft zu einem nachteiligen Verhalten angewiesen, so muss auch diese Weisung grundsätzlich befolgt werden, § 308 Abs. 2 S. 1 AktG. Lediglich wenn die Weisung offensichtlich nicht den Konzernbelangen dient, kann eine solche verweigert werden, § 308 Abs. 2 S. 2 **92**

107 Diese Meinung wird völlig unterschiedlich begründet. Leitung sei genauso zu interpretieren wie § 76 Abs. 1 AktG: MüKoAktG/*Altmeppen*, § 291 Rn. 78; § 308 Rn. 84 ff.; Hüffer/Koch/*Koch* AktG, § 308 Rn. 12; KölnKommAktG/*Koppensteiner*, § 308 Rn. 27; K. Schmidt/Lutter/*Langenbucher* AktG, § 308 Rn. 21; Hölters/*Leuering*/*Goertz* AktG, § 308 Rn. 22; Wachter/*Rothley* AktG, § 308 Rn. 6; Spindler/Stilz/*Veil* AktG, § 308 Rn. 20; GroßKommAktG/*Würdinger*, 3. Aufl., § 308 Anm. 8; Leitung sei nicht so zu interpretieren wie § 76 Abs. 1 AktG: GroßKommAktG/*Mülbert*, § 291 Rn. 60; ohne Begründung: Emmerich/Habersack/*Emmerich* AktG, § 308 Rn. 38; *Tholen* Europäisches KonzernR, S. 49; vgl.: *Knoblau* Leitungsmacht und Verantwortlichkeit, S. 51, 66 ff.; **a. A.:** *Eschenbruch* Konzernhaftung, Rn. 3006.

108 Vgl.: *Emmerich*/*Habersack* KonzernR, § 23 Rn. 48; *Knoblau* Leitungsmacht und Verantwortlichkeit, S. 39.

109 Ausführlich: *Schauß* Weisungsrecht, S. 67 ff.; historisch zum Konzerninteresse: *Haussmann* Tochtergesellschaft, S. 55 ff.

110 MüKoAktG/*Altmeppen*, Einl. §§ 291 ff. Rn. 3.

111 *Zöllner* JuS 1968, 297, 299.

112 *Zöllner* JuS 1968, 297, 299.

113 *F. Kübler*/*Assmann* GesR, § 29 I 4 (S. 416).

114 *F. Kübler*/*Assmann* GesR, § 29 I 4 (S. 416); so schon: *Haussmann* Tochtergesellschaft, S. 22; zur Praxis von konzerninternen Verrechnungspreisen: Lutter/Scheffler/U. Schneider/*Sieker* HdB-Konzernfinanzierung, Rn. 28.1 ff.

115 *Zöllner* JuS 1968, 297, 299.

AktG. Das Kriterium der Offensichtlichkeit bedeutet nach herrschender Meinung: „Für jeden Sachkenner ohne weitere Nachforschung erkennbar".[116] Damit ist die Hürde bewusst hoch angesetzt worden, um einen Streit innerhalb des Konzerns weitestgehend zu vermeiden.[117]

93 In Anbetracht des Regelungsgehalts des § 308 AktG wird dieser nicht zu Unrecht als der zentrale Aspekt im Vertragskonzernrecht angesehen.[118]

III. Sicherung der anderen Beteiligten

94 Bisher scheint es so, als könne die herrschende Gesellschaft wie ein Blutegel den letzten Tropfen aus der abhängigen Gesellschaft saugen. Und tatsächlich wird auch von dieser Möglichkeit, nämlich das haftende Vermögen der abhängigen Gesellschaft zugunsten der herrschenden Gesellschaft zu schmälern und die Substanz der Tochtergesellschaft auszuhöhlen, rege Gebrauch gemacht.[119]

95 Schon vor dem AktG 1965 wurde dem Konzerninteresse Vorrang eingeräumt, jedoch nur unter Gewährung eines angemessenen Ausgleichs für Benachteiligungen.[120] Der Gesetzgeber nahm sich das zum Vorbild und hat ein Schutzsystem für die anderen Beteiligten, namentlich die beherrschte Gesellschaft, deren Gläubigern (Rn. 96 ff.) und deren außenstehenden Aktionären (Rn. 106 ff.) implementiert, in dem die konfligierenden Interessen angemessen berücksichtigt werden sollen.[121] Ob sich daraus weitergehend ein Bestandsschutz ableiten lässt, ist seit Jahrzehnten umstritten (Rn. 114 ff.).

1. Sicherung der Gesellschaft und Gläubiger

96 Ausweislich der Begründung des RegE sollen durch die §§ 300 – 303 AktG die Aushöhlung der abhängigen Gesellschaft verhindert und die Erhaltung der bilanziellen Substanz sichergestellt werden.[122] Dafür wurden folgende Regelungen geschaffen:

---

116 MüKoAktG/*Altmeppen*, § 308 Rn. 152; *Hoffmann-Becking* FS Hommelhoff, S. 433, 443; Hüffer/Koch/*Koch* AktG, § 308 Rn. 22; Grigoleit/*Servatius* AktG, § 308 Rn. 27; Spindler/Stilz/*Veil* AktG, § 308 Rn. 35.

117 GroßKommAktG/*Hirte*, § 308 Rn. 56.

118 Happ/*Liebscher*, Muster 1.01 Anm. 4.1.

119 *Altmeppen* ZIP 2017, 1977, 1977; *F. Kübler*/*Assmann* GesR, § 29 I 4 (S. 416); *Meilicke* FS Hirsch, S. 99; *Timm* JuS 1999, 553, 556.

120 So schon: *Pleyer* AG 1959, 39, 40; *Schilling* JZ 1957, 530.

121 *Kropff* Textausgabe AktG 1965, S. 373 f.

122 *Kropff* Textausgabe AktG 1965, S. 375, 388.

a) § 300 AktG

Nach der Grundregelung des § 150 Abs. 2 AktG sind 5 % des Jahresüberschusses (abzüglich eines bestehenden Verlustvortrags) bis zur gesetzlichen (10 % des Grundkapitals) oder in der Satzung bestimmten Mindestgrenze in die gesetzliche Rücklage einzustellen.[123] Allerdings ist kraft des Beherrschungsvertrages das herrschende Unternehmen in der Lage, den Gewinn der abhängigen Gesellschaft durch Weisungen gering zu halten. Dann stellt der Jahresüberschuss keine angemessene Grundlage für die Berechnung der einzustellenden Rücklage mehr dar.[124] 97

Deshalb hält das Vertragskonzernrecht die Sonderregelung des § 300 AktG vor. Dieser unterscheidet zwischen dem Bestehen eines isolierten Beherrschungsvertrags und der Kombination dessen mit einem Gewinnabführungs- oder Teilgewinnabführungsvertrages. 98

Allen Alternativen gemein ist, dass sie die Bemessungsgrundlage für die Höhe der einzustellenden Rücklagen anpassen. Dadurch soll die gesetzliche Rücklage auf ihre Pflichthöhe in den ersten fünf Jahren nach Beginn des Beherrschungsvertrages erreicht werden. 99

b) § 301 AktG

§ 301 S. 1 AktG bestimmt einen Höchstbetrag der Gewinnabführung. Dieser ist allerdings nach zutreffender herrschender Meinung bei isolierten Beherrschungsverträgen nicht anwendbar, weil § 301 AktG auf eine Gewinnabführungspflicht abstellt.[125] 100

c) § 302 Abs. 1 AktG

Nach § 302 Abs. 1 AktG hat die herrschende Gesellschaft jeden während der Vertragsdauer entstehenden Jahresfehlbetrag auszugleichen, sofern auf keine während der Vertragszeit gebildeten freien Rücklagen zurückgegriffen werden können.[126] *Veil* spricht in diesem Zusammenhang von einer sog. 101

---

123 Gibt es einen Verlustvortrag, ist dieser vom Jahresüberschuss abzuziehen.

124 *Kropff* Textausgabe AktG 1965, S. 388.

125 MüKoAktG/*Altmeppen*, § 301 Rn. 12; *Eberth* Atypische Zwecksetzung, S. 137; Hüffer/Koch/*Koch* AktG, § 301 Rn. 2; KölnKommAktG/*Koppensteiner*, § 301 Rn. 7; Bürgers/Körber/*Schenk* AktG, § 301 Rn. 4; K. Schmidt/Lutter/*Stephan* AktG, § 301 Rn. 9; *Voss* AG 1973, 326, 329; *Walther* DB 1976, 661, 662 ff.; **a. A.:** *Schatz* Sicherung des Gesellschaftsvermögens, S. 69 ff.

126 Vgl.: *Kropff* Textausgabe AktG 1965, S. 391.

„Globalhaftung“[127], weil alle entstandenen Jahresfehlbeträge der abhängigen Gesellschaft von der Konzernmutter auszugleichen sind, ganz unabhängig davon, wie der Verlust entstanden ist.[128] Das herrschende Unternehmen übernimmt damit das gesamte Risiko der abhängigen Gesellschaft.[129]

102 Mit diesem Anspruch wird am stärksten die bilanzielle Vermögenssubstanz der Gesellschaft gesichert. Sie führt zudem zu einer mittelbaren Haftung der herrschenden Gesellschaft gegenüber den Gläubigern der abhängigen Gesellschaft, weil diese den Anspruch der Gesellschaft unter Umständen pfänden können.[130]

d) § 303 Abs. 1 AktG

103 § 303 Abs. 1 AktG komplettiert den Regelungsschutz für die Gläubiger der abhängigen Gesellschaft. Nach dieser Vorschrift haben die Gläubiger (i. S. d. § 303 AktG) der Tochtergesellschaft gegen das herrschende Unternehmen einen unmittelbaren Anspruch auf Sicherheitsleistung, wenn der Unternehmensvertrag beendet wird.

104 Der Gesetzgeber hielt eine solche Vorschrift für nötig, da er davon ausging, dass mit der abhängigen Gesellschaft häufig nur deshalb Geschäfte gemacht werden, weil dessen Vertragspartner auf den Bestand der Verlustausgleichspflicht vertrauen.[131] Da mit Beendigung des Beherrschungsvertrags die Verlustausgleichspflicht endet und es nicht gesichert ist, ob die Gesellschaft über die Dauer des Beherrschungsvertrages hinweg noch lebensfähig ist, sollten die Gläubiger hinsichtlich dieses Vertrauens geschützt werden.[132] Interessanterweise ist § 303 AktG einerseits eine Gutglaubensvorschrift, weil auf den Publizitätsakt („Eintragung der Beendigung in das Handelsregister“) abgestellt wird, andererseits aber insofern atypisch, als weder Kennen noch Kennenmüssen der materiellen Rechtslage dem guten Glauben schadet.[133] Letzteres, weil es nach dem Wortlaut auf Kenntnis im Umkehrschluss zu (nur beispielsweise) § 15 Abs. 1 HGB, 932 Abs. 1 S. 1, Abs. 2 BGB, § 892 Abs. 1 S. 1 BGB und § 2366 BGB nicht ankommt.

---

127 *Veil* Unternehmensverträge, S. 118.

128 MüKoAktG/*Altmeppen*, § 302 Rn. 10; Spindler/Stilz/*Veil* AktG, § 302 Rn. 10.

129 *T. Raiser*/*Veil* KapGesR, § 62 Rn. 54; *Tholen* Europäisches KonzernR, S. 51.

130 Vertiefend: Emmerich/Habersack/*Emmerich* AktG, § 302 Rn. 44; Grigoleit/*Servatius* AktG, § 302 Rn. 17.

131 *Kropff* Textausgabe AktG 1965, S. 392 f.

132 *Kropff* Textausgabe AktG 1965, S. 393.

133 Vgl.: MüKoAktG/*Altmeppen*, § 303 Rn. 20; Emmerich/Habersack/*Emmerich* AktG, § 303 Rn. 9; *Ströhmann* NZG 1999, 1030, 1032; **a. A.**: *Pelzer* AG 1975, 309, 312.

Nach herrschender Meinung haben einen solchen Anspruch alle schuldrechtlichen Gläubiger, unabhängig vom Rechtsgrund der Forderung, sofern der Beherrschungsvertrag beendet wurde, der Anspruch vor Bekanntmachung der Beendigung des Unternehmensvertrages begründet wurde und der Gläubiger diesen Anspruch binnen sechs Monaten der Konzernmutter meldet.[134] **105**

2. Sicherung der außenstehenden Aktionäre bei Beherrschungsverträgen

Wie oben bereits beschrieben, kann das herrschende Unternehmen auf das Ergebnis der abhängigen Gesellschaft durch Weisungen Einfluss nehmen. Führt das herrschende Unternehmen den Gewinn der abhängigen Gesellschaft unmittelbar oder mittelbar an sich selbst ab, werden die außenstehenden Aktionäre benachteiligt, weil sie keine oder keine angemessene Dividende mehr bekommen. **106**

Zudem werden wichtige Verwaltungsrechte des außenstehenden Aktionärs weitgehend entwertet.[135] Zwar steht es dem außenstehenden Aktionär weiterhin zu, seine Stimme abzugeben (§§ 12 Abs. 1, 133 ff. AktG). Allerdings ist die Konzernmutter in der Regel mehrheitlich an der abhängigen Gesellschaft beteiligt und bestimmt somit selbständig über die Geschicke des Unternehmens, weshalb dem außenstehenden Aktionär aus tatsächlicher Sicht kein Mitbestimmungsrecht mehr verbleibt. Auch die Ausübung verschiedener Minderheitenrechte ist je nach Beteiligungshöhe der herrschenden Gesellschaft nur eingeschränkt möglich, weil diese in der Regel ein gewisses Quorum des Grundkapitals voraussetzen: § 93 Abs. 4 S. 3 AktG, §§ 116 i. V. m. 93 Abs. 4 S. 3 AktG, § 309 Abs. 3 S. 1 AktG, §§ 310 Abs. 4 i. V. m. 309 Abs. 3 S. 1 AktG, §§ 317 Abs. 4 i. V. m. § 309 Abs. 3 S. 1 AktG, §§ 318 Abs. 4 i. V. m. § 309 Abs. 3 S. 1 AktG erfordern zur Geltendmachung ein Quorum von 10 % des Grundkapitals. § 122 Abs. 1 S. 1 AktG setzt 5 % des Grundkapitals voraus, während nach Abs. 2 auch ein anteiliger Betrag von 500.000 € ausreicht. § 148 Abs. 1 AktG setzt nur 1 % des Grundkapitals oder einen anteiligen Betrag von 100.000 € voraus. **107**

Um sich vor diesen Folgen zu schützen, haben die außenstehenden Aktionäre schon bei Abschluss des Beherrschungsvertrages ein Mitwirkungsrecht in der Hauptversammlung (§§ 293 – 293g AktG).[136] Dies ist allerdings nur ein **108**

---

134 Hölters/*Deilmann* AktG, § 303 Rn. 2; Emmerich/Habersack/*Emmerich* AktG, § 303 Rn. 9; Spindler/Stilz/*Veil* AktG, § 303 Rn. 5.

135 Zu den einzelnen Verwaltungsrechten: MüKoAktG/*Heider*, § 11 Rn. 13.

136 *Kropff* Textausgabe AktG 1965, S. 375.

Scheinargument: In der Regel hat das herrschende Unternehmen bei Beschlussfassung mindestens Dreiviertel des bei der Beschlussfassung vertretenen Grundkapitals (§ 293 Abs. 1 S. 2 AktG) auf dessen Seite, weshalb von einem vorvertraglichen Außenseiterschutz keine Rede sein kann.

109 Tatsächlich geschützt werden die außenstehenden Aktionäre durch §§ 304, 305 AktG.[137] Danach haben diese die Wahl, ob sie in der Gesellschaft gegen einen jährlich zu zahlenden Ausgleich verbleiben oder gegen eine Abfindung aus der Gesellschaft ausscheiden wollen.

a) § 304 Abs. 1 S. 2 AktG

110 Nach § 304 AktG werden die den außenstehenden Aktionären entstehenden Vermögensnachteile ausgeglichen und diese für die Entwertung der Teilhaberechte entschädigt.[138] Nach § 304 Abs. 1 S. 2 AktG hat die herrschende Gesellschaft im isolierten Beherrschungsvertrag den außenstehenden Aktionären eine Dividende zu garantieren. Die Höhe der Dividende bestimmt sich nach der für die Ausgleichszahlung bestimmten Höhe. Wird der Beherrschungsvertrag mit einem Gewinnabführungsvertrag kombiniert, hat der Unternehmensvertrag als Ausgleich für die außenstehenden Aktionäre eine auf die Anteile am Grundkapital bezogene wiederkehrende Geldleistung vorzusehen, § 304 Abs. 1 S. 1 AktG.

111 Beide Arten von Ausgleich kompensieren die Entwertung der Mitgliedschaft und stellen die außenstehenden Aktionäre so, wie sie stehen würden, wenn kein Unternehmensvertrag geschlossen worden wäre, § 304 Abs. 2 AktG.[139]

b) § 305 Abs. 1 AktG

112 Der Schutz des § 305 AktG geht weiter als § 304 AktG, weil damit nicht nur die Vermögensnachteile ausgeglichen werden, sondern gleichzeitig auch die Beeinträchtigung der Herrschaftsrechte.[140]

113 Hier hat der außenstehende Aktionär nämlich das Recht, vom herrschenden Unternehmen eine Abfindung zu verlangen, um seine Investitionsentscheidung rückgängig zu machen. Dadurch muss der außenstehende Aktionär auch nicht das Risiko der Insolvenz seiner Gesellschaft nach Beendigung des Beherrschungsvertrages tragen.[141]

---

137 *Kropff* Textausgabe AktG 1965, S. 394.

138 *Kropff* Textausgabe AktG 1965, S. 397.

139 *Kropff* Textausgabe AktG 1965, S. 394 f.

140 *Kropff* Textausgabe AktG 1965, S. 397.

141 *Kropff* Textausgabe AktG 1965, S. 397.

3. Der Bestandsschutz

Aus den eben näher beschriebenen Regelungen ergibt sich der Schutz des bilanzmäßigen *status quo* ab Beginn des Beherrschungsvertrages. Anders formuliert: Nach Beendigung des Beherrschungsvertrages soll die abhängige Gesellschaft bilanzmäßig genauso dastehen, wie noch zu Beginn des Beherrschungsvertrages. Dadurch wird nicht nur die Gesellschaft und deren Gläubiger geschützt, sondern mittelbar auch die verbliebenen außenstehenden Aktionäre.[142] 114

Ob darüber hinaus auch der Bestand der abhängigen Gesellschaft als solcher geschützt wird, ist seit mittlerweile Jahrzehnten umstritten. Zumeist wird die Frage des Bestandsschutzes in der Literatur im Rahmen der existenzvernichtenden Weisungen erörtert.[143] Tatsächlich liegt dort aber nur ein Teil des Problems. Die Existenz der Tochtergesellschaft kann nämlich nicht nur durch nachteilige Weisungen, sondern auch aus anderen Gründen gefährdet sein. Zu nennen sind konjunkturelle Schwankungen, fehlende Innovation, Wettbewerber oder unwirtschaftliches Verhalten. 115

Deshalb kann sich ein Bestandsschutz der abhängigen Gesellschaft nur von solchen Normen ableiten, die unabhängig von einem Verhalten der Konzernmutter Schutz gewähren. In Frage kommen damit nur die Vorschriften des Dritten und Vierten Abschnitts (§§ 300 ff. AktG) der Unternehmensverträge. 116

Bei der Klärung dieser Frage ist streng zwischen dem Bestandsschutz während der Vertragslaufzeit (Rn. 118 ff.) und nach Beendigung der Vertragslaufzeit (Rn. 130 ff.) zu unterscheiden. 117

a) Während der Vertragslaufzeit

Ein Bestandsschutz während der Vertragslaufzeit bestünde dann, wenn die abhängige Gesellschaft in dieser Zeit grundsätzlich nicht insolvent gehen kann. 118

aa) Bestandsschutz durch § 300 AktG

Während der Vertragslaufzeit hat die abhängige Gesellschaft weiterhin ihre gesetzlichen Rücklagen aufzufüllen (§ 300 AktG). Damit soll der abhängigen 119

---

142 *Kropff* Textausgabe AktG 1965, S. 388; *Altmeppen* ZIP 2006, 1025, 1032.

143 *Eschenbruch* Konzernhaftung, Rn. 3056; Hüffer/Koch/*Koch* AktG, § 308 Rn. 19; KölnKommAktG/*Koppensteiner*, § 308 Rn. 50; K. Schmidt/Lutter/*Langenbucher* AktG, § 308 Rn. 31; *Sina* AG 1991, 1, 7.

Gesellschaft in wirtschaftlich schlechten Zeiten ein Auffangpolster zur Verfügung stehen, um eine Insolvenz vorerst zu vermeiden.

120 § 300 AktG kann zwar in wirtschaftlich guten Zeiten das Auffangpolster erhöhen, ist aber nicht in der Lage in wirtschaftlich schlechten Zeiten das Haftungssubstrat auf ewig zu erhalten.[144]

121 Mithin ist § 300 AktG nicht in der Lage, die Existenz der abhängigen Gesellschaft abzusichern, sondern lediglich zu verlängern.

bb) Bestandsschutz durch § 302 AktG

122 Ob durch den Verlustausgleichsanspruch ein Bestandsschutz gewährt wird, ist umstritten. Zwar werden alle entstandenen Jahresfehlbeträge der abhängigen Gesellschaft von der Konzernmutter ausgeglichen, ganz unabhängig davon, wie der Verlust entstanden ist.[145] Damit wird jedoch nur der Insolvenzgrund der Überschuldung[146] (§ 19 InsO) während der Dauer des Vertrages verhindert.[147] Unterjährige Liquiditätsschwierigkeiten der abhängigen Gesellschaft werden dadurch nicht kompensiert und würden zum Insolvenzgrund der (drohenden) Zahlungsunfähigkeit (§§ 17 f. InsO) führen.[148]

123 Ein Teil der Literatur möchte das vermeiden und nimmt an, aus § 302 AktG lasse sich über den Wortlaut hinaus eine Pflicht der Konzernmutter zum Ausgleich unterjähriger Liquiditätsschwierigkeiten bei der Tochtergesellschaft herleiten.[149]

---

144 *Neuhaus* Die zivilrechtliche Organhaftung, S. 93.

145 MüKoAktG/*Altmeppen*, § 302 Rn. 10; Spindler/Stilz/*Veil* AktG, § 302 Rn. 10; *Veil* Unternehmensverträge, S. 118.

146 Zum Eröffnungsgrund der Überschuldung: *Bork* InsR, Rn. 108 ff.

147 MüKoAktG/*Altmeppen*, § 302 Rn. 2; *Berthold* Unternehmensverträge, Rn. 129; GroßKommAktG/*Hirte*, § 302 Rn. 4; *Hommelhoff* FS Goerdeler, S. 221, 226; Hüffer/Koch/*Koch* AktG, § 308 Rn. 19; *Noack* GesR, Rn. 712; *K. Schmidt* GesR, § 31 III 2 d (S. 953); *Wellensiek* ZIP 1984, 541, 542; *Würdinger* AktR, S. 329; **a. A.:** *Schluck-Amend* FS Marsch-Barner, S. 491, 501.

148 Vgl.: *Bitter/Heim* GesR, § 3 Rn. 232; *Sina* AG 1991, 1, 7.

149 MüKoAktG/*Altmeppen*, § 302 Rn. 38, 74; *Altmeppen* DB 1999, 2453, 2456; *Altmeppen* DB 2002, 879, 879; *Altmeppen* ZIP 2013, 801, 807; Roth/Altmeppen/*Altmeppen* GmbHG, Anh. § 13 Rn. 60; Emmerich/Habersack/*Emmerich* AktG, § 302 Rn. 41; *Gärtner* Grenzen des Cash Pooling, S. 223; *Geßler* ZHR 140 (1976), 433, 439; *Hommelhoff* WM 1984, 1105, 1112; *Jula/Breitbarth* AG 1997, 256, 261 f.; *Kleindiek* Strukturvielfalt, S. 162 ff.; *Kleindiek* ZGR 2001, 479, 492 ff.; *Priester* ZIP 1989, 1301, 1307 f.; *K. Schmidt* ZGR 1983, 513, 514; *U. Schneider* ZGR 1984, 497, 535; *Tholen* Europäisches KonzernR, S. 51 f.; im Ergebnis auch: *Berthold* Unternehmensverträge, Rn. 151, die einen solchen Anspruch aus § 669 BGB analog herleitet; *Eichholz* Konzerninterne

Dagegen wird vorgebracht, dass weder der Normzweck des § 302 AktG noch die Normzwecke der §§ 300 ff. AktG einen solchen Anspruch begründen könnten.[150] Der Gesetzgeber sei ausweislich des § 303 AktG selbst nicht von einem Bestandsschutz ausgegangen, weil dieser bei Annahme einer Bestandsgarantie überflüssig wäre.[151] Zudem wird auf die Regierungsbegründung verwiesen, die davon ausgeht, dass in vielen Fällen die abhängige Gesellschaft Anfangsschwierigkeiten nach Beendigung des Unternehmensvertrags haben werde.[152] **124**

Diese Ansicht verkennt den Sinn und Zweck des § 303 AktG. Dieser schützt die Gläubiger vor einer nachvertraglichen Existenzkrise der abhängigen Gesellschaft. Hieraus können keine Rückschlüsse auf den Bestandsschutz während der Vertragslaufzeit gezogen werden, sondern lediglich auf den Bestandsschutz nach der Vertragslaufzeit.[153] **125**

Außerdem ist das von dieser Auffassung gefundene Ergebnis insofern absurd, als dass am Ende des Jahres oder mit Beendigung des Unternehmensvertrages die Verbindlichkeiten, die zur Zahlungsunfähigkeit der abhängigen Gesellschaft geführt haben, sowieso von der Konzernmutter ausgeglichen werden müssen.[154] **126**

Dagegen spricht für eine unterjährige Liquiditätszufuhr folgende Erwägung: Die abhängige Gesellschaft ist, wie auch schon das Adjektiv „abhängig" beschreibt, nicht autark. Wäre die Gesellschaft unabhängig, so stünde außer Zweifel, dass die Geschäftsleitung für die erforderlichen flüssigen Mittel zu sorgen habe, die zur Bedienung der fälligen Verbindlichkeiten benötigt werden. **127**

Darlehen, S. 104 ff., der aber annimmt, dass die Liquidität mit konzerninternen Darlehen sichergestellt werden muss; *K. Müller* ZGR 1977, 1, 8, hat schon damals festgestellt, dass allein die wörtliche Anwendung des § 302 AktG den Zweck der Norm verfehlen würde.

150 KölnKommAktG/*Koppensteiner*, § 302 Rn. 57, § 308 Rn. 50; im Ergebnis auch: OLG Hamburg, Urt. v. 24.07.1987, Az. 11 U 182/86, ZIP 1987, 977, 985; *Büscher* Die qualifizierte faktische Konzernierung, S. 128 ff.; *Glaser* Grenzen des Weisungsrechts, S. 13; *Hentzen* AG 2006, 133, 140 f.; GroßKommAktG/*Hirte*, § 302 Rn. 62; MHdB-AG/*Krieger*, § 71 Rn. 75; Lutter/Scheffler/U. Schneider/*Krieger* HdB-Konzernfinanzierung, Rn. 4.48; *Kropff* ZGR 1984, 112, 122; *Liebscher* ZIP 2006, 1221, 1221 f.; Happ/*Liebscher*, Muster 1.01 Anm. 10.7; *Neuhaus* Die zivilrechtliche Organhaftung, S. 93; Henssler/Strohn/*Paschos*, § 302 AktG Rn. 15; *Samer* Organisationsverträge im Konkurs, S. 64; K. Schmidt/Lutter/*Stephan* AktG, § 302 Rn. 49; *Stephan* Der Konzern 2014, 1, 24 f.

151 KölnKommAktG/*Koppensteiner*, Vorb. § 300 Rn. 6.

152 KölnKommAktG/*Koppensteiner*, Vorb. § 300 Rn. 6, § 308 Rn. 50, mit Verweis auf *Kropff* Textausgabe AktG 1965, S. 393, 397.

153 So auch: *Altmeppen* FS Vetter, S. 1, 5; siehe Rn. 130 ff.

154 Vgl.: MüKoAktG/*Altmeppen*, § 302 Rn. 25; *Berthold* Unternehmensverträge, Rn. 139.

Die Geschäftsleitung einer abhängigen Gesellschaft kann die Maßnahmen zur Herstellung der nötigen Liquidität allerdings gar nicht planen, weil sie jederzeit mit vom Gesetz zulässig erachteten Eingriffen der Konzernmutter (§ 308 AktG) rechnen muss.[155] Lehnt man die unterjährige Liquiditätszufuhr ab, könnte das herrschende Unternehmen durch regelmäßigen Abzug der Liquidität die abhängige Gesellschaft nach eigenem Belieben in die Insolvenz hineindrängen. Dies ist mit dem gesetzlichen Schutzsystem der §§ 300 ff. AktG nicht zu vereinbaren.

128 Untermauert wird dies noch von § 304 AktG. Man nähme diesem den Sinn und Zweck, wenn man außenstehenden Aktionären, die sich für einen angemessenen Ausgleich entschieden haben, den Schutz dadurch nimmt, indem man die abhängige Gesellschaft zunächst zugunsten des Konzerns ausbeutet, danach insolvent werden lässt und sich damit der Ausgleichspflicht nach § 304 AktG entledigt.[156]

129 Deshalb ist die Konzernmutter über den Wortlaut des § 302 Abs. 1 AktG auch verpflichtet, unterjährig für die Liquidität der Tochtergesellschaft zu sorgen, um den Insolvenzgrund der (drohenden) Zahlungsunfähigkeit abzuwenden.[157] Die Regelungen der §§ 302 f. AktG gebieten mithin einen Bestandsschutz für die abhängige Gesellschaft während der Dauer des Beherrschungsvertrages.[158]

---

155 *Berthold* Unternehmensverträge, Rn. 138.

156 Emmerich/Habersack/*Emmerich* AktG, § 308 Rn. 61; *Immenga* ZHR 140 (1976), 301, 307; K. Schmidt/Lutter/*Langenbucher* AktG, § 308 Rn. 31; Hölters/*Leuering*/*Goertz* AktG, § 308 Rn. 36; wohl auch: *Semler* Überwachungsaufgabe des Aufsichtsrats, S. 136 ff.; **a. A.:** KölnKommAktG/*Koppensteiner*, Vorb. § 300 Rn. 7, § 302 Rn. 57, § 308 Rn. 50; Grigoleit/*Servatius* AktG, § 308 Rn. 21.

157 So auch: MüKoAktG/*Altmeppen*, § 302 Rn. 38; *Altmeppen* Haftung des Managers, S. 8; Hüffer/Koch/*Koch* AktG, § 302 Rn. 13, § 308 Rn. 19; *Seibt*/*Cziupka* AG 2015, 721, 726 f.

158 Im Ergebnis auch: *Altmeppen* Haftung des Managers, S. 8; *Altmeppen* FS Vetter, S. 1, 9; *Altmeppen* ZHR 171 (2007), 320, 327; *Altmeppen* ZIP 2006, 1025, 1032; MüKoAktG/*Altmeppen*, § 302 Rn. 38 f., § 303 Rn. 1 Fn. 1; *Arens* Untreue im Konzern, S. 319; Henssler/Strohn/*Bödeker*, § 308 AktG Rn. 13; *Eichholz* Konzerninterne Darlehen, S. 87 f.; Bürgers/Körber/*Fett* AktG, § 308 Rn. 24; *Heesing* Bestandsschutz, S. 19; GroßKommAktG/*Hirte*, § 308 Rn. 42; *Hommelhoff* Konzernleitungspflicht, S. 150 f.; Hüffer/Koch/*Koch*, § 308 Rn. 19; K. Schmidt/Lutter/*Langenbucher* AktG, § 308 Rn. 31; Wachter/*Rothley* AktG, § 308 Rn. 18; *Rothweiler* Informationsfluss, S. 199; *Scheel* KonzernInsR, S. 336; Grigoleit/*Servatius* AktG, § 308 Rn. 20; Godin/Wilhelmi/*S. Wilhelmi* AktG, 4. Aufl., § 308 Anm. 2; einschränkend, wenn es um die Existenz des ganzen Konzerns geht: *Geßler* ZHR 140 (1976), 433, 440.

b) Nach Beendigung der Vertragslaufzeit

Ob darüber hinaus auch ein Bestandsschutz nach Beendigung der Vertragslaufzeit durch das Gesetz geboten ist, wird seit Jahrzehnten diskutiert.[159] 130

Abhängig davon, wie die Konzernmutter mit der abhängigen Gesellschaft umgegangen ist, kann die Existenz der abhängigen Gesellschaft nicht mit jeglicher Wahrscheinlichkeit über die Beendigung des Beherrschungsvertrages hinaus garantiert werden. Es wird nämlich nur das zu Beginn bestehende bilanzielle Vermögen geschützt. Zehrt während der Vertragslaufzeit die Konzernmutter alle existenziellen Ressourcen auf oder richtet sie die abhängige Gesellschaft wirtschaftlich einseitig aus (nur noch Produktion, Vertrieb etc.), ist die abhängige Gesellschaft trotz bestehenden Vermögens innerhalb kürzester Zeit nicht mehr lebensfähig. Der Gesetzgeber hat dieses Problem auch gesehen, es aber unterlassen, ihm normativ zu begegnen[160]: 131

„Es soll verhindert werden, daß die Gesellschaft bei Beendigung des Vertrags ohne ein Rücklagenpolster auf eigenen Füßen stehen muß.“[161]

„In vielen Fällen wird die Gesellschaft nur unter großen Anfangsschwierigkeiten wieder auf eigenen Füßen stehen können; es mag sogar zweifelhaft sein, ob sie auf sich gestellt noch lebensfähig ist.“[162]

„Nach den Umständen kann auch die Sorge begründet sein, daß die Gesellschaft bei Beendigung des Vertrags nicht mehr fähig ist, auf eigenen Füßen zu stehen.“[163]

Möglicherweise ist aber ein Bestandsschutz über die Vertragslaufzeit hinaus durch den Sinn und Zweck des Vertragskonzernrechts gerechtfertigt. 132

Geschützt werden sollten durch das Vertragskonzernrecht in jedem Fall die Gläubiger der abhängigen Gesellschaft. Ob auch die außenstehenden Aktionäre geschützt werden müssen, ist fraglich. Jedenfalls bedarf es keines Bestandsschutzes, wenn die schutzwürdigen Gruppen auch ohne einen nachvertraglichen Existenzschutz ausreichend geschützt wären. 133

Die in jedem Fall schutzwürdigen Gläubiger werden durch §§ 302, 303 AktG geschützt, weil sie nicht nur auf das Haftungssubstrat der abhängigen Gesellschaft angewiesen sind, sondern darüber hinaus auch am Haftungssubstrat der 134

159 *Kropff* 25 Jahre AktG, S. 19, 45.
160 *Altmeppen* Haftung des Managers, S. 6; GHEK/*Geßler* AktG, Vorb. §§ 300 – 303 Rn. 6.
161 *Kropff* Textausgabe AktG 1965, S. 391.
162 *Kropff* Textausgabe AktG 1965, S. 393.
163 *Kropff* Textausgabe AktG 1965, S. 397.

herrschenden Gesellschaft partizipieren können.[164] Außerdem wird üblicherweise unmittelbar nach Beendigung des Beherrschungsvertrages wegen der Rücklagen (§ 300 AktG) auch noch Masse in der abhängigen Gesellschaft vorhanden sein.[165]

135 Ob auch die außenstehenden Aktionäre nach Beendigung des Beherrschungsvertrages geschützt werden müssen, wird unterschiedlich beurteilt. Gegen ein Schutzbedürfnis spreche, dass der außenstehende Aktionär bei Abschluss des Beherrschungsvertrages die Wahl zwischen einer Abfindung und einem angemessenen Ausgleich gehabt habe. Entscheidet er sich für den angemessenen Ausgleich, setze er sich dem Gutdünken des Vertragspartners (meistens dem Mehrheitsaktionär der abhängigen Gesellschaft) aus und dürfte sich nur auf einen summenmäßigen Schutz des Vermögens verlassen. Der außenstehende Aktionär dürfe sich aber nicht darauf verlassen, dass seine Gesellschaft nicht ausgezehrt werden würde.[166] Letztlich ist dieser Meinungsstreit allein akademischer Natur, weil die außenstehenden Aktionäre in jedem Fall vom Gesetz in gewissem Maße geschützt werden. Schließlich wird der bilanzielle Wert des Unternehmens (maßgeblich) durch § 302 AktG erhalten.[167]

136 Der Schutz geht nach der herrschenden Meinung sogar noch weiter, weil diese unter der Voraussetzung, dass die Überlebensfähigkeit der abhängigen Gesellschaft nicht über die Beendigung des Vertrages hinaus gesichert werden kann, den Verlustausgleichsanspruch auf der Basis von Liquidationswerten berechnet.[168] Dementsprechend hoch wird in den meisten Fällen der letzte Verlustausgleichsanspruch ausfallen.

---

164 MüKoAktG/*Altmeppen*, Vorb. § 300 Rn. 7, § 303 Rn. 2, § 291 Rn. 69; Emmerich/Habersack/*Emmerich* AktG, § 303 Rn. 1; Wachter/*Rothley* AktG, § 308 Rn. 18; Grigoleit/*Servatius* AktG, § 308 Rn. 22; *Tholen* Europäisches KonzernR, S. 52.

165 MüKoAktG/*Altmeppen*, § 291 Rn. 69 redet sogar von Solvenz.

166 Grigoleit/*Servatius* AktG, § 308 Rn. 23.

167 MüKoAktG/*Altmeppen*, Vorb. § 300 Rn. 7, § 308 Rn. 130; Wachter/*Rothley* AktG, § 308 Rn. 18.

168 MüKoAktG/*Altmeppen*, § 291 Rn. 70, § 297 Rn. 66, § 302 Rn. 42, § 308 Rn. 129; *Altmeppen* Haftung des Managers, S. 8; *Altmeppen* DB 1999, 2453, 2456; GroßKommAktG/*Hirte*, § 302 Rn. 23; Hölters/*Leuering*/*Goertz* AktG, § 308 Rn. 37; *H. Müller* FS Goerdeler, S. 375, 394; *K. Schmidt* FS Werner, S. 777, 793 f.; *K. Schmidt* ZGR 1983, 513, 533; *Seibt*/*Cziupka* AG 2015, 721, 725; K. Schmidt/Lutter/*Stephan* AktG, § 302 Rn. 39; *Tholen* Europäisches KonzernR, S. 53; Spindler/Stilz/*Veil* AktG, § 302 Rn. 17; *Wimmer-Leonhardt* Konzernhaftungsrecht, S. 33 ff.

Somit besteht *de facto* ein Stück weit ein nachvertraglicher Existenzschutz, **137**
auch wenn es diesen rechtlich nicht gibt.[169]

IV. Verantwortlichkeit bei Abhängigkeit von Unternehmen

Während bei einer unabhängigen Aktiengesellschaft der Vorstand die Gesell- **138**
schaft unter eigener Verantwortung leitet (§ 76 Abs. 1 AktG), kann dies in Konzernkonstellationen anders sein.

Zwar behält der Vorstand der abhängigen Gesellschaft weiterhin das Recht, **139**
eigenverantwortlich die Geschäfte der Gesellschaft zu leiten, jedoch kann dieses durch Weisungen der herrschenden Gesellschaft eingeschränkt werden. Insoweit geht die Leitungsmacht auf die Muttergesellschaft über.

Aus der gesetzlichen Intention, der Weisung einen verbindlichen Charakter **140**
zuzuschreiben, liegt die Verantwortlichkeit bei Vorliegen einer Weisung nicht mehr beim Tochtervorstand, sondern beim Weisungsgeber.[170] Schließlich muss der Tochtervorstand die Weisung ausführen (§ 308 Abs. 2 S. 1 AktG), obwohl er möglicherweise inhaltlich gar nicht mit dieser konform ist.

Die sich von der unabhängigen Aktiengesellschaft unterscheidende Interes- **141**
senlage veranlasste den Gesetzgeber dazu, die Regelungen der §§ 309, 310 AktG zu verabschieden. Inwiefern hiernach die Organträger der herrschenden und abhängigen Gesellschaft haften, wird später ausführlich dargestellt (Rn. 338 ff.).

---

169 So auch: *Berthold* Unternehmensverträge, Rn. 196; GHEK/*Geßler* AktG, Vorb. §§ 300–303 Rn. 6; im Ergebnis auch: *Windbichler* Unternehmensverträge und Zusammenschlusskontrolle, S. 98; **a. A.**: *Arens* Untreue im Konzern, S. 319; *Schauß* Weisungsrecht, S. 85 f., der zwar auch keinen Bestandsschutz annimmt, aber dem Vorstand der abhängigen Gesellschaft eine Pflicht zur Kündigung auferlegt.

170 *Kropff* Textausgabe AktG 1965, S. 374.

D. System des Vertragskonzernrechts

Nachdem die einzelnen Regelungsinstitute des Vertragskonzernrechts dargestellt wurden, gilt es nun, diese im Rahmen eines Gesamtkonzepts in Beziehung zueinander zu setzen. Als zentrale Elemente des Vertragskonzernrechts wurden soeben die § 291 Abs. 3, § 302 Abs. 1 AktG und § 308 AktG ausfindig gemacht, die auch in den folgenden Darstellungen im Mittelpunkt stehen werden. 142

I. These

Das Weisungsrecht nach § 308 AktG kann nur bestehen, sofern der Verlustausgleichsanspruch aus § 302 Abs. 1 AktG vollwertig ist. Der Sinn und Zweck des § 291 Abs. 3 Alt. 1 AktG besteht währenddessen darin, das Weisungsrecht aus § 308 AktG zu präzisieren. Demnach muss sich eine nachteilige Weisung der herrschenden Gesellschaft nicht einmal an den Kapitalerhaltungsvorschriften messen lassen. 143

II. Gang der Untersuchung

Die soeben aufgestellte These ist für eine Untersuchung in verschiedene Bestandteile aufzuspalten: 144

(1) Beziehung zwischen § 302 Abs. 1 AktG und § 308 AktG
(2) Beziehung zwischen § 291 Abs. 3 Alt. 1 AktG und § 308 AktG
(3) Beziehung zwischen § 291 Abs. 3 Alt. 1 AktG und § 302 Abs. 1 AktG

Betrachtet man zunächst die Beziehung zwischen § 302 Abs. 1 AktG und § 308 AktG müssten die Normen zur Bestätigung der oben genannten Teilthese in einem gewissen Abhängigkeitsverhältnis zueinanderstehen. Es müsste demnach heißen, dass die Eingriffsbefugnisse des herrschenden Unternehmens in dem Zeitpunkt enden, in dem der Verlustausgleichsanspruch nicht mehr vollwertig ist. Die Richtigkeit dieser These bestimmt sich nach dem Rechtsgrund der Verlustausgleichspflicht. Besteht er darin, das Korrelat für die umfassenden Eingriffsbefugnisse zu sein, ist das nötige Abhängigkeitsverhältnis hergestellt (Rn. 148 ff.). 145

Zur Überprüfung der Richtigkeit der zweiten Teilthese, namentlich die Funktion des § 291 Abs. 3 Alt. 1 AktG als Präzisierungsnorm des Weisungsrechts, ist der Anwendungsbereich des § 291 Abs. 3 Alt. 1 AktG zu untersuchen. Ergibt sich aus den Besonderheiten des Vertragskonzernrechts, dass die Weisungserteilung 146 die einzige (legale) Möglichkeit darstellt, gegen die Kapitalerhaltungsvorschriften zu verstoßen, ist kein anderer Sinn der Vorschrift denkbar (Rn. 158 ff.).

147 Besteht der Rechtsgrund des § 302 Abs. 1 AktG in den umfassenden Eingriffsbefugnissen und präzisiert § 291 Abs. 3 Alt. 1 AktG das Weisungsrecht, müsste logischerweise auch für die Aufhebung der Kapitalerhaltungsvorschriften die Vollwertigkeit des Verlustausgleichsanspruchs Voraussetzung sein. Die Prüfung des Verhältnisses zwischen § 291 Abs. 3 Alt. 1 AktG und § 302 Abs. 1 AktG dient damit der Überprüfung des bis dahin aufgestellten Gesamtkonzepts (Rn. 163 ff.).

III. Untersuchung

1. Der Rechtsgrund der Verlustübernahmepflicht

148 Zur Validierung der oben aufgestellten These zum System des Vertragskonzernrechts müsste der Rechtsgrund der Verlustausgleichspflicht in den Eingriffsbefugnissen des herrschenden Unternehmens liegen. Diese Ansicht wird zwar vertreten, ist jedoch umstritten. Deshalb bedarf es einer genaueren Untersuchung.

a) Meinungsstand

aa) § 302 Abs. 1 AktG als Korrelat für die Aufhebung der Kapitalerhaltungsvorschriften

149 Die bislang wohl überwiegende Ansicht geht davon aus, dass § 302 Abs. 1 AktG der Ausgleich für die Außerkraftsetzung der Kapitalerhaltungsregeln (§ 291 Abs. 3 AktG) sei.[171]

171 BGH, Urt. v. 20.02.1989, Az. II ZR 167/88, BGHZ 107, 7, 18 = NJW 1989, 1800, 1802; BGH, Urt. v. 10.07.2006, Az. II ZR 238/04, BGHZ 168, 285, 288, 291 = NJW 2006, 3279, 3280 f.; *Assmann* JZ 1986, 928, 936; *Bayer* Grenzüberschreitender Beherrschungsvertrag, S. 16; *Brandes* FS Kellermann, S. 25, 26 f.; Emmerich/Habersack/*Emmerich* AktG, § 302 Rn. 3; *Gärtner* AG 2014, 793, 794; GroßKommAktG/*Hirte*, § 302 Rn. 4; Hüffer/Koch/*Koch* AktG, § 302 Rn. 3; *F. Kübler* FS Heinsius, S. 397, 412 f.; *Mestmäcker* Verwaltung, S. 335; Henssler/Strohn/*Paschos*, § 302 AktG Rn. 2; *D. Reuter* ZHR 146 (1982), 1, 21; *D. Reuter* AG 1986, 130, 134; *Schreiber* Konzernrechtsfreie Kontrolle, S. 212; Heidel/*Schubert* AktG, § 302 Rn. 1; *Stephan* Der Konzern 2014, 1, 3; *Ulmer* AG 1986, 123, 126; *Ulmer* NJW 1986, 1579, 1584; ähnlich: *Hentzen* AG 2006, 133, 136.

bb) § 302 Abs. 1 AktG als Korrelat der Eingriffsbefugnisse

Nach anderer Auffassung ist § 302 Abs. 1 AktG das Korrelat für die umfassenden **150** Eingriffsrechte der herrschenden Gesellschaft.[172] Einige Stimmen in der Literatur präzisieren dies und meinen, die Verlustausgleichspflicht sei ein Aufwendungsersatz für Fremdgeschäftsführung.[173]

cc) § 302 Abs. 1 AktG als Korrelat für § 291 Abs. 3, § 308 AktG

In der Literatur wird zudem noch eine vermittelnde Ansicht vertreten, wonach **151** § 302 Abs. 1 AktG sowohl das Korrelat für die Lockerung der Vermögensbindung (§ 291 Abs. 3 AktG), als auch für die Möglichkeit zur Erteilung nachteiliger Weisungen (§ 308 Abs. 1 S. 2 AktG) sei.[174]

b) Stellungnahme

Gegen die erstgenannte Ansicht[175] sprechen zwei gewichtige Argumente. Zum **152** einen besteht die Verlustausgleichspflicht auch dann, wenn der Grund für

---

172 BGH, Urt. v. 11.11.1991, Az. II ZR 287/90, BGHZ 116, 37, 41 f. = NJW 1992, 505, 506; Roth/Altmeppen/*Altmeppen* GmbHG, Anh. § 13 Rn. 59; *Drüke* Die Haftung der Muttergesellschaft, S. 175 ff.; *Hommelhoff* FS Goerdeler, S. 221, 231; *Jensen* Der Konzern, S. 66; *Kleindiek* Strukturvielfalt, S. 143; KölnKommAktG/*Koppensteiner*, § 302 Rn. 6; *Limmer* Haftungsverfassung, S. 297 f.; *W. Müller* FS Rowedder, S. 277, 279 ff.; *Mylich* AG 2016, 529, 530; Flöther/*Pleister*/*Theusinger* HdB-KonzernInsR § 4 Rn. 468; *Säcker* ZHR 151 (1987), 59, 70; *Sonnenschein* Konzerngesellschaftsrecht, S. 331; Potthoff/Trescher/*Theisen* Aufsichtsratsmitglied, Rn. 615; *Timm* GmbHR 1987, 8, 12; *Veil* Unternehmensverträge, S. 118 ff.; Spindler/Stilz/*Veil*, § 302 Rn. 5; *Wiedemann* Unternehmensgruppe, S. 83.

173 *Altmeppen* Abschied vom „qualifiziert faktischen" Konzern, S. 74; MüKoAktG/*Altmeppen*, § 302 Rn. 13; *Geitzhaus* GmbHR 1989, 397, 405; *K. Schmidt* ZIP 1991, 1325, 1329; *J. Wilhelm* DB 1986, 2113, 2116.

174 Entgegen der meisten Interpretationen auch BGH, Urt. v. 14.12.1987, Az. II ZR 170/87, BGHZ 103, 1, 10 = NJW 1988, 1326, 1328: „Das Gegenstück der bis zur Beendigung des Vertragsverhältnisses bestehenden Leitungsmacht und der mit ihrer Ausübung verbundenen zulässigen Benachteiligung der beherrschten Gesellschaft", „Denn die Verlustausgleichspflicht […] tritt damit im Vertragskonzern an die Stelle der Kapitalerhaltungsvorschriften"; *Kort* Abschluß von Unternehmensverträgen, S. 146; Wachter/*K. Müller* AktG, § 302 Rn. 1; *T. Raiser*/*Veil* KapGesR, § 62 Rn. 54; *Scheel* KonzernInsR, S. 334; Grigoleit/*Servatius* AktG, § 302 Rn. 1; *Sonnenschein*/*Holdorf* JZ 1992, 715, 718 ff.; *Stimpel* ZGR 1991, 144, 151 f.

175 Siehe Rn. 149.

die Verluste unabhängig von der Aufhebung der Kapitalerhaltungsvorschriften entstand (Stichwort: „Globalhaftung“[176]).[177] Zum anderen spricht auch die Entstehungsgeschichte dagegen: Der originäre Grund für den Abschluss eines Organschaftsvertrages war die Bildung einer steuerlichen Organschaft.[178] Dies sollte sich auch mit dem „neuen“ Konzernrecht (AktG 1965) nicht ändern. Allerdings brauchte man dafür ein unbeschränktes Weisungsrecht, welches man nicht an den Kapitalerhaltungsvorschriften scheitern lassen wollte.[179] Außerdem wurde § 291 Abs. 3 AktG erst im RegE (als § 280 Abs. 3) eingeführt, § 302 AktG allerdings schon im RefE (als § 278). § 291 Abs. 3 AktG kann deshalb nicht das Korrelat für § 302 Abs. 1 AktG sein.[180]

153 Unabhängig davon, dass die erstgenannte Ansicht nicht überzeugend ist, sprechen weitere Argumente dafür, die Eingriffsrechte als Korrelat für § 302 Abs. 1 AktG anzusehen.[181]

154 Zum einen zeigt die Entstehungsgeschichte, dass die Verlustausgleichspflicht eine Haftung für denjenigen statuieren sollte, der die Möglichkeit der Leitungsmacht hat.[182] Es liegt schließlich in der Hand der herrschenden Gesellschaft, welchem Risiko die abhängige Gesellschaft ausgesetzt wird. Wird sie einem hohen Risiko ausgesetzt, wären die Chancen und Risiken unbillig verteilt, wenn die herrschende Gesellschaft nicht gleichzeitig die Verluste hierfür übernehmen müsste.[183]

155 Zum anderen spricht der Gedanke, die Verlustausgleichspflicht sei eine Weiterentwicklung des Aufwendungsersatzes für Fremdgeschäftsführung[184], auch dafür, § 302 Abs. 1 AktG als Korrelat für die umfassenden Eingriffsbefugnisse zu sehen. Durch den Beherrschungsvertrag werden nämlich die herrschende

176 Siehe Rn. 101.

177 So auch schon: MüKoAktG/*Altmeppen*, § 302 Rn. 10; KölnKommAktG/*Koppensteiner*, § 302 Rn. 9; *Veil* Unternehmensverträge, S. 118 f.; Spindler/Stilz/*Veil* AktG, § 302 Rn. 5; *J. Wilhelm* KapGesR, Rn. 1313.

178 Siehe Rn. 39 f.

179 *Kropff* Textausgabe AktG 1965, S. 378; MüKoAktG/*Altmeppen*, § 302 Rn. 10; *Geßler* ZHR 140 (1976), 433, 434.

180 So auch schon: MüKoAktG/*Altmeppen*, § 302 Rn. 10; *Hommelhoff* FS Goerdeler, S. 221, 233; *Pentz* Enkel-AG, S. 35; im Ergebnis auch: Hommelhoff/Stimpel/Ulmer/*K. Schmidt* Konzernrechtstage, S. 115 ff.

181 Siehe Rn. 150.

182 *Kropff* Textausgabe AktG 1965, S. 391: „Wer die Geschicke der Gesellschaft bestimmen kann […], muß auch für die Verluste einstehen.“

183 So auch: KölnKommAktG/*Koppensteiner*, § 302 Rn. 6.

184 Siehe Rn. 150.

und die abhängige Gesellschaft wirtschaftlich miteinander fusioniert, womit die abhängige Gesellschaft faktisch zur Betriebsabteilung der herrschenden Gesellschaft wird. Die abhängige Gesellschaft führt – wie auch eine Betriebsabteilung – die Geschäfte in einem fremden Interesse, namentlich im Interesse der herrschenden Gesellschaft.[185] Es geht zwar zu weit, das Vertragskonzernrecht als eine Art Geschäftsführung ohne Auftrag anzusehen, weil die Tochtergesellschaft wegen des Beherrschungsvertrags jedenfalls in „sonstiger Weise" (§ 677 BGB) zur Fremdgeschäftsführung berechtigt ist. Die Idee dahinter ist jedoch vollkommend zutreffend: Derjenige, der sich altruistisch für einen anderen einsetzt, soll keine Nachteile daraus erfahren. Dieser Gedanke beruht – in diesem Kontext wohl nur von *Altmeppen* gesehen[186] – auf einem römisch-rechtlichen Grundsatz:

> „*nam et commodum eius esse debet, cuius periculum est.*" (denn wer die Gefahr trägt, der muß auch den Vorteil haben.)[187]

156 Die drittgenannte Ansicht[188], § 302 Abs. 1 AktG sei das Korrelat für § 308 AktG und § 291 Abs. 3 AktG, unterscheidet sich bei genauer Betrachtung gar nicht von der Zweitgenannten. Sie setzt nämlich in ihrer Argumentation voraus, dass die abhängige Gesellschaft im Fremdinteresse handelt. Dies ist nur dann der Fall, wenn das abhängige Unternehmen rein faktisch als Betriebsabteilung der herrschenden Gesellschaft angesehen wird, mit anderen Worten: wenn die beiden Unternehmen miteinander wirtschaftlich fusionieren. Die wirtschaftliche Fusion ist nur deshalb bei Vorliegen eines Beherrschungsvertrages gegeben, weil die Kapitalerhaltungsvorschriften durch § 291 Abs. 3 AktG aufgehoben sind.[189]

c) Zwischenergebnis

157 § 302 Abs. 1 AktG ist das Korrelat für die Möglichkeit von den Eingriffsbefugnissen Gebrauch zu machen. Dies ist deshalb der Fall, weil demjenigen, der nur im Fremdinteresse handelt, keine Nachteile erwachsen sollen. Es besteht somit das zur Validierung der ersten Teilthese notwendige Abhängigkeitsverhältnis zwischen den beiden Vorschriften. Im Ergebnis gilt deshalb: Die Eingriffsbefugnisse des herrschenden Unternehmens enden in dem Zeitpunkt, in dem der Verlustausgleichsanspruch nicht mehr vollwertig ist.

---

185 *Altmeppen* ZIP 2009, 49, 55.

186 MüKoAktG/*Altmeppen*, § 302 Rn. 13 Fn. 15.

187 Corpus Iuris Civilis, Instiutiones Iustiniani 3, 23, 3 a. E. – Übersetzungen nach *Behrends/Knütel/Kupisch/Seiler* Corpus Iuris Civilis, Bd. I, Institutionen, S. 184.

188 Siehe Rn. 151.

189 *Mestmäcker* FS Kronstein, S. 129, 134.

2. Die Funktion des § 291 Abs. 3 Alt. 1 AktG

158 Zur Validierung der oben aufgestellten These zum System des Vertragskonzernrechts müsste ferner die Funktion des § 291 Abs. 3 Alt. 1 AktG in der Präzisierung des Weisungsrechts liegen. Das wäre der Fall, wenn die Weisungserteilung die einzige (legale) Möglichkeit zum Verstoß gegen die Kapitalerhaltungsvorschriften darstellt.

159 Ein Verstoß gegen die Kapitalerhaltungsvorschriften liegt vor, wenn zumindest mittelbar die Einlagen an die Aktionäre zurückgewährt werden.[190] In Konzernkonstellationen sind damit die Fälle gemeint, in denen die abhängige Gesellschaft ihr Vermögen zumindest teilweise an die an ihr beteiligte herrschende Gesellschaft auskehrt.

160 Dass der Vorstand der Tochtergesellschaft freiwillig Vermögensmassen an die Muttergesellschaft verschiebt, ist in Anbetracht dessen, dass dieser sich „im Konzerninteresse" bei der herrschenden Gesellschaft einschmeicheln möchte, denkbar. Allerdings wäre ein solches Verhalten des Vorstands der Tochtergesellschaft in Bezug auf seine Anstellungskörperschaft pflichtwidrig. Das ergibt sich zwar nicht aus § 93 Abs. 3 Nr. 1 AktG, da die Kapitalerhaltungsvorschriften bei Bestehen eines Beherrschungsvertrages gerade suspendiert sind[191], aber aus der allgemeinen Pflicht zur ordentlichen und gewissenhaften Geschäftsleitung (§ 93 Abs. 1 S. 1 AktG). Denn mit dieser ist es nicht vereinbar, wenn man seiner Anstellungskörperschaft einen Schaden durch Vermögensauskehrung zufügt.[192] Das gilt selbst bei Vorliegen eines Beherrschungsvertrages, weil bei nicht ausgeübter Leitungsmacht die Interessen der Anstellungskörperschaft die Konzerninteressen überwiegen.[193]

161 Deshalb sind – das pflichtgemäße Verhalten des Vorstands der abhängigen Gesellschaft vorausgesetzt – nur Fälle der (mittelbaren) Einlagenrückgewahr denkbar, in denen die herrschende Gesellschaft der abhängigen Gesellschaft

---

190 Vgl.: Grigoleit/*Grigoleit*/*Rachlitz* AktG, § 57 Rn. 9 ff., 26 ff.; Hölters/*Laubert* AktG, § 57 Rn. 5 ff.

191 MüKoAktG/*Spindler*, § 93 Rn. 254.

192 Vgl.: BGH, Urt. v. 28.04.2008, Az. II ZR 264/06, BGHZ 176, 204, 220 = NJW 2008, 2437, 2441; ähnlich: BGH, Urt. v. 27.09.1956, Az. II ZR 144/55, BGHZ 21, 354, 357 = NJW 1956, 1753, 1754; Spindler/Stilz/*Fleischer* AktG, § 93 Rn. 11.

193 *Kropff* Textausgabe AktG 1965, S. 403; Fleischer/*Fleischer* HdB-Vorstandsrecht, § 18 Rn. 100; *Ihrig*/*Schäfer* Vorstand, Rn. 1402; Hüffer/Koch/*Koch* AktG, § 308 Rn. 20; KölnKommAktG/*Koppensteiner*, § 308 Rn. 71; MHdB-AG/*Krieger*, § 71 Rn. 161; *Sina* AG 1991, 1, 8.

diesbezüglich eine Weisung erteilt hat (§ 310 Abs. 3 AktG).[194] Somit ist ein Verstoß gegen die Kapitalerhaltungsvorschriften nur bei Weisungserteilungen möglich.

Im Sinne der oben aufgestellten These ergibt sich hieraus, dass § 291 Abs. 3 Alt. 1 AktG das Weisungsrecht präzisiert. Damit ist auch die zweite Teilthese bewiesen. 162

3. Die Vollwertigkeit des Verlustausgleichsanspruchs als Voraussetzung für die Suspendierung der Kapitalerhaltungsvorschriften

Zuletzt gilt es noch die oben gefundenen Ergebnisse abzusichern. Besteht der Rechtsgrund des § 302 Abs. 1 AktG in den umfassenden Eingriffsbefugnissen und präzisiert § 291 Abs. 3 Alt. 1 AktG das Weisungsrecht, dann müsste logischerweise auch für die Aufhebung der Kapitalerhaltungsvorschriften die Vollwertigkeit des Verlustausgleichsanspruchs Voraussetzung sein. 163

Das wird auch vertreten, ist aber nicht die herrschende Meinung. Deshalb bedarf es einer genaueren Untersuchung. 164

a) Meinungsstand

aa) Vollwertigkeit wird nicht vorausgesetzt

Die herrschende Meinung in der Literatur und wohl auch das OLG Frankfurt nehmen schon beim Bestehen eines Beherrschungsvertrages – unabhängig von der Vollwertigkeit des Verlustausgleichsanspruchs – die Suspendierung der Vermögensbindungsvorschriften an.[195] 165

---

194 Veranlassungen sind wegen der weiten Begriffsauslegung der Weisung solchen gleichgestellt, siehe hierzu schon: Hüffer/Koch/*Koch* AktG, § 57 Rn. 21; KölnKommAktG/*Koppensteiner*, § 308 Rn. 22; Hölters/*Laubert* AktG, § 57 Rn. 15; *Mertens* AcP 168 (1968), 225, 227; siehe auch: BT-Drs. 16/9737, 56 f.; wohl anders verstanden von: K. Schmidt/Lutter/*Fleischer* AktG, § 57 Rn. 35; Bürgers/Körber/*Westermann* AktG, § 57 Rn. 39.

195 MüKoAktG/*Bayer*, § 57 Rn. 137; Spindler/Stilz/*Cahn*/*v. Spannenberg* AktG, § 57 Rn. 136; K. Schmidt/Lutter/*Fleischer* AktG, § 57 Rn. 37; Wachter/*Servatius* AktG, § 57 Rn. 39; so wohl auch: Hölters/*Laubert* AktG, § 57 Rn. 15; für die GmbH: OLG Frankfurt a. M., Urt. v. 08.11.2013, Az. 24 U 80/13, NZI 2014, 363, 365; MüKoGmbHG/*Ekkenga*, § 30 Rn. 270; *Habersack* FS Schaumburg, S. 1291, 1298 f.; U/H/L/*Habersack*, § 30 Rn. 89; Lutter/Hommelhoff/*Hommelhoff* GmbHG, § 30 Rn. 47 f.; Rowedder/Schmidt-Leithoff/*Pentz* GmbHG, § 30 Rn. 62.

166 Diese berufen sich auf den Wortlaut des Gesetzes. Während § 57 Abs. 1 S. 3 Alt. 2 AktG (genauso: § 30 Abs. 1 S. 2 Alt. 2 GmbHG) einen „vollwertigen" Gegenleistungs- oder Rückgewähranspruch voraussetzt, ist bei § 57 Abs. 1 S. 3 Alt. 1 AktG (genauso: § 30 Abs. 1 S. 2 Alt. 1 GmbHG) lediglich das Bestehen eines Beherrschungsvertrages Voraussetzung. Aus dem Umkehrschluss ergebe sich, dass bei der zweiten Alternative die Vollwertigkeit vorausgesetzt ist, bei der ersten Alternative nicht.

167 Wer die Vollwertigkeit voraussetzt, gebe außerdem der ersten Alternative praktisch überhaupt keinen eigenen Anwendungsbereich mehr. Schließlich würde in diesem Fall in aller Regel die zweite Alternative greifen.[196]

168 Auch historisch gesehen sollte die Vollwertigkeit des Verlustausgleichsanspruchs nicht zur Voraussetzung werden. Der Gesetzgeber intendierte mit dem die § 57 Abs. 1 S. 3 AktG und § 30 Abs. 1 S. 2 GmbHG ändernden MoMiG, dass der Leistungsaustausch innerhalb des Konzerns vereinfacht werden sollte.[197] Würde der Geschäftsleiter der abhängigen Gesellschaft ständig die voraussichtliche Solvenz der herrschenden Gesellschaft prüfen müssen und bei Zweifeln die Durchführung der Weisung verweigern, dann würde dies den Sinn und Zweck des Gesetzes konterkarieren.[198]

bb) Vollwertigkeit wird vorausgesetzt

169 Andere wiederum setzen die Vollwertigkeit des Verlustausgleichsanspruchs voraus.[199]

---

196 MüKoAktG/*Bayer*, § 57 Rn. 137; K. Schmidt/Lutter/*Fleischer* AktG, § 57 Rn. 37; für die GmbH: MüKoGmbHG/*Ekkenga*, § 30 Rn. 270; K. Schmidt/Uhlenbruck/*Kuder/Unverdorben* Die GmbH in der Krise, Rn. 1.369.

197 BT-Drs. 16/6140, S. 41, 52.

198 Spindler/Stilz/*Cahn/v. Spannenberg*, § 57 Rn. 136; K. Schmidt/Lutter/*Fleischer* AktG, § 57 Rn. 37; für die GmbH wohl auch: OLG Frankfurt a. M., Urt. v. 08.11.2013, Az. 24 U 80/13, NZI 2014, 363, 365; Henssler/Strohn/*Fleischer*, § 30 GmbHG Rn. 8.

199 *Altmeppen* ZIP 2009, 49, 55; *Altmeppen* NZG 2010, 361, 364; *Altmeppen* ZIP 2017, 1977, 1981 f.; KölnKommAktG/*Drygala*, § 57 Rn. 100; *Gärtner* Grenzen des Cash Pooling, S. 110 ff.; Grigoleit/*Grigoleit/Rachlitz* AktG, § 57 Rn. 4; Hüffer/Koch/*Koch* AktG, § 57 Rn. 21; K. Schmidt/Lutter/*Langenbucher* AktG, § 291 Rn. 71; *Schluck-Amend* FS Marsch-Barner, S. 491, 492; *Stephan* Der Konzern 2014, 1, 24; *Wand/Tillmann/Heckenthaler* AG 2009, 148, 153 f., 161; so wohl auch: Emmerich/Habersack/*Emmerich* AktG, § 291 Rn. 77a; für die GmbH: Roth/Altmeppen/*Altmeppen* GmbHG, § 30 Rn. 102; *Blasche/König* GmbHR 2009, 897, 902; *Bormann/Ulrichs* GmbHR-Sonderheft 10/2008, 37, 47 f.; Baumbach/Hueck/*Fastrich* GmbHG, § 30 Rn, 45; *Geißler* GmbHR

Die Gläubiger der Tochtergesellschaften würden sich wegen des Bestandsschutzes darauf verlassen, dass der abhängigen Gesellschaft während des Beherrschungsvertrages keine Existenzgefährdung droht.[200] 170

Deshalb seien auch die Gläubiger der Tochtergesellschaft schutzwürdiger als das Interesse der Konzernobergesellschaft, ihre Existenz zulasten der Tochtergesellschaft zu sichern. 171

b) *Stellungnahme*

Betrachtet man allein den Wortlaut des Gesetzes, spricht in der Tat mehr dafür, die Vollwertigkeit des Verlustausgleichsanspruchs für die Aufhebung der Kapitalerhaltungsvorschriften nicht vorauszusetzen. Denn wenn eine Alternative die Vollwertigkeit voraussetzt, liegt ein Umkehrschluss bei Nichtnennung des Merkmals bei der anderen Alternative nicht fern. 172

Allerdings kann das *argumentum e contrario* methodisch nur überzeugen, wenn das Ergebnis durch andere *canones* bestätigt wird.[201] 173

Zwar bestätigt ein Blick in die Gesetzesmaterialien, dass der Leistungsaustausch innerhalb des Konzerns vereinfacht werden sollte.[202] Dass der Gesetzgeber deshalb auf eine – wohl dieses Ziel konterkarierende – Vollwertigkeitsprüfung verzichten wollte, findet in den Materialien jedoch keine Grundlage. Tatsächlich wird der Verlustausgleichsanspruch weder in der Regierungsbegründung[203] noch in der Beschlussempfehlung und dem Bericht des Rechtsausschusses[204] erwähnt. Aus dem Schweigen kann deshalb weder ein Argument für noch ein Argument gegen die Voraussetzung der Vollwertigkeit gezogen werden.[205] 174

Das Argument, die erste Alternative hätte keinen eigenen Anwendungsbereich mehr, wenn man die Vollwertigkeit des Verlustausgleichsanspruchs voraussetzt, kann auch nicht überzeugen. Während die zweite Alternative von den Kapitalerhaltungsvorschriften nur befreit, wenn die Leistung durch einen vollwertigen 175

2015, 734, 737; *Mülbert/Leuschner* NZG 2009, 281, 287; Scholz/*Verse* GmbHG, § 30 Rn. 75; Goette/Habersack/*Vetter* MoMiG, Rn. 4.108; *Wilhelmi* WM 2009, 1917, 1920 f.

200 Spindler/Stilz/*Veil* AktG, § 308 Rn. 33; im Ergebnis auch: Hüffer/Koch/*Koch* AktG, § 57 AktG Rn. 21; *Mülbert/Leuschner* NZG 2009, 281, 287; für die GmbH: Scholz/*Verse* GmbHG, § 30 Rn. 75.

201 *Boehmer* Grundlagen der bürgerlichen Rechtsordnung Bd. II/1, S. 169 ff., 173; *Pawlowski* Juristische Methodenlehre, Rn. 200; *Reimer* Juristische Methodenlehre, Rn. 322.

202 BT-Drs. 16/6140, S. 41, 52.

203 BT-Drs. 16/6140.

204 BT-Drs. 16/9737.

205 A. A.: *Altmeppen* FS Vetter, S. 1, 7.

Gegenleistungs- oder Rückgewähranspruch des Aktionärs (praktisch immer die Konzernmutter) gedeckt ist, ist bei der ersten Alternative das Bestehen eines Beherrschungsvertrages Voraussetzung. Veranschaulicht werden soll dies durch die Fallgruppe, dass auf Veranlassung des herrschenden Unternehmens ein Leistungsaustausch zwischen der abhängigen Gesellschaft und einem nicht an der abhängigen Gesellschaft beteiligten Dritten, mit dem die herrschende Gesellschaft Geschäftskontakte pflegt, stattfindet.

176 Zunächst stellt sich dabei die Frage, ob bei einer solchen Konstellation überhaupt die Kapitalerhaltungsvorschriften einschlägig sind, liegt doch hierbei gerade keine Einlagenrückgewähr (§ 57 Abs. 1 S. 1 AktG) vor. Um einer Aushöhlung des § 57 AktG entgegenzuwirken, sind aber auch Leistungen der AG an einen Dritten erfasst, wenn die Zuwendung nur den Umweg über den Dritten nimmt, letztlich aber doch dem Aktionär zufließen oder die Zuwendung an einen Dritten bei wirtschaftlicher Betrachtungsweise der Konzernmutter zuzurechnen sind.[206] Das ist bei Dritten, die mit der Konzernmutter in Geschäftskontakt stehen, der Fall, wenn die Leistung auf Veranlassung der Konzernmutter erfolgt. Die Kapitalerhaltungsregeln sind somit auch bei einer solchen Konstellation einschlägig.

177 In ebendieser Konstellation ist die zweite Alternative nicht einschlägig.[207] Dafür müsste nämlich die Leistung durch einen vollwertigen Gegenleistungs- oder Rückgewähranspruch des Aktionärs gedeckt sein. Der Dritte ist aber nicht Aktionär der abhängigen Gesellschaft, weshalb es nicht auf die Vollwertigkeit dieses Gegenleistungs- oder Rückgewähranspruchs ankommt, sondern vielmehr auf die Vollwertigkeit eines Gegenleistungs- oder Rückgewähranspruch gegen die Muttergesellschaft. Gegen diese hat die abhängige Gesellschaft aber nur dann einen Anspruch, wenn der Dritte nicht zahlungsfähig ist (und die Tochtergesellschaft sonst keinen kompensierenden Gewinn erwirtschaftet hat), namentlich die Verlustausgleichspflicht aus § 302 Abs. 1 AktG. Allerdings ist dieser Anspruch weder ein Gegenleistungsanspruch, weil die Leistung der abhängigen Gesellschaft an den Dritten nicht im Synallagma mit dem Verlustausgleichsanspruch steht, noch ein Rückgewähranspruch. Ein Rückgewähranspruch zeichnet sich nämlich dadurch aus, dass ein solcher mit dem zugrundeliegenden Rechtsgeschäft in Zusammenhang steht. Der Verlustausgleichsanspruch ist unabhängig von irgendwelchen Gründen zu gewähren (Stichwort: „Globalhaftung“[208]) und steht deshalb nicht mit Leistungen der Tochter an Dritte in Zusammenhang.

---

206 MüKoAktG/*Bayer*, § 57 Rn. 112.

207 Ansatzweise: *Altmeppen* FS Vetter, S. 1, 8.

208 Siehe Rn. 101.

Dementsprechend würden – hypothetisch gesehen – bei einem Leistungsaustausch zwischen der abhängigen Gesellschaft und einem Dritten die Vermögensbindungsvorschriften bei Außerachtlassung der ersten Alternative weiterhin gelten. Dies widerspricht aber der gesetzgeberischen Intention, dass auch Leistungen an Dritte auf Veranlassung des herrschenden Unternehmens, beispielsweise an andere Konzernunternehmen oder an Unternehmen, die mit dem herrschenden Unternehmen oder anderen Konzernunternehmen in Geschäftsverbindungen stehen, erfasst werden sollten.[209] Dies ist nur nach der ersten Alternative möglich, weil es hier nur auf das Bestehen eines Beherrschungsvertrages ankommt. Deshalb ist auch dieses Argument der herrschenden Meinung nicht durchschlagskräftig. 178

Allein das Argument, der Vertragskonzern würde nicht mehr funktionieren, wenn der Eingriff in die Kapitalerhaltung von der Vollwertigkeitsprüfung abhinge, kann das Wortlautargument der herrschenden Meinung *prima facie* stützen. Hiergegen spricht jedoch, dass die Prüfung der Solvenz dem Vorstand der abhängigen Gesellschaft keine unübliche Pflicht auferlegt.[210] Dieser hat nämlich (das pflichtgemäße Verhalten vorausgesetzt) in zwei Schritten zu prüfen, ob eine Weisung zu befolgen ist: In einem ersten Schritt ist zu ergründen, ob die Weisung dem Gesetz widerspricht (Legalitätspflicht) oder die Weisung mit dem Beherrschungsvertrag unvereinbar ist. Bei Verneinung dieser Fragen ist in einem zweiten Schritt § 308 Abs. 2 AktG in die Prüfung einzubeziehen. Hier hat der Vorstand der abhängigen Gesellschaft zu prüfen, ob die nachteilige Weisung offensichtlich nicht dem Konzerninteresse dient.[211] Nur wenn diese Frage auch verneint wird, hat der Tochtervorstand kein Weigerungsrecht und muss die Weisung durchführen. 179

Die Prüfung der Vollwertigkeit des Verlustausgleichsanspruchs gehört ausweislich des oben gefundenen Ergebnisses[212], dass bei mangelnder Vollwertigkeit des Verlustausgleichsanspruchs die Eingriffsbefugnisse nicht mehr bestehen, zum ersten Prüfungsschritt des Tochtervorstandes. Denn in diesem Zeitpunkt ist eine Weisung „mit dem Beherrschungsvertrag unvereinbar" und damit rechtswidrig. Sie darf *per se* nicht beachtet werden.[213] 180

---

209 BT-Drs. 16/9737, S. 56.

210 *Schäfer* Organstellung, S. 65; so für die GmbH: Lutter/Hommelhoff/*Hommelhoff* GmbHG, § 30 Rn. 49.

211 Emmerich/Habersack/*Emmerich* AktG, § 308 Rn. 52a; Grigoleit/*Servatius* AktG, § 308 Rn. 26 f.

212 Siehe Rn. 157.

213 *Altmeppen* FS Vetter, S. 1, 10.

181 Dies wird von denjenigen verkannt, die meinen, die Weisung dürfte nur verweigert werden, wenn die Wertlosigkeit des Verlustübernahmeanspruchs schon im Zeitpunkt des Mittelabflusses sicher und offenkundig sei.[214] Die Offenkundigkeit ist ein Merkmal des § 308 Abs. 2 S. 2 AktG, der im ersten Prüfungsschritt gar keine Rolle spielt. Nochmal: Schon dann, wenn objektiv der Verlustausgleichsanspruch nicht mehr vollwertig ist, ist eine die Kapitalerhaltung tangierende Weisung rechtswidrig und mit dem Beherrschungsvertrag unvereinbar.

182 Zuletzt spricht für die Notwendigkeit der Vollwertigkeit die gesetzgeberische Intention, dass die Kapitalerhaltung am besten durch einen bilanziellen Ausgleich geschützt wird.[215] Leistet die abhängige Gesellschaft etwas aus ihrem Vermögen, wird dieses nur durch einen vollwertigen Ausgleichsanspruch kompensiert.

c) Zwischenergebnis

183 Auch für die Aufhebung der Kapitalerhaltungsvorschriften ist die Vollwertigkeit des Verlustausgleichsanspruchs Voraussetzung.

IV. Zwischenergebnis und Absicherung des Ergebnisses

184 Die oben aufgestellte Ausgangsthese ist hiermit bestätigt: Das Weisungsrecht nach § 308 AktG kann nur bestehen, sofern der Verlustausgleichsanspruch aus § 302 Abs. 1 AktG vollwertig ist. Der Sinn und Zweck des § 291 Abs. 3 Alt. 1 AktG besteht währenddessen darin, das Weisungsrecht aus § 308 AktG zu präzisieren.

185 Um das Ergebnis abzusichern ist noch darzustellen, wie § 291 Abs. 3 AktG eine Präzisierung des § 308 AktG sein kann, werden doch die Kapitalerhaltungsvorschriften auch bei einem isolierten Gewinnabführungsvertrag aufgehoben (§ 291 Abs. 3 Alt. 2 AktG). Hier besteht ausweislich des Wortlauts des § 308 Abs. 1 S. 1 AktG nämlich kein Weisungsrecht, welches auch nicht durch Rechtsfortbildung hergeleitet werden kann.

---

214 Spindler/Stilz/*Cahn/v. Spannenberg* AktG, § 57 Rn. 136; Grigoleit/*Grigoleit/Rachlitz* AktG, § 57 Rn. 4; *Pöschke* ZGR 2015, 550, 565 mit Fn. 74; so wohl auch: *Thümmel* Haftung von Managern, Rn. 155; für die GmbH: *Grigoleit/Rieder* GmbH Recht nach dem MoMiG, Rn. 221; weitergehend: U/H/L/*Habersack* GmbHG, § 30 Rn. 89; Lutter/Hommelhoff/*Hommelhoff* GmbHG, § 30 Rn. 49; Rowedder/Schmidt-Leithoff/*Pentz* GmbHG, § 30 Rn. 62.

215 BT-Drs. 16/6140, S. 41, 52.

Der Grund hierfür liegt darin, dass die Alternativen in § 291 Abs. 3 AktG **186** einen unterschiedlichen Anwendungsbereich haben. Während die erste Alternative die Präzisierung für § 308 AktG darstellt, besteht der Rechtsgrund der zweiten Alternative in der Regelung des § 301 AktG.

§ 301 AktG bestimmt den Höchstbetrag der Gewinnabführung. Würde die **187** herrschende Gesellschaft trotz eines vollumfänglichen Gewinnabführungsrechts bestimmen, dass eine freiwillige Rücklage (gemeint sind Rücklagen nach § 158 Abs. 1 S. 1 Nr. 4 lit. d)) bei der Tochtergesellschaft gebildet wird, könnte die herrschende Gesellschaft in den kommenden Jahren die freiwillige Rücklage nur dann als Gewinn abführen, wenn sie die Rücklage auflöst und als Bilanzgewinn ausweist. Dann würden aber auch etwaig bestehende außenstehende Aktionäre hiervon profitieren. § 301 S. 2 AktG gewährt dem herrschenden Unternehmen eine andere Möglichkeit, namentlich, dass die herrschende Gesellschaft die freiwillig gebildeten Rücklagen unmittelbar als Gewinn abführen kann. Das wäre ohne die Regelung des § 291 Abs. 3 AktG ein Verstoß gegen die Kapitalerhaltung.[216]

Somit ergibt sich, dass § 291 Abs. 3 AktG einen gespaltenen Anwendungsbe- **188** reich hat und das oben gefundene Ergebnis nicht konterkariert.

---

216 Ansatzweise: Spindler/Stilz/*Veil* AktG, § 301 Rn. 11.

E. Der Vertragskonzern in der Insolvenz

Noch vor der Haftungsfrage ist zu klären, wie sich der Vertragskonzern in der Insolvenz verhält. 189

Hier stellt sich insbesondere die in der Einleitung gestellte Frage, wie und warum ein ganzer Unternehmensverbund insolvent werden kann, obwohl er gar nicht rechtsfähig ist (Rn. 192 ff.). Dazu wird zunächst das sich aus den vorherigen Kapiteln ergebende Phänomen der Doppelinsolvenz dargestellt (Rn. 192 f.). Die „Konzerninsolvenz“ kann hiermit aber nur teilweise erklärt werden. Es bedarf vielmehr noch der Erläuterung des sog. „Dominoeffekts“ (Rn. 194 ff.) 190

Danach wird auf das soeben herausgearbeitete System des Vertragskonzernrechts zurückzukommen sein. Es wurde bewiesen, dass die Eingriffsrechte der herrschenden Gesellschaft nur bei Vollwertigkeit des Verlustausgleichsanspruchs bestehen.[217] Ob sich bei Insolvenz hieraus auch Folgen für den Beherrschungsvertrag ergeben, wird im Folgenden beantwortet (Rn. 202 ff.). 191

I. Die „Konzerninsolvenz“

1. Doppelinsolvenz

Nachweislich besteht zugunsten der abhängigen Gesellschaft während der Dauer des Beherrschungsvertrages ein Bestandsschutz.[218] Anders formuliert: Die Konzernmutter garantiert die Existenz der Tochtergesellschaft bei ihrem eigenen Leben. Daraus ergibt sich, dass die abhängige Gesellschaft nur insolvent werden kann, wenn die Konzernmutter insolvent ist (Doppelinsolvenz). 192

Dass bei Doppelinsolvenz alle Konzernunternehmen insolvent sind, ist damit aber nicht gesagt.[219] Es kann weiterhin Tochtergesellschaften geben, die weder überschuldet noch (drohend) zahlungsunfähig sind. In der Praxis ist aber die Insolvenz der anderen (noch solventen) Tochtergesellschaften nur eine Frage der Zeit (Dominoeffekt). 193

---

217 Siehe Rn. 157.

218 Siehe Rn. 129.

219 *Hirte* FS K. Schmidt, S. 641, 642 f.

2. Dominoeffekt

194 Unter Dominoeffekt versteht man das Phänomen, dass mit der Insolvenz eines Konzernunternehmens, andere Konzernunternehmen in Mitleidenschaft gezogen werden.[220]

195 Dieses Phänomen kann insbesondere auch bei Vertragskonzernen zu Tage treten. Man muss jedoch differenzieren: Muss ein Konzernunternehmen deshalb Insolvenz anmelden, weil der Verlustausgleichsanspruch nicht mehr vollwertig ist oder aus anderen Gründen?

196 Ersteres ist Folge des Prinzips der Doppelinsolvenz. Nur Letzteres kann Folge des Dominoeffekts sein. Welche Gründe zu einem Dominoeffekt führen, kann hier nur oberflächlich umrissen werden, weil viel von der Konzernstruktur und vom Grad der leistungs- und finanzwirtschaftlichen Verflechtung abhängt.[221] Allen gemein ist, dass wenigstens ein Konzernunternehmen unter leistungswirtschaftlichen Defiziten (z. B. aufgrund von Wettbewerb oder von Import-/Export-Hindernissen) leidet.

a) Insolvenz aufgrund leistungswirtschaftlicher Verflechtung

197 Ist ein Konzernunternehmen insolvent, kann dies aufgrund von leistungswirtschaftlichen Verflechtungen im Konzern zu einer Kettenreaktion führen. Das Paradebeispiel hierfür ist der organische Konzern, insbesondere der vertikal aufgebaute Konzern[222], weil dieser sich durch eine starke leistungswirtschaftliche Verflechtung auszeichnet.

198 Ein Beispiel: Wenn die Absatzgesellschaft keine Gewinne mehr erzielt, kann kein Gewinn an die Muttergesellschaft abgeführt werden, sofern nicht die Konzernmutter selbst die Absatzgesellschaft ist. Das herrschende Unternehmen kann dann auch nicht mehr die in der Produktion vorgeschalteten (meist produzierenden oder verarbeitenden) Konzernunternehmen finanzieren. Dadurch muss das Eigenkapital angetastet werden, was womöglich zu Liquiditätsengpässen führt. Aus einer leistungswirtschaftlichen Krise folgt somit nach und nach die finanzwirtschaftliche Krise.[223]

---

220 Das Phänomen am Beispiel von AEG und Korf bei: *B. Kübler* ZGR 1984, 560.

221 Vertiefend: *Brünkmans* Koordinierung von Insolvenzverfahren, S. 67 ff.; *Siemon* NZI 2014, 55, 56 ff.; *Siemon/Frind* NZI 2013, 1, 4 ff.; Flöther/*Specovius* HdB-KonzernInsR, § 3 Rn. 124 ff.

222 Siehe Rn. 29.

223 *Brünkmans* Koordinierung von Insolvenzverfahren, S. 69.

b) *Insolvenz aufgrund finanzwirtschaftlicher Verflechtung*

Auch wenn keine leistungswirtschaftlichen Verflechtungen bestehen, kann durch ein leistungswirtschaftliches Defizit einer Konzerngesellschaft ein Dominoeffekt auftreten. Der Grund dafür besteht in den finanzwirtschaftlichen Verflechtungen. **199**

Hier beispielhaft genannt sei die zentrale Finanzierung des Konzerns durch die Muttergesellschaft oder einer hierfür eingerichteten Finanzierungstochtergesellschaft (*Cash Pooling*). **200**

Nur die Finanzierungsgesellschaft tritt als selbständige juristische Person den Geldgebern gegenüber und verschafft dann den anderen Konzernunternehmen mittels konzerninterner Darlehen das nötige Kapital. Das bedeutet, dass nur über die Muttergesellschaft bzw. die Finanzierungstochtergesellschaft die finanzierungsbezogenen Ein- und Auszahlungen ablaufen. Gesichert wird das fremdfinanzierte Kapital durch eine Mithaftung der anderen Konzernunternehmen (*upstream* und *downstream guarantees*[224]). Wird demnach die Muttergesellschaft insolvent, kann sich diese auf die anderen – womöglich profitablen – Konzernunternehmen durchschlagen, weil sie für die Ausfälle der Mutter haften. **201**

II. Die Folge für den Beherrschungsvertrag

Die Folgen einer Doppelinsolvenz für den Beherrschungsvertrag sind in der Literatur umstritten. Es kann sich bei der Darstellung des Meinungsstandes auf die Ansichten bezüglich der Folgen der Insolvenz einer herrschenden Gesellschaft beschränkt werden, weil es die isolierte Insolvenz einer abhängigen Gesellschaft im Vertragskonzern nach richtigem Verständnis gar nicht gibt.[225] **202**

1. Meinungsstand

a) *Die Rechtslage während der Geltung der Konkursordnung*

Während der Geltung der Konkursordnung war völlig herrschende Meinung, dass der Beherrschungsvertrag *ipso iure* ende.[226] **203**

---

224 Hierzu: *Hirte* FS Kreft, S. 307.

225 Siehe Rn. 192.

226 BGH, Urt. v. 14.12.1987, Az. II ZR 170/87, BGHZ 103, 1, 6 = NJW 1988, 1326, 1327; BayObLG, Beschl. v. 29.09.1998, Az. 3Z BR 159/94, BayObLGZ 1998, 231, 234 = NJW-RR 1999, 109, 110; *Emmerich/Sonnenschein* KonzernR, § 15 IV 6 d); *Hengeler/Hoffmann-Becking* FS Hefermehl, S. 283, 296; *Kley* Rechtsstellung, S. 207 f.; *Koch* EWiR 1988, 1149, 1150; *Kort* ZIP 1988, 681, 683; *Lutter* ZfB 1984, 781, 783; *Mertens* ZGR 1984, 542, 550; *Peltzer* AG 1975, 309, 310 ff.; *T. Raiser* KapGesR, 2. Aufl., § 54 Rn. 77;

204 In dem berühmten *Familienheim*-Urteil aus dem Jahre 1987 hat der BGH klargestellt, dass sich die automatische Beendigung des Unternehmensvertrages nicht aus den §§ 291 ff. AktG ergibt. Wenn auch aus dem Unternehmensvertrag keine Regelung für die Insolvenz vorgesehen ist, ergebe sich die sofortige Beendigung aus einer ergänzenden Vertragsauslegung (§ 157 BGB).[227] Wie der Fall zu beurteilen wäre, wenn im Beherrschungsvertrag ausdrücklich vereinbart worden wäre, dass er weiterpraktiziert wird, ist – soweit ersichtlich – zur Zeit der Geltung der Konkursordnung nicht entschieden worden.

205 Das *Familienheim*-Urteil wurde jedenfalls damit begründet, dass der Beherrschungsvertrag ursprünglich darauf gerichtet war, dass die beiden Vertragsparteien wirtschaftlich fusionieren und ein einheitliches wirtschaftliches Konzept verfolgen, was mit dem Weisungsrecht durchgesetzt werden kann. In der Insolvenz sei die herrschende Gesellschaft dazu nicht mehr imstande, weil sich der Unternehmenszweck geändert habe: Die ursprünglich werbende Gesellschaft wird zu einer Abwicklungsgesellschaft. Hätten beide Vertragsparteien die Insolvenz bei Vertragsabschluss bedacht, hätten sie die Beendigung des Unternehmensvertrages vereinbart.[228]

206 Dafür spreche auch die Stellung des Konkursverwalters. Dieser soll lediglich die Konkursmasse im Interesse der Gläubigerschaft bestmöglich und gleichmäßig verwerten und nicht einen Konzern leiten.[229]

b) Fortbestand des Unternehmensvertrages

207 Mit der im Jahre 1999 in Kraft getretenen Insolvenzordnung soll die in der Konkursordnung geltende herrschende Meinung überholt sein.[230]

Rix MittRhNotK 1986, 29, 43 f.; Kuhn/Uhlenbruck/*Uhlenbruck* KO, Vorb. § 207 Rn. 3; *Wellensiek* ZIP 1984, 541, 544; *H. Wilhelm* Beendigung der Organisationsverträge, S. 33 f.; GroßKommAktG/*Würdinger*, 3. Aufl., § 297 Anm. 7; im Ergebnis auch: *Paulus* ZIP 1996, 2141, 2142, der von einer Bedingung i. S. v. § 158 BGB ausgeht.; **a. A.:** *Acher* Vertragskonzern und Insolvenz, S. 8 ff.; KölnKommAktG/*Koppensteiner*, 2. Aufl., § 297 Rn. 27, 30; *Meister* WM 1976, 1182, 1188; *Samer* Organisationsverträge im Konkurs, S. 178 f.; *K. Schmidt* ZGR 1983, 513, 530 f.; *K. Schmidt* Insolvenzrecht der Unternehmen, S. 226; Jaeger/*Weber* KO, §§ 207, 208 Rn. 11.

227 BGH, Urt. v. 14.12.1987, Az. II ZR 170/87, BGHZ 103, 1, 6 = NJW 1988, 1326, 1327.

228 BGH, Urt. v. 14.12.1987, Az. II ZR 170/87, BGHZ 103, 1, 7 = NJW 1988, 1326, 1327.

229 BGH, Urt. v. 14.12.1987, Az. II ZR 170/87, BGHZ 103, 1, 7 = NJW 1988, 1326, 1327.

230 *Beck* MwStR 2014, 359, 364 f.; *M. Becker* Kooperationspflichten in der Konzerninsolvenz, Rn. 125; *Bous* Konzernleitungsmacht, S. 149 ff.; *Fichtelmann* GmbHR 2010, 576, 580; *Grüner* Beendigung von Organisationsverträgen, S. 160; KölnKommAktG/*Koppensteiner*, § 297 Rn. 47 f.; *Noack* GesR Rn. 719 ff.; *Philippi/Neveling* BB 2003, 1685,

Während der Geltung der Konkurs- und Vergleichsordnung wurde lediglich im Fall der Eröffnung des Konkursverfahrens der Beherrschungsvertrag automatisch beendet; bei der Eröffnung des Vergleichsverfahrens hingegen nicht.[231] Nachdem nun alle Fälle, die früher entweder der Konkurs- oder der Vergleichsordnung unterfielen, von der Insolvenzordnung erfasst sind, sollen nicht mehr alle Beherrschungsverträge *ipso iure* enden. **208**

Während sich unter Geltung der Konkursordnung der Gesellschaftszweck hin zu einer Abwicklungsgesellschaft geändert hat, gelte das mit der Eröffnung des Insolvenzverfahrens gerade noch nicht.[232] Es sei vielmehr darauf abzustellen, ob auch nach der Eröffnung der Insolvenz noch genug Freiheit bestehe, um Leitungsmacht ausüben zu können. Genannt sei hierbei die Eigenverwaltung nach §§ 270 ff. InsO.[233] Doch selbst bei Bestellung eines Insolvenzverwalters soll dies der Fall sein, weil die InsO explizit die Sanierung als Möglichkeit der Gläubigerbefriedigung nennt, § 1 S. 1 InsO.[234] **209**

Wie allerdings mit dem Unternehmensvertrag während der Insolvenz stattdessen umzugehen ist, wird unterschiedlich beurteilt. Während die einen die Wirkungen des Vertrags als suspendiert ansehen[235], wollen andere den Beherrschungsvertrag fortsetzen[236]. In beiden Fällen wird die Möglichkeit gegeben, den Vertrag zu kündigen. Wer allerdings kündigen darf, wird ebenfalls unterschiedlich beurteilt: Während die einen nur der Tochtergesellschaft ein Kündigungsrecht zubilligen[237], wollen andere beiden Vertragsteilen diese Möglichkeit bieten[238]. **210**

1690; *Schmollinger* Konzerninsolvenz, S. 207 ff.; *Trendelenburg* NJW 2002, 647, 649; *v. Wilmowsky* Der Konzern 2016, 261, 269; *Zeidler* NZG 1999, 692, 696; im Ansatz schon: BMJ Erster Bericht der Kommission für Insolvenzrecht, S. 292.

231 BGH, Urt. v. 14.12.1987, Az. II ZR 170/87, BGHZ 103, 1, 8 = NJW 1988, 1326, 1327.

232 *Noack* GesR, Rn. 722; *Zeidler* NZG 1999, 692, 696 f.

233 *Trendelenburg* NJW 2002, 647, 648.

234 *Trendelenburg* NJW 2002, 647, 648; *Zeidler* NZG 1999, 692, 697.

235 AG Duisburg, Beschl. v. 01.09.2002, Az. 62 IN 167/02, ZIP 2002, 1636, 1640; *Grüner* Beendigung von Organisationsverträgen, S. 167; KölnKommAktG/*Koppensteiner*, § 297 Rn. 47 f.; *Noack* GesR, Rn. 726; *Philippi/Neveling* BB 2003, 1685, 1690; *Samer* Organisationsverträge im Konkurs, S. 66 ff., 178 f.; *K. Schmidt* GesR, § 31 III 5 (S. 957 f.); *K. Schmidt* ZGR 1983, 513, 526 ff.; *Tschernig* KonzernInsR, S. 101 f.; offenlassend: *Wilken/Ziens* FS Metzeler, S. 153, 156.

236 *Freudenberg* ZIP 2009, 2037, 2040 ff.; *Schmollinger* Konzerninsolvenz, S. 211 f.; *v. Wilmowsky* Der Konzern 2016, 261, 263; *Zeidler* NZG 1999, 692, 697.

237 *Grüner* Beendigung von Organisationsverträgen, S. 167; *Schmollinger* Konzerninsolvenz, S. 213 f.; *Trendelenburg* NJW 2002, 647, 650; *Zeidler* NZG 1999, 692, 697.

238 *M. Becker* Kooperationspflichten in der Konzerninsolvenz, Rn. 125; *Fichtelmann* GmbHR 2010, 576, 581; *Philippi/Neveling* BB 2003, 1685, 1690; kritisch: *Wilken/Ziens* FS Metzeler, S. 153, 156.

c) *Beendigung* ipso iure

211 Die herrschende Meinung bezieht sich weiterhin auf die unter der Konkursordnung vorherrschende Meinung, der Unternehmensvertrag ende *ipso iure*.[239]

2. Stellungnahme

212 Zunächst ist festzustellen, dass die Ansicht, die von der uneingeschränkten Fortsetzung des Beherrschungsvertrages trotz Insolvenz des herrschenden Unternehmens ausgeht, in Anbetracht der oben gefundenen Ergebnisse nicht richtig sein kann. Denkt man an den Fall der Doppelinsolvenz, dann spricht gegen eine Fortsetzung, dass die Eingriffsbefugnisse des herrschenden Unternehmens zu dem Zeitpunkt enden, in welchem die Verlustausgleichspflicht nicht mehr vollwertig ist.[240] Dies liegt zusammengefasst daran, dass bei Fortführung des Beherrschungsvertrages mangels Vollwertigkeit des Verlustausgleichsanspruchs der konzernrechtliche Schutz der Gläubiger und der außenstehenden Aktionäre der abhängigen Gesellschaft nicht gewährleistet ist.[241]

213 Ob jedoch die Wirkungen des Beherrschungsvertrags nur suspendiert sind oder der Beherrschungsvertrag unmittelbar mit der Doppelinsolvenz *ipso iure* endet, ist in Anbetracht der Folgen nach Beendigung des Insolvenzverfahrens entscheidungsbedürftig. Denn während des Insolvenzverfahrens wird nach beiden Ansichten der Beherrschungsvertrag nicht weiterpraktiziert.

---

239 MüKoAktG/*Altmeppen*, § 297 Rn. 106; Roth/Altmeppen/*Altmeppen* GmbHG, Anh. § 13 Rn. 93; Hölters/*Deilmann* AktG, § 297 Rn. 40; Hüffer/Koch/*Koch* AktG, § 297 Rn. 22a; MHdB-AG/*Krieger*, § 71 Rn. 207; *Krieger* FS Metzeler, S. 139, 143; GroßKommAktG/*Mülbert*, § 297 Rn. 136; Wachter/*K. Müller* AktG, § 297 Rn. 35; Heidel/*Peres* AktG, § 297 Rn. 35; *T. Raiser*/*Veil* KapGesR, § 62 Rn. 119; *Sämisch*/*Adam* ZInsO 2007, 520, 521 f.; Spindler/Stilz/*Veil* AktG, § 297 Rn. 38; im Ergebnis auch: *Berthold* Unternehmensverträge, Rn. 41 ff., 213 ff.; *Göhmann*/*Winnen* RNotZ 2015, 53, 62; *Henze* KonzernR, Rn. 448; *Humbeck* NZI 2013, 957, 959; Bürgers/Körber/*Schenk* AktG, § 297 Rn. 20; diff.: Baumbach/Hueck/*Beurskens* GmbHG, KonzernR Rn. 135; Emmerich/Habersack/*Emmerich* AktG, § 297 Rn. 52b.

240 Siehe Rn. 157.

241 Siehe auch: *Krieger* FS Metzeler, S. 139, 143.

Gegen die alleinige Suspendierung der Vertragswirkungen wird vorgebracht, dass die Suspendierung für potenzielle Gläubiger, die sich auf die Verlustausgleichspflicht verlassen, gar nicht ersichtlich ist. Mangels Eintragungsfähigkeit der Suspendierung in das Handelsregister steht dort lediglich, dass ein Beherrschungsvertrag abgeschlossen wurde.[242] Dieses Argument überzeugt aber nur teilweise, weil die Gläubiger sich im Internet darüber informieren können, ob über das Vermögen der Schuldnerin das Insolvenzverfahren eröffnet wurde.[243] **214**

Des Weiteren spreche noch die Regelung des § 303 AktG gegen eine Suspendierung des Unternehmensvertrages. Die bestehenden Gläubiger (i. S. d. 303 AktG) der abhängigen Gesellschaft sollen entweder durch den Verlustausgleichsanspruch gesichert sein oder aber nach Beendigung des Unternehmensvertrages einen Anspruch auf Sicherheitsleistung (§ 303 AktG) haben. Wird der Unternehmensvertrag lediglich suspendiert, nehme man dem Gläubiger das Recht auf Sicherheitsleistung, weil keine Beendigung des Unternehmensvertrages vorliegt.[244] Das ist zwar formaljuristisch richtig, doch könnte ein solches Recht auf Sicherheitsleistung über eine Analogie hergeleitet werden. **215**

In Wahrheit geht es allein darum, ob nach Beendigung des Insolvenzverfahrens, ohne dass die insolvente Muttergesellschaft aufgelöst wurde, ein Neuabschluss des Beherrschungsvertrages nötig (oder überhaupt gewollt) ist oder ob es zu einer automatischen Fortführung des Vertrags ohne Mitwirkung der Aktionäre kommen soll. Wurde ein Insolvenzverfahren durchlaufen, hat sich in den meisten Fällen die Struktur, die Tätigkeit, die Ertragslage, die Marktfähigkeit, die Vermögenslage etc. im Vergleich zum Zeitpunkt des ursprünglichen Vertragsschlusses bei zumindest einem Vertragspartner grundlegend geändert.[245] Deshalb sollten die Aktionäre beider Gesellschaften nach Beendigung des Insolvenzverfahrens auf Grundlage der derzeitigen Situation erneut entscheiden, ob sie wirtschaftlich fusionieren wollen. Diese Interessenlage begründet die zwingende Beendigung des Unternehmensvertrages. **216**

Fraglich ist nur, wie dieses Ergebnis methodisch erzielt werden kann. Der offensichtlichste Weg geht über die gleiche Begründung, die auch zu Zeiten der Konkursordnung vorherrschte: eine ergänzende Vertragsauslegung (§ 133, 157 BGB). Allerdings war diese Meinung weder damals überzeugend, noch kann **217**

---

242 Vgl.: GroßKommAktG/*Mülbert*, § 297 Rn. 136.

243 www.insolvenzbekanntmachungen.de; so auch: KölnKommAktG/*Koppensteiner*, § 297 Rn. 48.

244 *Krieger* FS Metzeler, S. 139, 145.

245 Vgl.: *Krieger* FS Metzeler, S. 139, 144.

sie heute überzeugen. Haben nämlich die Vertragsparteien ausdrücklich vereinbart, der Beherrschungsvertrag solle über die Insolvenzeröffnung hinaus Bestand haben, kann der Beherrschungsvertrag nicht dahingehend ergänzend ausgelegt werden. Dass in diesen Fällen der Beherrschungsvertrag weiterhin besteht, widerspricht dem Erfordernis, dass der Beherrschungsvertrag zwingend zu beenden ist.[246]

218 Die methodische Herleitung ergibt sich vielmehr aus dem oben dargestellten System des Vertragskonzernrechts. Durch den Abschluss eines Beherrschungsvertrages werden zwei Unternehmen miteinander wirtschaftlich fusioniert. Wird (zumindest) die herrschende Gesellschaft insolvent, verliert sie die Eigenschaft als werbende Gesellschaft und wird zur Abwicklungsgesellschaft. Ein Vertragskonzernverhältnis funktioniert – wie dargelegt – jedoch nur als Zusammenschluss zweier werbender Gesellschaften. Da die wirtschaftliche Einheit bzw. der Konzern als solcher nach der gesetzgeberischen Intention (§ 11 InsO) nicht insolvenzfähig ist, bricht die Einheit notwendigerweise auseinander.[247]

219 Als Ergebnis ist festzuhalten, dass trotz Einführung der Insolvenzordnung weiterhin der Unternehmensvertrag automatisch endet.

---

246 *Berthold* Unternehmensverträge, Rn. 323.

247 MüKoAktG/*Altmeppen*, § 297 Rn. 108; im Ansatz: MüKoInsO/*Brünkmans*, Konzerninsolvenzrecht Rn. 4; im Ergebnis auch: *Berthold* Unternehmensverträge, Rn. 64 ff., 213 ff.; für die GmbH zustimmend: Roth/Altmeppen/*Altmeppen* GmbHG, Anh. § 13 Rn. 93; Baumbach/Hueck/*Beurskens* GmbHG, KonzernR Rn. 135; MüKoGmbHG/*Liebscher*, Anh. § 13 Rn. 1043.

F. Die Haftung im Fall der Doppelinsolvenz

Im Folgenden geht es um die Frage, wer im Fall der Doppelinsolvenz den Gläubigern der einzelnen Konzerngesellschaften im Vertragskonzern haftet. 220

In Einheitsunternehmen ist die Frage simpel zu beantworten: Die Gesellschaft haftet ihren Gläubigern mit ihrem eigenen Haftungssubstrat. Reicht die Masse der Schuldnerin nicht aus, so sind die Gläubiger grundsätzlich mit derselben Insolvenzquote zu befriedigen (Grundsatz: *par conditio creditorum*).[248] 221

Wird dieser Gedanke auf Konzernkonstellationen projiziert, ergibt sich folgendes Bild: Das herrschende Unternehmen haftet ihren Gläubigern mit dessen Haftungssubstrat, wozu auch die Beteiligungen an den abhängigen Gesellschaften hinzuzählen. Ob diese allerdings werthaltig sind, bemisst sich am verbleibenden Wert der Tochtergesellschaft. Die insolventen abhängigen Unternehmen haften nämlich ihrerseits ihren Gläubigern mit ihrem Haftungssubstrat, weshalb die Beteiligung der herrschenden Gesellschaft zumeist wertlos ist. 222

Der besonderen Konstellation des Konzerns wird hiermit freilich keine Rechnung getragen – zurecht? 223

Denkbar wäre, den Konzern als Einheitsunternehmen anzusehen, wie das teilweise auch in anderen Rechtsgebieten getan oder zumindest befürwortet wird (z. B.: Kartellrecht, § 36 Abs. 2 S. 1 GWB; Arbeitsrecht, konzerndimensionaler Kündigungsschutz[249]). In der Literatur wird diese Idee meist unter dem Stichwort „materielle Konsolidierung" oder nach dem amerikanischen Vorbild unter dem Stichwort „*substantive consolidation*" besprochen (Rn. 227 ff.). Besonders aktuell wurde die Diskussion ab dem Zeitpunkt, als das Bundesministerium der Justiz im Jahre 2007 eine Expertenrunde zur Erarbeitung eines Entwurfs eines Gesetzes zum Konzerninsolvenzrecht eingesetzt hat.[250] Der daraus entstandene Regierungsentwurf hat die Idee der materiellen Konsolidierung offenen Auges und bewusst verworfen und stattdessen eine verfahrensmäßige Koordinierung mit verfahrenszentralisierenden Elementen befürwortet.[251] Dieses Gesetz ist seit 21. April 2018 in Kraft. *Prima facie* scheint damit zwar der Ansatz der materiellen Konsolidierung endgültig verworfen worden zu sein, doch fest steht dies in Anbetracht der rasanten Entwicklungen im Insolvenzrecht, insbesondere im 224

248 Braun/*Kießner* InsO, § 1 Rn. 2.
249 Überblicksartig und befürwortend: *Schindler* Der Jurist 2018, 29.
250 Im Ursprung maßgeblich: *B. Kübler* ZGR 1984, 560; *K. Schmidt* ZGR 1983, 513.
251 BT-Drs. 18/407; vertiefend: Flöther/*Thole* HdB-KonzernInsR, § 2 Rn. 60.

Bereich des Konzerninsolvenzrechts, gewiss nicht. Es ist nicht ausgeschlossen, dass die vom Gesetzgeber gefundene Lösung nur einen Zwischenschritt zur materiellen Konsolidierung darstellt.

225 Im Anschluss wird sich der Frage gewidmet, inwiefern die Masse der herrschenden Gesellschaft den Gläubigern der abhängigen Gesellschaft haftet (Rn. 303 ff.).

226 Zuletzt wird dargestellt, unter welchen Umständen die Organträger der einzelnen Gesellschaften für das Marktversagen des Konzerns verantwortlich gemacht werden können (Rn. 338 ff.).

I. Der Konzern als Schuldner für die Konzerngläubiger

1. Grundlagen und Prämissen

227 Wenn das Konzernvermögen den Konzerngläubigern haften soll, ist das gleichbedeutend mit der Konsolidierung der Aktiva und Passiva der einzelnen Konzerngesellschaften.[252] Es wird demnach nur eine aus den einzelnen Vermögensmassen der Konzernunternehmen summierte Konzerninsolvenzmasse gebildet, die nach dem Grundsatz der *par conditio creditorum* von *einem* Insolvenzverwalter an alle Gläubiger der einzelnen Konzerngesellschaften verteilt wird.[253] Es kommt damit nicht mehr auf die Haftungsmasse der Schuldnerin an, sondern auf die des insolventen (Teil des) Konzerns.

228 Intendiert wird mit diesem Konzept die Erhöhung der Insolvenzquote für alle Konzerngläubiger.[254] Diese soll sich aus diversen Automatismen ergeben:

229 Zum einen, weil dadurch Verfahrenskosten gespart werden.[255] Gäbe es statt vieler einzelner Verfahren nur noch ein konsolidiertes Verfahren, würde wegen der degressiven Kostenkurve bei Insolvenzverfahren (§ 54 InsO) mehr Masse in der Gesellschaft verbleiben. Vergleicht man beispielsweise die Regelinsolvenzverwaltervergütung (§ 2 Abs. 1 InsVV) von zwei einzelnen Verfahren mit einer jeweiligen Insolvenzmasse von 100.000.000 € mit der Vergütung bei einem konsolidierten Verfahren (200.000.000 €), ergibt sich eine Kosteneinsparung von exakt 500.000 €. Vergleicht man die Regelinsolvenzverwaltervergütung von zwanzig

252 *Hirte* FS K. Schmidt, S. 641, 643; *Paulus* ZIP 2005, 1948, 1953; *Scheel* KonzernInsR, S. 242; *Vallender/Deyda* NZI 2009, 825, 826.

253 *Jensen* Der Konzern, S. 46; vgl. auch: UNCITRAL Legislative Guide III, S. 59 f.

254 *Hong* Materielle Konsolidierung, S. 118; *Paulus* ZIP 2005, 1948, 1951; *Paulus* ZGR 2010, 270, 280.

255 Vgl.: *Hirte* FS K. Schmidt, S. 641, 645.

einzelnen Verfahren mit einer jeweiligen Insolvenzmasse von 10.000.000 € mit der Vergütung bei einem konsolidierten Verfahren (200.000.000 €), ergibt sich sogar eine Kosteneinsparung von knapp 3.000.000 €. Diese eingesparten Kosten würden schlussendlich den Gläubigern zugutekommen.

Eine weitere Kosteneinsparungsfolge ergibt sich daraus, dass bei einer mate- 230
riellen Konsolidierung etwaig bestehende konzerninterne Forderungen erlöschen. Hierdurch werden langjährige und kostenintensive konzerninterne Streitigkeiten, wie zum Beispiel Anfechtungsklagen, vermieden.[256] Zudem bedarf es keiner Sonderinsolvenzverwalter mehr, weil die Unabhängigkeit des Insolvenzverwalters nie in Zweifel stehen kann.[257] Nach dem damaligen und heutigen System kann ein Insolvenzverwalter, der für mehrere konzernverbundene Gesellschaften eingesetzt ist, Gläubiger bevorteilen bzw. benachteiligen, wenn er bestehende konzerninterne Ansprüchen nicht geltend macht.[258]

Zum anderen soll ein weiterer Vorteil der materiellen Konsolidierung darin 231
bestehen, dass es wegen der Erhaltung der wirtschaftlichen Einheit (einschließlich der evtl. bestehenden Synergieeffekte[259]) höhere Sanierungschancen gebe oder im Falle der Liquidierung höhere Erlöse erzielt werden könnten.[260] Fasst man dies zusammen, gehen die Befürworter dieses Konzepts von der Prämisse aus, dass grundsätzlich eine Gesamtverwertungsstrategie besser als eine Einzelverwertungsstrategie sei.[261]

Das wird auch von den geistigen Urhebern des Gesetzesentwurfs nicht 232
bestritten, die sich in den Beratungen zum heutigen Gesetz zur Erleichterung der Bewältigung von Konzerninsolvenzen[262] auf eine verfahrensmäßige Koordinierung mit verfahrenszentralisierenden Elementen[263] geeinigt haben, die im Übrigen explizit herausstellen, dass hierdurch nicht „die Selbständigkeit der Einzelverfahren in Frage [steht]".[264] Denn auch diese gingen davon aus, dass durch

256 *Peter* The challanges of insolvency law reform, S. 199, 202.

257 Vgl.: *Bork* InsR, Rn. 45a; vertiefend: *Graeber* NZI 2007, 265.

258 *Paulus* ZIP 2005, 1948, 1951; *Paulus* ZGR 2010, 270, 285; vgl. auch: *C. Becker* InsR, Rn. 319.

259 Hierzu ausführlich: Rn. 38 ff.

260 *Hirte* FS K. Schmidt, S. 641, 645.

261 A. A.: offenbar *Timm* ZIP 1983, 225, 236 f.

262 Gesetz zur Erleichterung der Bewältigung von Konzerninsolvenzen vom 13.04.2017 (BGBl. 2017 I, S. 866).

263 Vertiefend: *Harder* NJW-Spezial 2017, 469; *Mock* DB 2017, 951.

264 BT-Drs. 18/407, S. 2; so auch: *Eidenmüller/Frobenius* ZIP 2013, Beilage zu Heft 22, 1, 2; *Leutheusser-Schnarrenberger* ZIP 2013, 97, 97; wohl auch: AG Köln, Beschl. v. 23.01.2004, Az. 71 IN 1/04, ZIP 2004, 471, 475.

unkoordinierte Einzelverfahren Nachteile insbesondere dadurch entstehen, wenn bei wirtschaftlich eng verflochtenen Konzernen die Insolvenzverwalter der diversen insolventen Konzerngesellschaften unterschiedliche Verwertungsstrategien verfolgen. Schließlich würde es durch eine unkoordinierte Verwertung der einzelnen Konzerngesellschaften schwierig werden, die wirtschaftliche Einheit zu erhalten und ihren Wert in voller Höhe zu realisieren.[265]

233 Das ist auch zutreffend, wenn man sich obigen Ausführungen zu den Gründen einer wirtschaftlichen Fusionierung nochmals vor Augen führt[266]: Konzerne gibt es wegen ihres wirtschaftlichen Mehrwerts.[267] Mit anderen Worten: Einzelne Betriebsteile werden in Tochtergesellschaften ausgegliedert oder zunächst fremde Gesellschaften werden durch Abschluss eines Beherrschungsvertrages in den Konzern „eingegliedert“, um den Konzerngewinn zu vervielfachen. Das wird besonders deutlich anhand des IKEA-Konzerns[268]:

234 Der IKEA-Konzern oder generell vertikal aufgebaute Konzerne zeichnen sich durch eine hohe leistungswirtschaftliche Verflechtung aus, weshalb in diesen Konzernen ein Gesamtkonzept verfolgt wird (bzw. werden sollte). Stellt man sich vor, mehrere Gesellschaften einer Unternehmensgruppe würden insolvent werden, kann man sich die Frage stellen, inwieweit eine Gesamtverwertung einen höheren Erlös einbringt, als die Verwertung der einzelnen Konzerngesellschaften. Die Antwort auf diese eher unnahbare Frage soll mit einem anderen Beispiel verdeutlicht werden: Würde ein Käufer mehr oder weniger Geld für ein Auto ausgeben, als für alle Einzelteile desselben? In den meisten Fällen würde die Antwort lauten, dass ein ganzes Auto mehr wert ist.

235 Das gilt zumindest auch für vertikale Konzerne. Denn spaltet man in der Insolvenz die funktionierenden und zweckmäßigen Zusammenschlüsse auf, kann der Wert der bestehenden Synergieeffekte[269] dem Wert der konsolidierten Einzelgesellschaften nicht hinzugerechnet werden. In der Folge kann es in der Konzerngesamtschau zu einer suboptimalen Gläubigerbefriedigung kommen.[270] Deshalb wird sowohl aus der Praxis[271] als auch in der

---

265 BT-Drs. 18/407, S. 15.

266 Siehe Rn. 32 ff.

267 Siehe Rn. 36 f.

268 Siehe Rn. 29 f.

269 Ausführlich: Rn. 38 ff.

270 MüKoInsO/*Brünkmans*, Konzerninsolvenzrecht Rn. 3; *Eidenmüller* ZZP 2001, 3, 4; *Vallender*/*Deyda* NZI 2009, 825, 825 f.

271 So der Insolvenzverwalter *Dr. Frank Kebekus* in einem Interview: *P. Reuter*/*Woltersdorf* INDat-Report 03/2009, S. 9; *Eidenmüller* ZHR 169 (2005), 528, 529 f.

Literatur[272] völlig zurecht darauf hingewiesen, wie wichtig es ist, in irgendeiner Weise die wirtschaftliche Einheit zusammenzuhalten.

Das Konzept der materiellen Konsolidierung betont diesen Ansatz im Vergleich zu den anderen Konzepten eines Konzerninsolvenzrechts[273] am deutlichsten.[274] 236

2. Die heutigen Überlegungen

Ausgehend von dieser Grundidee haben sich bereits mehrere Staaten, Organisa- 237
tionen und Einzelpersonen in unterschiedlichster Intensität für eine materielle Konsolidierung ausgesprochen. Im Folgenden werden die zwei wohl bedeutendsten Konzepte vorgestellt: das Konzept der Kommission der Vereinten Nationen für internationales Handelsrecht (UNCITRAL) und die in den Vereinigten Staaten von Amerika praktizierte *substantive consolidation.*

a) UNCITRAL

Die Vereinten Nationen haben erkannt, dass der Welthandel durch Ungleich- 238
heiten in den nationalen Wirtschafts- und Handelsgesetzen behindert wird. Deshalb hat die Generalversammlung der Vereinten Nationen im Wege einer Resolution[275] die UNCITRAL („*United Nations Commission on International Trade Law*") gegründet, deren Aufgabe es ist, Empfehlungen für die Gestaltung von Gesetzen und Mustergesetze auf dem Gebiet des Handels- und Wirtschaftsrechts zu erstellen. In diesem Sinne hat die UNCITRAL im Jahre 2012 ihre Empfehlungen zu einem global funktionierenden Insolvenzrecht um einen Abschnitt zu Konzerninsolvenzen erweitert.[276]

Trotz des Vorschlags, insbesondere der Vereinigten Staaten von Amerika[277], 239
den nationalen Gesetzgebern die materielle Konsolidierung als Institut einer Konzerninsolvenz nahezulegen, hat sich die Kommission dagegen entschieden. Bei Beleuchtung der einzelnen nationalen Insolvenz- und Gesellschaftsrechtsgesetze

---

272 *Bous* Konzernleitungsmacht, S. 52, 64; *Mevorach* European Business Organization Law Review 2007, 179, 181.

273 Zu den einzelnen Konzepten: *Eidenmüller/Frobenius* ZIP 2013, Beilage zu Heft 22, 1; *K. Schmidt* KTS 2010, 1.

274 MüKoInsO/*Brünkmans*, Konzerninsolvenzrecht Rn. 15.

275 UN-Generalversammlung Resolution 2205 (XXI) vom 17.12.1966.

276 UNCITRAL Legislative Guide III.

277 *Holzer* ZIP 2011, 1894, 1897.

hat diese erkannt, dass ein solches Konzept gegen das in den meisten Staaten geltende Prinzip der Haftungstrennung verstoßen würde.[278]

240 Lediglich in Ausnahmefällen soll eine materielle Konsolidierung möglich sein[279], namentlich in den Fällen, in denen die Aktiva und Passiva der Konzerngesellschaften entweder unmöglich oder nur mit erheblichem Aufwand getrennt werden können[280] und in denen die Organe des Konzerns betrügerisch zu Lasten der Gläubiger gehandelt haben und durch eine materielle Konsolidierung die Benachteiligung korrigiert werden kann[281].[282]

241 Wird der Insolvenzantrag gestellt, soll hierbei gleichzeitig eine materielle Konsolidierung angeregt werden können.[283] In der Folge soll eine gerichtliche Anhörung stattfinden, in denen sich die Beteiligten (in Deutschland wohl die Gläubiger) für und gegen diese Maßnahme aussprechen können.[284]

242 Entscheidet sich das Gericht für eine materielle Konsolidierung, soll eine gemeinsame Konzerngläubigerversammlung abgehalten[285], ein gemeinsamer Insolvenzverwalter bestellt und die Möglichkeit zur Anmeldung der einzelnen Forderung zur Konzerninsolvenztabelle eröffnet werden.[286]

b) Die substantive consolidation der Vereinigte Staaten von Amerika

243 Aufgrund des Vorschlags, unter anderem von den Vereinigten Staaten von Amerika, das Konzept der materiellen Konsolidierung in den UNCITRAL *Legislative Guide* aufzunehmen, ist es gewiss nicht überraschend, dass dieses Konzept in den USA bereits zur Rechtspraxis gehört.

244 Dort gibt es zwar keine ausdrückliche Rechtsgrundlage für ein solches Verfahren, jedoch wird mittlerweile eine solche Ermächtigung aus richterlicher Rechtsfortbildung aus Sec. 105(a) des *United States Bankruptcy Code* abgeleitet.

---

278 UNCITRAL Legislative Guide III, Empfehlung 219 mit Verweis auf para. 105 (S. 71).
279 UNCITRAL Legislative Guide III, Empfehlung 221 mit Verweis auf para. 135 f. (S. 72).
280 UNCITRAL Legislative Guide III, Empfehlung 220 mit Verweis auf para. 113 (S. 71 f.); so davor schon: *Gottwald* Grenzüberschreitende Insolvenzen, S. 22.
281 UNCITRAL Legislative Guide III, Empfehlung 220 mit Verweis auf para. 114 (S. 71 f.).
282 Sehr ähnlich hierzu: INSOL European Insolvency Regulation, S. 92 f.
283 UNCITRAL Legislative Guide III, Empfehlung 222 mit Verweis auf para. 117 f. (S. 72).
284 UNCITRAL Legislative Guide III, para. 116 (S. 64).
285 UNCITRAL Legislative Guide III, Empfehlung 227 mit Verweis auf para. 132 (S. 73).
286 *Holzer* ZIP 2011, 1894, 1898.

Über die genauen Zulässigkeitsvoraussetzungen herrschen in den amerikanischen Rechtswissenschaften Meinungsverschiedenheiten.[287] Die wohl[288] herrschende Meinung[289] geht davon aus, dass die materielle Konsolidierung eine Ausnahmeerscheinung darstellt, die unter zwei kumulativ vorliegenden Voraussetzungen zulässig ist: 245

(1) Die Gesellschaften bilden faktisch – vor allem ökonomisch – eine Einheit und
(2) die Vorteile der materiellen Konsolidierung überwiegen deren Nachteile.

Nachdem *Scheel* die amerikanische Rechtsprechung analysiert hat, kommt er zu dem Ergebnis, dass eine Einheit vorliege, wenn die Verflechtung zwischen den Konzerngesellschaften so weit reiche, dass die verschiedenen Gesellschaften aus objektiver Gläubigersicht faktisch als eine Einheit erscheinen. Dabei müsse die Intensität der Verflechtung erheblich über das übliche Maß hinausgehen.[290] 246

Liegt nach der Überzeugung des Gerichts eine wirtschaftliche Einheit vor, ist zu prüfen, ob die Vorteile der materiellen Konsolidierung deren Nachteile überwiegen. Typischerweise hat die materielle Konsolidierung den Vorteil, dass die Kosten der Trennung der Konkursmassen vermieden und das Verfahren beschleunigt wird. Zudem werden Reibungsverluste bei der Verfolgung einer Gesamtverwertungsstrategie verringert. Typischerweise hat die materielle Konsolidierung den Nachteil, dass die Gläubiger in ihrem Vertrauen auf die rechtliche Selbständigkeit enttäuscht werden. 247

Die vergangenen Entscheidungen zeigen, dass ein Überwiegen der Vorteile nicht ausreicht, sondern dass ein *deutliches* Überwiegen vorausgesetzt wird.[291] 248

---

287 Ausführlich: *Scheel* KonzernInsR, S. 248 ff.; zur Entwicklung der Meinungsverschiedenheiten: *Hong* Materielle Konsolidierung, S. 55 ff.

288 Derart interpretierend auch: *Brünkmans* Koordinierung von Insolvenzverfahren, S. 96; *Hirte* FS K. Schmidt, S. 641, 644; *Scheel* KonzernInsR, S. 261 ff.

289 Eastgroup Properties v. Southern Motel Assoc. Ltd., 935 F.2d 245, 249 (11th Cir. 1991); In the Matter of Lewellyn, 26 B.R. 246, 251 (Bankr.S.D.Iowa 1982); In re Snider Bros., Inc., 18 B.R. 230, 238 (Bankr.D.Mass. 1982); In re Murray Indus., Inc., 119 B.R. 820, 829 (Bankr.M.D.Fla. 1990); In re Amereco Environmental Serv., Inc., 125 B.R. 566, 568 (Bankr.W.D.Mo. 1991); siehe hierzu auch: *Klee/Butler* Uniform Commercial Code Law Journal 2002, 23, 62 ff.

290 *Scheel* KonzernInsR, S. 263.

291 Chemical Bank N.Y. Trust Co. v. Kheel, 369 F.2d 845, 847 (2d Cir. 1966); zust.: In the Matter of Flora Mir Candy Corp., 432 F.2d 1060, 1062-1063 (2d Cir. 1970); In the Matter of Continental Vending Machine Corp., 517 F.2d 997, 1001 (2d Cir. 1975).

Daraus ziehen die Gerichte die Konsequenz, dass im Zweifel immer zugunsten der Haftungstrennung entschieden wird.

249 Deshalb ist auch in den Vereinigten Staaten von Amerika die materielle Konsolidierung die Ausnahme geblieben.

3. Die Vereinbarkeit des Konzepts mit dem deutschen Recht

250 Die gerade vorgestellten Modelle der materiellen Konsolidierung gehen davon aus, dass eine solche lediglich in Ausnahmefällen zulässig sei. In der Literatur wurden in den letzten Jahren – zugegebenermaßen nur vereinzelt – auch Stimmen laut, dass eine materielle Konsolidierung die neue Standardmaßnahme bei Konzerninsolvenzen nach deutschem Insolvenzrecht sein könne.[292]

251 Den mutigen Stimmen in der Literatur ist zugutezuhalten, dass das Konzept kein Hirngespinst, sondern vielmehr eine überlegenswerte Alternative darstellt. Schließlich hat sich auch die UNCITRAL in ihrem sog. *Legislative Guide* der materiellen Konsolidierung nicht vollkommen verschlossen. Das Konzept ist keine reine Utopie, sondern gehört unter anderem in den Vereinigten Staaten von Amerika schon seit geraumer Zeit zur Rechtspraxis.

252 Im Folgenden soll deshalb überprüft werden, inwiefern die Kritik an der materiellen Konsolidierung gerechtfertigt ist. Zunächst wird hierzu das Grundmodell der materiellen Konsolidierung überprüft, anschließend das von *Hirte*[293] vorgeschlagene Modell.

a) Die Vereinbarkeit des Grundmodells mit dem deutschen Rechtssystem

253 Gegen die Konsolidierung der Aktiva und Passiva der einzelnen Gesellschaften werden in der Literatur insbesondere zwei Gegenargumente hervorgehoben: Zum einen ein Verstoß gegen das Prinzip der Haftungstrennung und zum anderen ein Verstoß gegen das in der InsO nicht explizit genannte[294] Prinzip der Gläubigergleichbehandlung.[295]

---

292 Siehe nur: *Humbeck* NZI 2013, 957; *Paulus* ZIP 2005, 1948, 1953 f.; im Ansatz schon: *Albach* ZfB 1984, 773, 776, 778.

293 *Hirte* FS K. Schmidt, S. 641.

294 Zuletzt: *C. Becker* InsR, Rn. 24, 210; *Paulus* NZI 2015, 1001, 1005 f.

295 BT-Drs. 18/407, S. 17; *Adam/Poertzgen* ZInsO 2008, 347, 349 ff.; *Brünkmans* Koordinierung von Insolvenzverfahren, S. 102 ff.; *Ehricke* Das abhängige Konzernunternehmen, S. 477; *Ehricke* DZWiR 1999, 353, 358 f.; *Ehricke* ZInsO 2002, 393, 393; *Jensen* Der Konzern, S. 46; *K. Schmidt* ZIP 2012, 1053, 1056; *K. Schmidt* KTS 2010, 1, 14; *Schmollinger* Konzerninsolvenz, S. 315 f.; *Verhoeven* Konzerninsolvenzrecht, S. 208 f.

aa) Prinzip der Haftungstrennung

Die Kritiker meinen, eine materielle Konsolidierung führe zugunsten der Erhaltung der wirtschaftlichen Einheit zur Aufgabe der rechtlichen Selbständigkeit.[296] Als Folge einer solchen Aufgabe würde das Prinzip der Haftungstrennung nicht mehr gelten.[297] 254

Dem ist auch zuzustimmen. Konsequenz der rechtlichen Selbständigkeit ist, dass allein die Gesellschaftsmasse für die Verbindlichkeiten der Gesellschaft haftet, so wie es auch im Gesetz *expressis verbis* angeordnet ist: § 1 Abs. 1 S. 2 AktG, § 13 Abs. 2 GmbHG.[298] Bei einer Konsolidierung der Aktiva der Konzerngesellschaften würde es bei diesem Grundsatz nicht bleiben, sondern sich die Haftung auf die Aktiva der übrigen Konzerngesellschaften erstrecken. Demnach läuft die materielle Konsolidierung dem Prinzip der Haftungstrennung zuwider. 255

Ein Verstoß gegen dieses Prinzip könnte allerdings damit gerechtfertigt werden, dass es in vielen Vertragskonzernen im Zeitpunkt der Insolvenzeröffnung vom Zufall abhängt, in welcher Gesellschaft sich derzeit die Vermögenswerte befinden.[299] In der Tat sind durch den Abschluss eines Beherrschungsvertrages die Vermögensbindungsvorschriften aufgehoben (§ 291 Abs. 3 AktG), wodurch Vermögenswerte bis zum Zeitpunkt der mangelnden Vollwertigkeit des Verlustausgleichsanspruchs[300] ohne Hindernisse zwischen den Konzerngesellschaften hin- und hergeschoben werden können. 256

Allerdings soll die Aufhebung des Prinzips der Haftungstrennung nicht rechtfertigbar sein, weil dies dem Willen des Gesetzgebers widerspreche.[301] Dieser wollte mit der Haftungstrennung Anreize für unternehmerische Aktivitäten und den Einsatz für Kapital schaffen, indem das finanzielle Risiko auf das Vermögen der juristischen Person beschränkt wird.[302] Nimmt man dies zur Grundlage der 257

---

296 *Westpfahl/Goetker/Wilkens* Grenzüberschreitende Insolvenzen, Rn. 1008.

297 *Scheel* KonzernInsR, S. 241 f.; Flöther/*Westpfahl* HdB-KonzernInsR, § 8 Rn. 202.

298 Spindler/Stilz/*Fock* AktG, § 1 Rn. 35; MüKoAktG/*Heider*, § 1 Rn. 46; Hüffer/Koch/*Koch* AktG, § 1 Rn. 15; für die GmbH: Roth/Altmeppen/*Altmeppen* GmbHG, § 13 Rn. 66.

299 Andres/Leithaus/*Andres* InsO, §§ 3a-3e Rn. 4; *Hirte* FS K. Schmidt, S. 641, 645; *Hirte* ECFR 2008, 213, 222 f.; *Paulus* ZIP 2005, 1948, 1953; zur Praxis: *Kühnberger/Schmidt* ZfB 1999, 1263, 1275 ff.; *Linnhoff/Pellens* ZfbF 1987, 987, 994 ff.; *Pellens/Jödicke/Richard* DB 2005, 1393, 1394; *Pellens* Aktionärsschutz im Konzern, S. 119 ff.; Elschen/*Pellens* Unternehmenssicherung und -entwicklung, S. 161, 167 ff.

300 Siehe Rn. 157.

301 *Uhlenbruck* FS Braun, S. 335, 351.

302 *Sester* ZIP 2005, 2099, 2100; im Ansatz schon: *Lutter* ZfB 1984, 781, 781.

weiteren Überlegungen, würde in Konzernkonstellationen ein Anreiz zur Errichtung von „Feuerwänden“ bestehen. Denn brennt – im übertragenen Sinne – ein Teil des Konzerngebäudes ab, würde das Feuer nicht auf die anderen Teile des Gebäudes überschlagen können.

258 Dieser Argumentation ist nur teilweise zuzustimmen. Den Kritikern ist zwar insofern Recht zu geben, als auch im Konzern der Grundsatz der Haftungstrennung gelten muss, auch wenn dieses Ergebnis angesichts des Arguments, dass die Höhe des Haftungssubstrats der Konzerngesellschaften im Vertragskonzern vom Zufall abhängt, nicht völlig zweifelsfrei ist.

259 Allerdings gilt das Prinzip der Haftungstrennung aufgrund der Verlustausgleichspflicht des § 302 Abs. 1 AktG nur modifiziert. Sog. Feuerwände bzw. Haftungswände gibt es im Vertragskonzernrecht nicht (Paradigma: Doppelinsolvenz). Hier garantiert nämlich die Muttergesellschaft bei ihrem eigenen Leben die weitere Existenz der Tochtergesellschaft. Würde ein Risikogeschäft auf eine vertraglich konzernierte Tochtergesellschaft ausgelagert werden und diese in finanzielle Schwierigkeiten geraten, müsste zunächst die Muttergesellschaft dieses Defizit nach § 302 Abs. 1 AktG ausgleichen, weil sie sich dazu im Beherrschungsvertrag verpflichtet hat. Nur wenn sie dies nicht kann, wird die Tochtergesellschaft insolvent; damit gleichzeitig auch die Muttergesellschaft.[303]

260 In Bezug auf die pauschale Kritik, durch die materielle Konsolidierung würde es das Prinzip der Haftungstrennung nicht mehr geben, ist deshalb differenziert Stellung zu nehmen:

261 Für die Forderungen der Gläubiger der Tochtergesellschaft haftet *de facto* nicht nur das Haftungssubstrat der Tochtergesellschaft, sondern aufgrund des letzten Verlustausgleichsanspruchs aus § 302 Abs. 1 AktG gleichfalls (mittelbar) das Haftungssubstrat der Muttergesellschaft. Dementsprechend ist das Prinzip der Haftungstrennung bei einem insolventen Vertragskonzern schon aufgeweicht, auch wenn es formaljuristisch weiterhin besteht.

262 Für die Haftung der Gläubiger der Muttergesellschaft gilt das aber nicht. Hier wird in der Tat gegen das Prinzip der Haftungstrennung verstoßen, weil die Gläubiger der Muttergesellschaft im Fall der Einzelabwicklung weiterhin nur auf das Gesellschaftsvermögen der Muttergesellschaft zugreifen können. Hierzu gehören aber auch die für sie meist wertlosen Beteiligungen an den Tochtergesellschaften.

263 Insofern ist nur die Kernaussage der Kritik an der materiellen Konsolidierung berechtigt, was in der Schlussbetrachtung freilich keinen Unterschied macht. In

303 Siehe Rn. 192 f.

der Tat ist den Kritikern Recht zu geben, dass das Grundmodell der materiellen Konsolidierung dem Prinzip der Haftungstrennung widerspricht.

Trotz dessen wollen einige Kritiker unter dem Deckmantel des Verstoßes **264** gegen die Haftungstrennung weitere Einwände vorbringen. So wurde beispielsweise behauptet, ein Nachteil der materiellen Konsolidierung bestehe darin, dass damit ein Anstieg der Kosten für künftige Kredite einhergehe. Die Gläubiger dürften sich nämlich nicht nur auf eine Kreditwürdigkeitsprüfung der Schuldnergesellschaft begrenzen, sondern müssten die Vermögensverhältnisse des ganzen Konzerns prüfen und überwachen.[304] *Sester* hat dies bereits vor dem RegE erkennen wollen und dies wie folgt begründet: Er meint, je unspezifischer das Risiko des Totalausfalls erfasst werden kann, desto höher wird der Gläubiger seine Risikoquote (sc. den Zinssatz) ansetzen.[305] Damit hat *Sester* gewiss nicht Unrecht, denn der Zins ist das Äquivalent des dahinterstehenden Risikos.

Doch die Grundannahme im RegE und von *Sester* sind schon falsch. Es ist **265** der Verdienst von *Humbeck*, der aufgedeckt hat, dass die Prüfung der Kreditwürdigkeit sich bereits nach der heutigen Gesetzeslage auf den gesamten Konzern erstreckt.[306] Nach § 18 S. 1 KWG darf ein Kreditinstitut einen Kredit, der insgesamt 750.000 € übersteigt, nur gewähren, wenn es sich von dem Kreditnehmer die wirtschaftlichen Verhältnisse offenlegen lässt. Im Sinne des KWG ist ein Kreditnehmer jedoch nicht nur der Schuldner, sondern ausweislich des § 19 Abs. 3 KWG i. V. m. Art. 4 Abs. 1 Nr. 39 lit. a) und b) der Kapitaladäquanzverordnung[307] auch die Gruppe verbundener Kunden. Dazu gehören zwei oder mehr natürliche oder juristische Personen, die im Hinblick auf das Risiko insofern eine Einheit bilden, als eine von ihnen über eine direkte oder indirekte Kontrolle über die andere oder die anderen verfügt. Das ist beim Vertragskonzern immer zwischen der Tochter- und Muttergesellschaft ausweislich des Weisungsrechts (§ 308 Abs. 1 AktG) und der Verlustausgleichspflicht (§ 302 Abs. 1 AktG) der Fall.[308] Wird die Kreditwürdigkeit der Tochtergesellschaft geprüft, ist somit immer die Muttergesellschaft in die Betrachtung miteinzubeziehen und mit ihr

304 BT-Drs. 18/407, S. 17; ähnlich: *Eidenmüller* ZHR 169 (2005), 528, 532.

305 *Sester* ZIP 2005, 2099, 2100.

306 *Humbeck* NZI 2013, 957, 958; zust.: *Hong* Materielle Konsolidierung, S. 117; vgl.: BaFin Rundschreiben 8/2011, Rn. 2.6.

307 Verordnung (EU) Nr. 575/2013 vom 26. Juni 2013 über Aufsichtsanforderungen an Kreditinstitute und Wertpapierfirmen und zur Änderung der Verordnung (EU) Nr. 646/2012, Abl. 176 vom 27.6.2013, S. 1.

308 So auch: *Humbeck* NZI 2013, 957, 958.

alle anderen Tochtergesellschaften, weil die Muttergesellschaft in aller Regel an diesen beteiligt sein wird.

266 Insofern sind die unter dem Vorwand des Verstoßes gegen den Grundsatz der Haftungstrennung geltend gemachten Kritikpunkte immer einer genauen Prüfung zu unterziehen. Doch zumindest liegen die Kritiker in ihrer Grundannahme richtig, dass das Konzept der materiellen Konsolidierung gegen das Prinzip der Haftungstrennung verstößt.

bb) Prinzip der Gläubigergleichbehandlung (par conditio creditorum)

267 Der Grundsatz der Haftungstrennung hat auch Auswirkungen auf das in der InsO nicht explizit genannte Prinzip der Gläubigergleichbehandlung. Man verortet dieses Prinzip in § 1 S. 1 InsO („gemeinschaftlich zu befriedigen") welches besagt, dass der Wettlauf der Gläubiger um das Vermögen der Schuldnerin mit der Insolvenzeröffnung endet und die Gläubiger gemeinschaftlich in gleichem Maße zu befriedigen sind (*par conditio creditorum*).[309]

268 Auf den ersten Blick scheint die materielle Konsolidierung hierzu nicht in Widerspruch zu stehen, können doch alle Konzerngläubiger zu gleichen Teilen von der Konzernmasse befriedigt werden. Es stellt sich allerdings die Frage, ob hierdurch nicht Ungleiches gleichbehandelt wird, weshalb doch gegen den Grundsatz der Gläubigergleichbehandlung verstoßen wird. Gläubigergleichbehandlung heißt nämlich nicht, dass alle Gläubiger zu gleichen Teilen befriedigt werden, sondern dass „gleiche" Gläubiger gleich und „ungleiche" Gläubiger ungleich befriedigt werden. In der InsO spiegelt sich dieser Gedanke in der Unterscheidung zwischen den unterschiedlichen Gläubigergruppen wieder.[310]

269 Anknüpfungspunkt für die Zweifel an der Gleichheit aller Konzerngläubiger – unabhängig von den unterschiedlichen Gläubigergruppen innerhalb der Konzerngesellschaften – bestehen insofern, als sie vor Insolvenz noch Gläubiger einer bestimmten Gesellschaft waren, die ein bestimmtes Haftungssubstrat zur Verfügung hatte (Prinzip der Haftungstrennung). Das Prinzip der Haftungstrennung gebietet es, dass die Gläubiger im Fall der Insolvenz mindestens den Teil erhalten, den sie erhalten hätten, wenn „ihre" Konzerngesellschaft einzeln abgewickelt worden wäre. Ob durch die materielle Konsolidierung ein solches Ergebnis in jedem Fall erzielt werden kann, muss näher untersucht werden.

---

309 *Foerste* InsR, § 1 Rn. 8; *C. Becker* InsR, Rn. 210.

310 Siehe hierzu: *Foerste* InsR, § 1 Rn. 10.

(1) These

Die dem Modell der materiellen Konsolidierung zugrundeliegende Annahme, dass alle Konzerngläubiger gleichermaßen aus der Konzernmasse zu befriedigen sind, verstößt gegen das Prinzip der Gläubigergleichbehandlung.[311] 270

(2) Gang der Untersuchung

Die Untersuchung erfolgt anhand eines Vergleichs der Insolvenzquoten der Gläubiger bei einer Einzel- und einer Gesamtbetrachtung. Hierfür werden abstrakt die jeweiligen Insolvenzquoten im simpelsten Fall einer Doppelinsolvenz im Vertragskonzern berechnet. 271

Der Fall lautet: Die herrschende Gesellschafterin (M) der Tochtergesellschaft (T) schließt mit dieser einen Beherrschungsvertrag ab. Es kommt zur Doppelinsolvenz. 272

Die oben aufgestellte These bewahrheitet sich, wenn 273

(1) die Insolvenzquote der Tochtergesellschaft stets größer ist, als die Insolvenzquote bei materieller Konsolidierung und
(2) die Insolvenzquote der Muttergesellschaft stets kleiner ist, als die Insolvenzquote bei materieller Konsolidierung.

Unter diesen Voraussetzungen sind die Gläubiger der Tochter- und Muttergesellschaft „ungleich" und dürfen dementsprechend nicht gleichbehandelt werden. 274

(3) Untersuchung

(a) Prämissen

Die Untersuchung erfolgt unter der Prämisse, dass die Tochtergesellschaft zu Anfang des Beherrschungsvertrages solvent war und dass alle Schulden, die vor dem Geschäftsjahr des Wirksamwerdens des Unternehmensvertrages als Verlust festgestellt wurden (sog. Altschulden), bis zum Ende des Unternehmensvertrages beglichen wurden.[312] Außerdem wird realitätsnah davon ausgegangen, dass der letzte Verlustausgleichsanspruch noch nicht befriedigt wurde. Ein solcher stellt nämlich im Fall der Doppelinsolvenz eine Insolvenzforderung dar,[313] 275

311 So auch schon: *Paulus* ZIP 2005, 1948, 1953; *Scheel* KonzernInsR, S. 243; ansatzweise: *Jensen* Der Konzern, S. 46.

312 Vgl.: Emmerich/Habersack/*Emmerich* AktG, § 303 Rn. 37a; Henssler/Strohn/*Paschos*, § 303 AktG Rn. 9; Spindler/Stilz/*Veil* AktG, § 303 Rn. 18.

313 *Altmeppen* FS Vetter, S. 1, 12; Gottwald/*Specovius*/*Kuske* InsR-HdB, § 95 Rn. 20; ansatzweise: MüKoAktG/*Altmeppen*, § 303 Rn. 54.

welche erst gegen Ende des Insolvenzverfahrens der Muttergesellschaft quotal befriedigt werden wird.

276 Zudem erfolgt die Untersuchung unter der Prämisse, dass der Erlös aus einer Gesamtverwertungsstrategie gleich der Summe der Erlöse aus den Einzelverwertungsstrategien ist. Denn auch in dem Fall, dass kein Profit aus der wirtschaftlichen Einheit als solcher erzielt werden kann, muss das Prinzip der Gläubigergleichbehandlung gelten.

(b) Grundformel

277 Für die Berechnung der Insolvenzquote gilt die Grundformel:

$$Insolvenzquote = \frac{Insolvenzmasse}{Insolvenzforderungen} \qquad \text{(Formel 1)}$$

(c) Insolvenzquote der Tochtergesellschaft

278 Fest steht im Fall der Doppelinsolvenz, dass die insolvente Tochtergesellschaft einen Verlustausgleichsanspruch gegen die herrschende Gesellschaft hat, weil sie ansonsten nicht insolvent wäre.[314] Unter der Prämisse der Solvenz der Tochtergesellschaft bei Beginn des Beherrschungsvertrags berechnet sich der Verlustausgleichsanspruch der Tochtergesellschaft (VAA_T) durch die Summe aus den Insolvenzforderungen der Tochtergesellschaft (IF_T) und der Differenz zwischen dem bilanziellen Anfangsvermögen der Tochtergesellschaft ($BilAV_T$) und dem bilanziellen Endvermögen der Tochtergesellschaft ($BilEV_T$), wobei letzteres Ergebnis minimal Null sein muss. Ansonsten würde dies bedeuten, dass die Muttergesellschaft noch in der Insolvenz Vermögensverfügungen zulasten der Tochtergesellschaft treffen dürfte. Als Formel ausgedrückt:

$$VAA_T = IF_T + (BilAV_T - BilEV_T),\ wobei\ (BilAV_T - BilEV_T) \geq 0 \qquad \text{(Formel 2)}$$

279 Stellt man nun die Höhe der Insolvenzquote der Tochtergesellschaft (IQ_T) dar, muss die Insolvenzmasse in Beziehung zu den Insolvenzforderungen gesetzt werden. Genauer dargestellt: Die Insolvenzquote der Tochtergesellschaft ergibt sich aus der sonstigen Insolvenzmasse der Tochtergesellschaft ($SInsMasse_T$) summiert mit dem werthaltigen Verlustausgleichsanspruch der Tochtergesellschaft. Dieser errechnet sich durch den Betrag des Verlustausgleichsanspruchs der Tochtergesellschaft multipliziert mit der Insolvenzquote der Muttergesellschaft (IQ_M). Das ist zwar zusammengerechnet nichts anderes als die ganze Insolvenzmasse der Tochtergesellschaft, wird aber aus Beweisgründen gesondert

314 Vgl.: Rn. 122, 129.

ausgewiesen. Dieses Ergebnis muss anschließend mit den Insolvenzforderungen der Tochtergesellschaft (IF_T) dividiert werden. Als Formel ausgedrückt:

$$IQ_T = \frac{SInsMasse_T + VAA_T * IQ_M}{IF_T} \qquad \text{(Formel 3.1)}$$

Um die Formel weiter zu präzisieren, ist als nächstes die Insolvenzquote der Muttergesellschaft (IQ_M) zu bestimmen. Diese ergibt sich aus der Insolvenzmasse der Muttergesellschaft ($InsMasse_M$), im Verhältnis zu den Insolvenzforderungen. Letzteres wird aus Beweisgründen differenziert dargestellt durch die Summe der sonstigen Insolvenzforderungen der Muttergesellschaft (SIF_M) und dem Verlustausgleichsanspruch der Tochtergesellschaft (VAA_T). Als Formel ausgedrückt: 280

$$IQ_M = \frac{InsMasse_M}{SIF_M + VAA_T} \qquad \text{(Formel 4)}$$

Setzt man Formel 4 in Formel 3.1 ein, ergibt sich:

$$IQ_T = \frac{SInsMasse_T + VAA_T * \frac{InsMasse_M}{SIF_M + VAA_T}}{IF_T} \qquad \text{(Formel 3.2)}$$

Stellt man Formel 3.2 um, ergibt sich folgende Formel:

$$IQ_T = \frac{SInsMasse_T}{IF_T} + \frac{VAA_T * \frac{InsMasse_M}{SIF_M + VAA_T}}{IF_T} \qquad \text{(Formel 3.3)}$$

Anhand der Formel 3.3 erkennt man, dass die Insolvenzquote der Tochtergesellschaft zum einen von der sonstigen Insolvenzmasse der Tochtergesellschaft (Zähler des ersten Summanden; $SInsMasse_T$) und zum anderen von dem Anteil aus dem werthaltigen Verlustausgleichsanspruch abhängt, wobei letzterer wiederum von der Insolvenzmasse der Muttergesellschaft abhängt (Zähler im zweiten Summanden; $InsMasse_M$). 281

(d) Insolvenzquote der Muttergesellschaft

Die Insolvenzquote der Muttergesellschaft wurde bereits hergeleitet.[315] Es gilt: 282

$$IQ_M = \frac{InsMasse_M}{SIF_M + VAA_T} \qquad \text{(Formel 4)}$$

Die Insolvenzquote der Muttergesellschaft hängt allein von der Insolvenzmasse der Muttergesellschaft (Zähler; $InsMasse_M$) ab. 283

315 Siehe Rn. 280.

(e) Insolvenzquote bei materieller Konsolidierung

284 Die Insolvenzquote des Konzerns (IQ_K) ergibt sich aus der Konsolidierung der Aktiva und Passiva der einzelnen Konzerngesellschaften. Anders ausgedrückt: Die Insolvenzquote ergibt sich aus dem Verhältnis zwischen der Konzerninsolvenzmasse und den Konzerninsolvenzforderungen, wobei sich die Konzerninsolvenzmasse berechnet aus der Summe der Insolvenzmasse der Tochtergesellschaft ($InsMasse_T$) und der Muttergesellschaft ($InsMasse_M$). Die Konzerninsolvenzforderungen berechnen sich aus der Summe der Insolvenzforderungen der Tochtergesellschaft (IF_T) und der Muttergesellschaft (IF_M). Es gilt:

$$IQ_K = \frac{InsMasse_T + InsMasse_M}{IF_T + IF_M} \qquad \text{(Formel 5.1)}$$

Stellt man die Formel zur besseren Übersichtlichkeit um, ergibt sich:

$$IQ_K = \frac{InsMasse_T}{IF_T + IF_M} + \frac{InsMasse_M}{IF_T + IF_M} \qquad \text{(Formel 5.2)}$$

285 Anhand der Formel 5.2 ist zu erkennen, dass sowohl die Gläubiger der Tochtergesellschaft, als auch die Gläubiger der Muttergesellschaft (Nenner der beiden Summanden; IF_T und IF_M) an zwei Haftungssubstraten partizipieren: zum einen von der Insolvenzmasse der Tochtergesellschaft (Zähler des ersten Summanden; $InsMasse_T$) und zum anderen von der Insolvenzmasse der Muttergesellschaft (Zähler des zweiten Summanden; $InsMasse_M$).

(f) Gegenüberstellung

286 Stellt man die drei gefundenen Formeln gegenüber, erkennt man, dass bei der Einzelbetrachtung die Gläubiger der Tochtergesellschaft von zwei Haftungssubstraten profitieren, während die Gläubiger der Muttergesellschaft nur an der Insolvenzmasse ihrer Schuldnerin partizipieren. Bei einer materiellen Konsolidierung partizipieren sowohl die Gläubiger der Tochtergesellschaft, als auch die Gläubiger der Muttergesellschaft gleichermaßen an beiden Haftungssubstraten.

287 Während also die Gläubiger der Tochtergesellschaft bei einer Einzelbetrachtung das Haftungssubstrat ihrer Schuldnerin vollumfänglich bekommen und zusätzlich im Wege des Verlustausgleichsanspruchs genauso an der Haftungsmasse der Muttergesellschaft partizipieren wie die Gläubiger der Muttergesellschaft, müssen sie das Haftungssubstrat der Tochtergesellschaft im Falle einer materiellen Konsolidierung teilen. Das führt dazu, dass die Insolvenzquote sich für die Gläubiger der Tochtergesellschaft stets verschlechtert. Lediglich in dem (wahrscheinlich nur theoretischen) Fall, dass das bilanzielle Anfangsvermögen einer solventen Gesellschaft Null beträgt,

während der Vertragslaufzeit kein bilanzielles Vermögen, insbesondere keine gesetzlichen Rücklagen gebildet wurden, und es keine Altschulden der Tochtergesellschaft gibt, ist die Insolvenzquote der Tochtergesellschaft gleich der Insolvenzquote der Muttergesellschaft und damit gleich der Insolvenzquote des Konzerns.[316] Um überhaupt zu diesem wohl nur theoretischen Fall zu gelangen, ist die Pflicht des Vorstands zu beachten, dass dieser die Hauptversammlung einzuberufen hat, wenn anzunehmen ist, dass ein Verlust in Höhe der Hälfte des Grundkapitals besteht (§ 92 Abs. 1 AktG; für die GmbH: § 49 Abs. 3 GmbHG). Abgesehen von diesem Fall ist der Gläubiger der Tochtergesellschaft bei einer materiellen Konsolidierung stets schlechter gestellt.

Anders bei den Gläubigern der Muttergesellschaft: Während den Gläubigern 288
der Muttergesellschaft bei einer Einzelbetrachtung nur das Haftungssubstrat ihrer Schuldnerin zur Verfügung steht, an dem im Übrigen gleichermaßen die Gläubiger der Tochtergesellschaft profitieren, partizipieren sie im Falle einer materiellen Konsolidierung auch am Haftungssubstrat der Tochtergesellschaft. Das führt dazu, dass die Insolvenzquote sich für die Gläubiger der Muttergesellschaft stets verbessert – außer in dem oben dargestellten Ausnahmefall.

(4) Zwischenergebnis

Die oben aufgestellte These gilt damit – bei Außerachtlassung des nur theore- 289
tischen Ausnahmefalls – als bewiesen: Unter der Voraussetzung, dass der Erlös aus einer Gesamtverwertungsstrategie gleich der Summe der Erlöse aus den Einzelverwertungsstrategien ist, werden die Gläubiger einer Tochtergesellschaft bei materieller Konsolidierung stets benachteiligt, während umgekehrt die Gläubiger der Muttergesellschaft stets bevorteilt werden – außer in einem nur theoretischen Fall. In diesem ist die Insolvenzquote gleich.

Dementsprechend sind die Gläubiger der Mutter- und Tochtergesellschaft un- 290
gleich und dürfen nicht gleichbehandelt werden. Im Ergebnis verstößt die materielle Konsolidierung damit auch gegen den Grundsatz der Gläubigergleichbehandlung.

cc) Zwischenergebnis

Das Grundmodell der materiellen Konsolidierung widerspricht zwei Grundpfei- 291
lern der Insolvenzordnung, namentlich dem Prinzip der Haftungstrennung und dem Prinzip der Gläubigergleichbehandlung. Deshalb ist ein derartiges Konzept mit der heutigen Rechtslage nicht vereinbar.[317]

---

316 Diesen Ausnahmefall übersehend: *Hirte* FS K. Schmidt, S. 641, 646.

317 So auch: *Jaffé/Friedrich* ZIP 2008, 1849, 1851; *Jensen* Der Konzern, S. 46; *Oberhammer* KTS 2009, 27, 63 ff.; *K. Schmidt* ZIP 2012, 1053, 1054 f.; *Uhlenbruck* NZI 1999, 41, 43; mit verfassungsrechtlichen Bedenken: *Holzer* ZIP 2011, 1894, 1898.

b) *Die Vereinbarkeit mit der heutigen Rechtslage bei einer differenzierten Betrachtung – der Lösungsansatz von Hirte*

292 Das Grundmodell der materiellen Konsolidierung widerspricht der heutigen Rechtslage. *Hirte*[318] hat jedoch aufgezeigt, dass dies beim Konzept der materiellen Konsolidierung keinesfalls zwingend sein müsse, wenn man das Modell partiell anpasst.

293 Nach seiner Vorstellung können die Aktiva und Passiva der Mutter- und Tochtergesellschaft unter Einhaltung der oben genannten Prinzipien materiell konsolidiert werden, wenn man den Gläubigern der Tochtergesellschaft im Verhältnis zu den Gläubigern der Muttergesellschaft – untechnisch ausgedrückt – ein Recht auf vorzugsweise Befriedigung in Höhe der Masse der Tochtergesellschaft einräumt, oder insolvenzrechtlich ausgedrückt: ein Recht auf Absonderung (§§ 49 ff. InsO).[319]

294 Das würde dazu führen, dass die Gläubiger des Konzerns im Vergleich zum *status quo* dann besser stehen, wenn der Erlös einer Gesamtverwertung höher ist, als bei einer hypothetischen Einzelverwertung. Um festzustellen, inwieweit die Gläubiger der Tochtergesellschaft absonderungsberechtigt sind, müsste eine Bilanz über das Vermögen der Tochtergesellschaft bei Einzelabwicklung erstellt werden.

295 Doch was gilt, wenn der Erlös hinter der Summe der beiden einzeln aufgestellten Bilanzen zurückbleibt? Hier würde es nach Ansicht von *Hirte* darauf hinauslaufen, dass die Gläubiger der Tochtergesellschaft weiterhin in Höhe der Masse der Tochtergesellschaft absonderungsberechtigt sind.[320] Das würde jedoch zu einer im Vergleich zum *status quo* nicht gerechtfertigten Benachteiligung der Gläubiger der Muttergesellschaft hinauslaufen, denn nach heutiger Praxis müsste die Muttergesellschaft im Wege der Verlustausgleichspflicht nur ihre Insolvenzquote auf die Differenz zwischen der Zielgröße in der Bilanz und dem Erlös bezahlen. Es kommt demnach zu einer Überbelastung der Gläubiger der Muttergesellschaft. Überlegenswert wäre in diesem Fall allenfalls, die Zielgröße in der Bilanz anzupassen.

---

318 *Hirte* FS K. Schmidt, S. 641.

319 *Hirte* FS K. Schmidt, S. 641, 646 ff.

320 So wohl *Hirte* FS K. Schmidt, S. 641, 651, der meint, dies entspreche der Konzernrechtsdogmatik.

Die genaue Ausgestaltung müsste in der Wissenschaft weiter ausdiskutiert werden. Fest steht jedenfalls, dass eine Zwangseinbeziehung von solventen Konzerngesellschaften nach heutigem Verständnis nicht möglich sein darf.[321] 296

4. Zwischenergebnis und Ausblick

Die in Deutschland vielerorts getätigte Kritik am Konzept der materiellen Konsolidierung bringt in ihrer Pauschalität nur einen geringen Mehrwert. Zwar ist den Kritikern insofern recht zu geben, als die materielle Konsolidierung in ihrem Grundmodell zwei elementare Prinzipien unterläuft, doch übersehen diese auch, dass *Hirte* einen überlegenswerten Ansatz entwickelt hat, auf dem weiter aufgebaut werden kann.[322] 297

Den undifferenzierten Kritikern sollte nochmal eines der primär zu erreichenden Ziele eines Insolvenzverfahrens vor Augen geführt werden: die bestmögliche Befriedigung der Gläubiger.[323] Bestmöglich bedeutet die möglichst hohe Befriedigung(-squote) der Gläubiger, wobei eine solche vom Erfolg bzw. Misserfolg einer Liquidation oder einer Sanierung bestimmt wird. Wenn nur bei einem Konzern eine Liquidierung oder Sanierung infolge einer materiellen Konsolidierung erfolgreicher abschneiden würde als beim *status quo*, so sollte die Implementierung dieses Modells nicht lange auf sich warten lassen. Aber um die Chancen einer materiellen Konsolidierung auszuloten, bedarf es weiterer intensiver Forschung. 298

Es scheint so, als wäre auch der Gesetzgeber trotz jetziger Ablehnung der materiellen Konsolidierung nicht vollkommen abgeneigt, sich dieser Idee erneut anzunehmen. Dieser hat es sich in seinem RegE zum Gesetz zur Erleichterung der Bewältigung von Konzerninsolvenzen nämlich selbst zur Aufgabe gemacht, aufgrund der diversen Phänotypen von Konzernen[324] einen „differenzierten und flexiblen rechtlichen Rahmen" schaffen zu wollen, der ein dem jeweiligen Einzelfall gerecht werdendes Verfahren erlaubt.[325] 299

Sollte die materielle Konsolidierung tatsächlich einen Mehrwert bringen, käme das nicht nur den Gläubigern zugute, sondern wäre ein Stabilisator für den 300

321 *Hirte* ZIP 2008, 444, 444 f.; *Paulus* ZGR 2010, 270, 274; so wohl auch: *Hong* Materielle Konsolidierung, S. 193.

322 So zum Beispiel: *Verhoeven* Konzerninsolvenzrecht, S. 208 f.; *M. Becker* Kooperationspflichten in der Konzerninsolvenz, Rn. 240 ff.

323 MüKoInsO/*Ganter*/*Bruns*, § 1 Rn. 20; vgl.: BeckOK-InsO/*Madaus*, § 1 Rn. 5.

324 Ausführlich: Rn. 21 ff.

325 BT-Drs. 18/407, S. 16.

Erhalt des Wohlstandes der nationalen Volkswirtschaft: Denn möglicherweise können trotz Insolvenz hierdurch Arbeitsplätze erhalten und Produktionsmittel weiter in Betrieb genommen werden. Dadurch würde weiterhin in irgendeiner Form ein Wert geschaffen werden, sei es eine Dienstleistung oder ein Produkt.

301 Möglicherweise radikal, dennoch vielleicht ein Ansatz, um in der Wissenschaft Fortschritte zu erzielen, ist, Reformüberlegungen nicht am heutigen Verfahren zu messen.[326] Würde man dies anders sehen, könnte die materielle Konsolidierung nur dann eine Alternative sein, wenn sie *paretto-superior* zum *status quo* sei. Das wäre dann der Fall, wenn die Gläubiger sämtlicher Konzernglieder bei einem Konzerngesamtabwicklungskonzept nicht schlechter stünden als bei der Einzelabwicklung, und insgesamt durch das gesamte Abwicklungskonzept ein Mehrwert entsteht.[327] Hierdurch werden aber Reformbemühungen viel zu stark eingeschränkt. Selbstverständlich sollten zwar Reformen am *status quo* gemessen werden, jedoch nur hinsichtlich des Endergebnisses. Dass auch der Weg zum Endergebnis vergleichbar zu sein hat, ist in aller Deutlichkeit abzulehnen. Das bedeutet freilich nicht, dass man die Erfahrungen der Insolvenzrechtsentwicklung außer Acht lässt, sondern vielmehr, dass man nicht in eingefahrenen Strukturen nach Verbesserungen suchen sollte. Es gilt, neuen Strukturen grundsätzlich mit Offenheit zu begegnen, selbst – und davor werden zumindest viele Gesellschaftsrechtler sofort zurückschrecken[328] – wenn die Folge die Reformierung des Gesellschaftsrechts bedeuten würde.

302 Schlussendlich ist *Paulus* in zweierlei Hinsicht vollkommen zuzustimmen: Zum einen, wenn er sagt, es gäbe in dieser Thematik keinen „Königsweg"[329], zum anderen, wenn er dem Konzept der materiellen Konsolidierung zumindest auf wissenschaftlicher Ebene eine Chance geben möchte[330].

---

326 A. A.: *Hirte* ZIP 2008, 444, 445.

327 BT-Drs. 18/407, S. 16 f.; MüKoInsO/*Brünkmans*, Konzerninsolvenzrecht Rn. 10; *Eidenmüller* ZHR 169 (2005), 528, 550 ff.; *Eidenmüller/Frobenius* ZIP 2013, Beilage zu Heft 22, 1, 4; *Paulus* ZGR 2010, 270, 284.

328 So wahrscheinlich *Druey*, der in FS Hommelhoff, S. 135, 156 meinte, dass das Trennungsprinzip weltweit die Grundlage bleiben werde. Wer das anders sehe, würde den Konzern in seinem Wesen verkennen.

329 *Paulus* ZGR 2010, 270, 270.

330 *Paulus* ZIP 2005, 1948, 1953 f.; *Paulus* Texas International Law Journal 2007, 819, 828.

II. Die Konzernmutter als Schuldnerin der Gläubiger der abhängigen Gesellschaften

1. Einführung

Nachdem nun das Konzept der materiellen Konsolidierung nach der geltenden Rechtslage abgelehnt wurde, stellt sich weiterhin das Bild wie oben gezeichnet dar.[331] Demnach haftet weiterhin die Tochtergesellschaft ihren Gläubigern mit ihrem Haftungssubstrat und die Muttergesellschaft weiterhin ihren Gläubigern mit ihrem Haftungssubstrat. 303

Im Folgenden wird untersucht, ob hiervon abweichend das Vertragskonzernrecht eine Haftung der Muttergesellschaft auch für die Forderungen der Gläubiger der Tochtergesellschaft vorsieht. 304

2. Die mittelbare Haftung der Konzernmutter, § 302 AktG

Einen solchen Anknüpfungspunkt stellt § 302 Abs. 1 AktG dar. Dieser führt zwar nicht dazu, dass die Konzernmutter unmittelbar Schuldnerin der Gläubiger der Tochtergesellschaft wird. Jedoch führt – wie nicht näher darzustellen ist[332] – der letzte Verlustausgleichsanspruchs aus § 302 Abs. 1 AktG dazu, dass die Konzernmutter den Gläubigern der Tochtergesellschaft mittelbar mit ihrem Haftungssubstrat haftet. 305

3. Die unmittelbare Haftung der Konzernmutter, § 303 Abs. 1 AktG

Denkt man an die Darstellungen zum § 303 AktG zurück, der gewissen Gläubigern einen (unmittelbaren) Sicherungsanspruch gegen die Muttergesellschaft zugesteht[333], so stellt sich die Frage, was mit diesem Anspruch im Fall der Doppelinsolvenz geschieht. 306

Bei anderen Beendigungstatbeständen führt § 303 AktG dazu, dass die Werthaltigkeit der Forderungen der Gläubiger (i. S. d. § 303 AktG) trotz möglicher nachvertraglicher Insolvenz der Tochtergesellschaft erhalten bleibt. Wird nämlich die Tochtergesellschaft nachvertraglich insolvent, können die Gläubiger (i. S. d. § 303 AktG), die ihren Anspruch aus § 303 AktG rechtzeitig geltend gemacht haben, ihre Sicherheit gegen die (damalige) herrschende Gesellschaft verwerten. 307

---

331 Siehe Rn. 222.

332 Siehe Rn. 261.

333 Siehe Rn. 103 ff.

308 Der Fall der Doppelinsolvenz unterscheidet sich hiervon dahingehend, dass zumindest eine abhängige als auch die herrschende Gesellschaft insolvent sind. Demnach ist einerseits bereits der Sicherungsfall eingetreten und andererseits ist die Muttergesellschaft aufgrund ihrer Insolvenz regelmäßig gleichfalls nicht in der Lage, die Gläubiger (i. S. d. § 303 AktG) der Tochtergesellschaft vollumfänglich zu befriedigen.

a) Zahlungs- statt Sicherungsanspruch

309 Aufgrund der besonderen Ausgangslage im Fall der Doppelinsolvenz, haben die Gläubiger (i. S. d. § 303 AktG) einer insolventen abhängigen Gesellschaft nach herrschender Meinung keinen Anspruch auf Sicherheitsleistung gegen die herrschende Gesellschaft, sondern vielmehr einen Anspruch auf unmittelbare Zahlung, § 303 Abs. 1 AktG analog.[334] Das ist auch zutreffend, weil ein Anspruch auf Sicherheitsleistung sinnlos ist, wenn der Gläubiger eine juristische Sekunde nach Bestellung der Sicherheit diese aufgrund des Eintritts des Sicherungsfalles (Eröffnung des Insolvenzverfahrens) verwerten dürfte.[335] Im Fall der Doppelinsolvenz stellt der Zahlungsanspruch gegen die Muttergesellschaft jedoch nur eine Insolvenzforderung dar.[336]

310 Die Gläubiger (i. S. d. § 303 AktG) einer solventen Tochtergesellschaft hingegen haben gegen die (insolvente) herrschende Gesellschaft keinen Zahlungsanspruch, weil hier der Sicherungsfall (noch) nicht eingetreten ist.[337] Diese müssen sich weiterhin an die abhängige Gesellschaft halten, können aber zumindest Sicherheitsleistung von der herrschenden Gesellschaft verlangen. Deshalb ist dieser Fall von den folgenden Überlegungen nicht erfasst.

---

334 MüKoAktG/*Altmeppen*, § 303 Rn. 43 ff.; *Bork* ZIP 2012, 1001, 1004; Emmerich/Habersack/*Emmerich* AktG, § 303 Rn. 24 f.; *Habersack* FS Koppensteiner, S. 31, 32; MHdB-AG/*Krieger*, § 71 Rn. 229; K. Schmidt/Lutter/*Stephan* AktG, § 303 Rn. 28; Spindler/Stilz/*Veil* AktG, § 303 Rn. 24; **a. A.:** GroßKommAktG/*Hirte*, § 303 Rn. 12 f.; *Wimmer-Leonhardt* Konzernhaftungsrecht, S. 42 f.

335 BGH, Urt. v. 16.09.1985, Az. II ZR 275/84, BGHZ 95, 330, 347 = NJW 1986, 188, 192; ebenso: BGH, Urt. v. 23.09.1991, Az. II ZR 135/90, BGHZ 115, 187, 200 = NJW 1991, 3142, 3145; ausführlich: MüKoAktG/*Altmeppen*, § 303 Rn. 39 ff.

336 *Klöckner* ZIP 2011, 1454, 1457.

337 Man beachte aber den Dominoeffekt: Rn. 194 ff.

b) Die Funktionsweise des § 303 AktG im Fall der Doppelinsolvenz

Die Gläubiger (i. S. d. § 303 AktG) einer insolventen Tochtergesellschaft haben mithin einen unmittelbaren Zahlungsanspruch gegen die Muttergesellschaft. 311

Im Folgenden wird aufgezeigt, welche Konsequenzen die Anspruchsgeltendmachung, bzw. der Verzicht hierauf, auf die Werthaltigkeit der Forderungen hat. Zur Vereinfachung wird davon ausgegangen, dass entweder alle Gläubiger (i. S. d. § 303 AktG) ihren Anspruch geltend bzw. nicht geltend machen. Außerdem ist für die folgenden Darstellungen die Einsicht elementar, dass der Anspruch aus § 303 AktG als Sicherungsanspruch unabhängig und selbstständig neben dem Verlustausgleichsanspruch der abhängigen Gesellschaft steht.[338] 312

aa) Keine Geltendmachung des Anspruchs aus § 303 AktG

Machen die Gläubiger (i. S. d. § 303 AktG) ihren Anspruch aus § 303 AktG nicht geltend, hängt die Werthaltigkeit der Forderungen allein von der Insolvenzquote der Tochtergesellschaft ab. 313

Die Höhe der Insolvenzquote der Tochtergesellschaft hängt bei gleichbleibenden Insolvenzforderungen von der Höhe der Insolvenzmasse ab. Die Insolvenzmasse der Tochtergesellschaft ergibt sich zum einen aus dem sonstigen Haftungssubstrat der Tochtergesellschaft und zum anderen aus dem Verlustausgleichsanspruch gegen die herrschende Gesellschaft. 314

Während der Wert des sonstigen Haftungssubstrats zumindest bilanziell mit den Liquidationswerten feststeht[339], ist die einzige Variable der Verlustausgleichsanspruch. Dieser Anspruch ist so hoch, dass rein rechnerisch die abhängige Gesellschaft bilanzmäßig genauso dasteht, wie noch zu Beginn des Beherrschungsvertrages.[340] 315

Die Berechnung des Verlustausgleichsanspruchs wurde zwar bereits an anderer Stelle formelartig dargestellt[341], jedoch berücksichtigt diese aus Vereinfachungsgründen nicht solche Schulden, die vor dem Geschäftsjahr des Wirksamwerdens des Unternehmensvertrages als Verlust festgestellt wurden (sog. Altschulden). Diese spielen hier allerdings eine besondere Rolle, da sie – von besonderen Vereinbarungen abgesehen – nicht in die Berechnung des 316

---

338 BGH, Urt. v. 16.09.1985, Az. II ZR 275/84, BGHZ 95, 330, 347 = NJW 1986, 188, 192; MüKoAktG/*Altmeppen*, § 303 Rn. 14; Emmerich/Habersack/*Emmerich* AktG, § 303 Rn. 24; *Klöckner* ZIP 2011, 1454, 1456.

339 Siehe Rn. 136.

340 Siehe Rn. 114.

341 Siehe Rn. 278.

Verlustausgleichsanspruchs miteinbezogen werden („während der Vertragsdauer"), deren Gläubiger aber trotzdem vom gezahlten Verlustausgleich in Höhe der Insolvenzquote der Tochtergesellschaft profitieren.

317 Stellt man sich den Extremfall vor, dass eine Tochtergesellschaft weitestgehend Altschulden hat, dann gibt es nahezu keinen Verlustausgleichsanspruch, weshalb es für die Werthaltigkeit der Forderungen der Gläubiger der Tochtergesellschaft beinahe nur auf das sonstige Haftungssubstrat (Haftungssubstrat abgesehen vom Verlustausgleichsanspruch) der Tochtergesellschaft ankommt. Keine großen Auswirkungen hat dies freilich, wenn die Insolvenzquote der Muttergesellschaft sehr niedrig ist. Betrachtet man hingegen den anderen Extremfall, dass es gar keine Altschulden gibt, dann gehen die Verbindlichkeiten je nach bilanziellem Endvermögen ggf. vollumfänglich in den Verlustausgleichsanspruch mit ein. Bestehen keine Altschulden sind die Auswirkungen auf die Werthaltigkeit der Forderungen extrem, wenn die Muttergesellschaft eine hohe und die Tochtergesellschaft eine niedrige sonstige Insolvenzquote hat.

bb) Geltendmachung des Anspruchs aus § 303 AktG

318 Machen die Gläubiger (i. S. d. § 303 AktG) ihren Zahlungsanspruch gegen die Muttergesellschaft geltend, können sie nach herrschender Meinung ihre Forderung in beiden Insolvenztabellen in voller Höhe anmelden.[342] Die Gegenmeinung geht hingegen davon aus, dass gegen die Muttergesellschaft die Forderung nur in der Höhe angemeldet werden darf, wie der Ausfall feststeht.[343] Der herrschenden Meinung ist angesichts der Regelung des § 773 Abs. 1 Nr. 3 BGB beizupflichten, wonach bei einer entsprechenden Situation im Bürgschaftsrecht der Bürge den Gläubiger nicht auf die Vorausklage verweisen kann. Diese Regelung ist in der hier gegebenen Konstellation entsprechend anzuwenden.[344]

319 Soweit die Muttergesellschaft die Ansprüche der Gläubiger (i. S. v. § 303 AktG) mit ihrer Insolvenzquote befriedigt, geht die Forderung auf die herrschende Gesellschaft über (Rechtsanalogie zu §§ 774 Abs. 1, 1164 Abs. 1, 1225 S. 1 BGB).[345] Der Gläubiger kann den restlichen Teil der Forderung weiterhin von der Tochtergesellschaft fordern. Hinsichtlich des anderen Teils tritt die herrschende Gesellschaft in die Position des Gläubigers und hat nun einen Anspruch gegen die abhängige Gesellschaft.[346] An der Höhe des Verlustausgleichsanspruch

342 Hölters/*Deilmann* AktG, § 303 Rn. 15; *Klöckner* ZIP 2011, 1454, 1459.
343 OLG Frankfurt a. M., Urt. v. 16.02.2000, Az. 19 U 226/98, NZG 2000, 933, 934.
344 Hölters/*Deilmann* AktG, § 303 Rn. 15.
345 MüKoAktG/*Altmeppen*, § 303 Rn. 56; *Klöckner* ZIP 2011, 1454, 1459.
346 *Klöckner* ZIP 2011, 1454, 1459.

ändert sich wegen der gleichbleibenden Höhe der Verbindlichkeiten der Tochtergesellschaft nichts.

Vergleicht man die Werthaltigkeit der Forderungen der Gläubiger (i. S. d. 320
§ 303 AktG) bei Geltendmachung ihres Zahlungsanspruchs gegen die Muttergesellschaft mit der Nichtgeltendmachung, dann muss denklogisch in jeder Situation die Werthaltigkeit der Forderungen bei Geltendmachung höher sein als bei Nichtgeltendmachung – außer bei einer Insolvenzquote der Muttergesellschaft von genau 0 %. Denn bei der Geltendmachung des Anspruchs aus § 303 AktG bekommt der Gläubiger (i. S. v. § 303 AktG) unmittelbar die Insolvenzquote der Muttergesellschaft, während bei der Nichtgeltendmachung die Werthaltigkeit der Forderung nur von der Insolvenzquote der Tochtergesellschaft abhängt. Auf den dort mitunter maßgeblichen Verlustausgleichsanspruch erhält die Tochtergesellschaft auch nur die Insolvenzquote der Muttergesellschaft und diese Masse wird daraufhin noch durch alle Gläubiger der Tochtergesellschaft geteilt, so auch mit Altschuldnern, mit Gläubigern, die keine i. S. v. § 303 AktG sind oder aber mit Gläubigern i. S. v. § 303 AktG, die ihren Anspruch aus irgendwelchen Gründen nicht geltend gemacht haben.

Selbst in dem Extremfall, dass die Muttergesellschaft eine niedrige Insolvenz- 321
quote hat, muss der Gläubiger bei Geltendmachung des Zahlungsanspruchs das Erhaltene nicht mit anderen Gläubigern der Tochtergesellschaft teilen. Im Falle des Verzichts jedoch schon.

Am größten ist der Unterschied zwischen Geltendmachung und nicht Gel- 322
tendmachung, wenn die herrschende Gesellschaft eine hohe, die abhängige Gesellschaft eine niedrige sonstige Insolvenzquote hat und die Tochtergesellschaft noch mit hohen Altschulden belastet ist.

4. Mehrstufiger Konzern

Bisher wurde nur der zweistufige Vertragskonzern beleuchtet. In der Konzern- 323
realität sind aber häufig mehrstufige Konzerne anzutreffen, weshalb sich in diesen Konstellationen die Frage stellt, ob die Gläubiger einer Enkelgesellschaft (oder Urenkelgesellschaft etc.) auch einen Anspruch auf Sicherheitsleistung bzw. einen Zahlungsanspruch gegen die Konzernmutter bei Doppelinsolvenz (die Tochtergesellschaft ist demnach auch insolvent) nach § 303 AktG (analog) haben. Behandelt wird allein der mehrstufige Vertragskonzern, demnach Konzernkonstellationen mit hintereinander geschalteten Beherrschungsverträgen, nämlich zwischen Mutter- und Tochtergesellschaft und zwischen Tochter- und Enkelgesellschaft. In der Literatur ist diese Frage umstritten.

a) Meinungsstand

aa) Gläubiger der Enkelgesellschaft kann auf Muttergesellschaft nicht zugreifen

324 Die herrschende Meinung geht davon aus, dass Anspruchsgegner aus § 303 AktG nur die herrschende Gesellschaft des Vertragsverhältnisses sein könne.[347] Demnach hätten die Gläubiger (i. S. d. § 303 AktG) der Enkelgesellschaft keinen Anspruch auf Sicherheitsleistung gegen die Muttergesellschaft.

325 Ausnahmsweise soll doch eine derartige Pflicht bestehen, wenn vor Beendigung des Beherrschungsvertrages zwischen Mutter- und Tochtergesellschaft der Beherrschungsvertrag zwischen Tochter- und Enkelgesellschaft beendet wird („Beendigung von unten nach oben"). Eine solche Konstellation soll wegen der streng formalisierten Stichtagsregelungen möglich sein. Dann hätten die Gläubiger (i. S. d. § 303 AktG) der Enkelgesellschaft einen Zahlungsanspruch gegen die Tochtergesellschaft und würden bei Geltendmachung zu den Gläubigern der Tochtergesellschaft zählen, die bei Insolvenzeröffnung der Tochtergesellschaft wiederum einen Zahlungsanspruch gegen die Muttergesellschaft geltend machen könnten.

bb) Gläubiger der Enkelgesellschaft kann auf Muttergesellschaft zugreifen

326 Die – soweit ersichtlich – nur von *Leinekugel/Winstel* vertretene Ansicht sieht die Ausnahme der herrschenden Meinung („die Beendigung von unten nach oben") als Selbstverständlichkeit an.[348]

327 Sie befürworten jedoch auch einen unmittelbaren Zahlungsanspruch der Gläubiger (i. S. d. § 303 AktG) der Enkelgesellschaft gegen die Muttergesellschaft bei einer Beendigung von „oben nach unten", § 303 Abs. 1 AktG analog. Dies soll sich daraus ergeben, dass der Gläubiger in diesem Fall wesentlich schlechter stünde, als im Fall der Beendigung von „unten nach oben", weil hier die Gläubiger der Enkelgesellschaft nur einen zusätzlichen Schuldner hätten.

---

347 MüKoAktG/*Altmeppen*, § 303 Rn. 37; Hölters/*Deilmann* AktG, § 303 Rn. 4; Emmerich/Habersack/*Emmerich* AktG, § 303 Rn. 4; *Görling* Konzernhaftung, S. 145; GroßKommAktG/*Hirte*, § 303 Rn. 25; Hüffer/Koch/*Koch* AktG, § 303 Rn. 2; KölnKommAktG/*Koppensteiner*, § 303 Rn. 7; MHdB-AG/*Krieger*, § 71 Rn. 224; MüKoGmbHG/*Liebscher*, Anh. § 13 Rn. 908; Bürgers/Körber/*Schenk* AktG, § 303 Rn. 18; K. Schmidt/Lutter/*Stephan* AktG, § 303 Rn. 18; *Zenner/Raapke* NZG 2018, 681, 683.

348 *Leinekugel/Winstel* AG 2012, 389, 393 ff.

b) Stellungnahme

Der herrschenden Meinung ist zu folgen: Die Gläubiger (i. S. d. § 303 AktG) der insolventen Enkelgesellschaft haben grundsätzlich keinen unmittelbaren Zahlungsanspruch gegen die Muttergesellschaft. Im Einzelnen: 328

aa) Beendigung von „unten nach oben"

Die von der herrschenden Meinung gemachte Ausnahme bei der Beendigung von „unten nach oben" ist konsequent. Denn diese „Ausnahme" – die in Wahrheit gar keine solche darstellt – ist vom Wortlaut des § 303 Abs. 1 AktG erfasst. 329

Wenn über das Vermögen der Enkelgesellschaft vor Eröffnung des Insolvenzverfahrens über das Vermögen der Tochtergesellschaft das Insolvenzverfahren eröffnet wird, ergibt sich die Pflicht zur Sicherheitsleistung der Muttergesellschaft aus der einfachen Gesetzesanwendung. Dann hat nämlich der Gläubiger der Enkelgesellschaft einen unmittelbaren Zahlungsanspruch gegen die Tochtergesellschaft und gehört bei Geltendmachung zu deren Gläubigern. Wird erst danach das Insolvenzverfahren über das Vermögen der Tochtergesellschaft eröffnet, haben die Gläubiger der Tochtergesellschaft – wozu auch der Gläubiger (i. S. d. § 303 AktG) der Enkelgesellschaft gehört, wenn er seinen Anspruch geltend gemacht hat – einen unmittelbaren Zahlungsanspruch gegen die Muttergesellschaft. 330

bb) Beendigung von „oben nach unten"

Nicht vom Wortlaut erfasst ist die Beendigung „von oben nach unten". Überlegenswert ist eine analoge Anwendung des § 303 Abs. 1 AktG in Anbetracht des geltend gemachten Arguments, dass die Gläubiger (i. S. d. § 303 AktG) der Enkelgesellschaft in dieser Konstellation schlechter stünden als bei der Beendigung von „unten nach oben", weil diese hier neben der Enkelgesellschaft nur eine Schuldnerin (sc. die Tochtergesellschaft) hätten. 331

Neben den in der Literatur geltend gemachten Praktikabilitätserwägungen, dass eine solche Anwendung von § 303 AktG zu einer Uferlosigkeit der Haftung führt[349], ist auch eine Analogie – unabhängig vom Vorliegen einer planwidrigen Regelungslücke – mangels vergleichbarer Interessenlage nicht rechtfertigbar. 332

Wie bereits dargestellt[350], schützt § 303 AktG das Vertrauen der Gläubiger in den Bestand des Verlustausgleichsanspruchs, welches zum Zeitpunkt des 333

---

349 MüKoAktG/*Altmeppen*, § 303 Rn. 37; Hüffer/Koch/*Koch* AktG, § 303 Rn. 2.
350 Siehe Rn. 104.

Vorliegens aller erforderlichen Tatsachen zur Entstehung des Anspruchs[351] bestand, über die Beendigung des Beherrschungsvertrages hinaus. Da kein Verlustausgleichsanspruch zwischen der Enkel- und der Muttergesellschaft besteht, verbietet sich schon daher ein Anspruch der Gläubiger (i. S. v. § 303 AktG) der Enkelgesellschaft gegen die Muttergesellschaft auf unmittelbare Zahlung.[352]

5. Zwischenergebnis

334 Abweichend von dem am Anfang dieses Kapitels vorgestellten Grundsatzes der Haftung[353], besteht im Vertragskonzern die Besonderheit, dass die Konzernmutter auch für Verbindlichkeiten der Gläubiger der Tochtergesellschaft haftet:

335 Für alle Gläubiger der Tochtergesellschaft, unabhängig davon ob sie sog. Altschuldner oder Gläubiger i. S. v. oder nicht i. S. v. § 303 AktG sind, ergibt sich eine mittelbare Haftung aus dem Verlustausgleichsanspruch aus § 302 Abs. 1 AktG.

336 Für die Gruppe der Gläubiger der Tochtergesellschaft i. S. v. § 303 AktG ergibt sich die Besonderheit, dass diese neben ihrem Anspruch gegen die Tochtergesellschaft auch einen unmittelbaren Zahlungsanspruch gegen die Muttergesellschaft haben. Die Untersuchung hat gezeigt, dass, außer im Fall der absoluten Vermögenslosigkeit der Muttergesellschaft, die Geltendmachung des Anspruchs aus § 303 AktG in jedem Fall zu einer höheren Befriedigungsquote der Gläubiger (i. S. d. § 303 AktG) führt.

337 Im mehrstufigen Konzern haben die Gläubiger der Enkelgesellschaft im Fall der „doppelten Doppelinsolvenz" grundsätzlich keinen direkten Zahlungsanspruch gegen die Muttergesellschaft.

III. Organträger als Schuldner der Konzerngläubiger

338 Bei einer „Konzerninsolvenz" wird in letzter Zeit vermehrt der Versuch unternommen, den jeweiligen Organträgern eine Pflichtverletzung nachzuweisen. Damit intendieren die Insolvenzverwalter die Vergrößerung der Insolvenzmasse und in deren Folge die Erhöhung der Insolvenzquote. Es hat sich herausgestellt, dass die Anspruchsgeltendmachung gegen den Organträger hierfür zumeist nur

351 Ausführlich: MüKoAktG/*Altmeppen*, § 303 Rn. 16 m. w. N.

352 MüKoAktG/*Altmeppen*, § 303 Rn. 37, im Ergebnis auch: Hölters/*Deilmann* AktG, § 303 Rn. 4; Emmerich/Habersack/*Emmerich* AktG, § 303 Rn. 4; MHdB-AG/*Krieger*, § 71 Rn. 224; Spindler/Stilz/*Veil* AktG, § 303 Rn. 7.

353 Siehe Rn. 222.

ein Zwischenschritt ist, weil man an die solventere *Directors-and-Officers*-Versicherung (kurz: D&O-Versicherung) herantreten möchte.

Die Suche nach haftungsbegründenden Pflichtverletzungen in Krise und Insolvenz ist ein Fass ohne Boden, weil es vielerlei denkbare Pflichtverstöße gibt, die im Vorfeld und während einer Insolvenz begangen werden können. Die folgende Untersuchung beschränkt sich auf die Konstellation der vorinsolvenzlichen Weiterpraktizierung des Beherrschungsvertrags bei gleichzeitig mangelnder Vollwertigkeit des Verlustausgleichsanspruchs. **339**

Was genau mit dieser Fallgestaltung gemeint ist, wird zunächst durch einen Beispielsfall veranschaulicht (Rn. 341 ff.). Zur Klärung der Haftungsfrage ist dieser sodann darauf zu untersuchen, welche Handlungen haftungsbegründend sein könnten (Rn. 346 f.). Nachdem die möglichen Haftungsanknüpfungspunkte herausgearbeitet wurden, wird die für diesen Abschnitt geltende These aufgestellt (Rn. 348 f.). Noch bevor die These einer näheren Untersuchung unterzogen wird, werden die zur Überprüfung der These nötigen Grundlagen der Managerhaftung dargestellt (Rn. 350 ff.), um so den Grundstein für die richtige Interpretation der konzernrechtlichen Haftungsnormen zu legen (Rn. 371 ff.). **340**

1. Veranschaulichung der Fallgestaltung

a) Exemplifizierung

Geht es um die Haftung der Organwalter, wenn sie den Beherrschungsvertrag trotz mangelnder Vollwertigkeit des Verlustausgleichsanspruchs weiterpraktizieren, ist hiermit folgende Konstellation gemeint: **341**

Die M-AG, welche zu 80 % an der T-AG beteiligt ist, schließt mit dieser einen wirksamen Beherrschungsvertrag. Am 15. Juli ist der Verlustausgleichsanspruch der T-AG nicht mehr vollwertig. **342**

a) Am 20. Juli erteilt V, der Vorstandsvorsitzende der M-AG, dem G, Vorstandsvorsitzender der T-AG, die Weisung, er solle die Produktion eines lukrativen Produkts zugunsten des Konzerns einstellen. Indem der G die Weisung befolgt, entsteht der abhängigen Gesellschaft ein Millionenverlust. **343**

b) Infolge einer vor Jahren getroffenen Weisung hat die T-AG einen Teil ihrer Lagerbestände für einen täglichen Betrag von 500 € bei der Muttergesellschaft gelagert, obwohl sie eigene Lagerkapazitäten hat. Der Vorstand der Tochtergesellschaft hätte die Lagerbestände am 16. Juli in das eigene Lager bringen lassen, wenn er gewusst hätte, dass kein Weisungsrecht mehr besteht. **344**

Vorstand und Aufsichtsrat sowohl der herrschenden, als auch der abhängigen Gesellschaft fragen sich, ob sie für die Schäden haften müssen. **345**

b) Die möglichen Pflichtverletzungen

346 Bei Analyse der ersten Fallgestaltung werden zwei Handlungen deutlich sichtbar: die Weisungserteilung des Vorstands der herrschenden Gesellschaft und die Weisungsbefolgung des Vorstands der abhängigen Gesellschaft. Konsequenterweise ist dann darüber nachzudenken, ob sich die beiden Aufsichtsräte insofern haftbar gemacht haben, als sie die Vorstände nicht ordnungsgemäß überwacht haben.

347 Während bei der ersten Variante die Handlungen noch deutlich sichtbar hervorgingen, ist bei der zweiten Fallgestaltung genauer hinzusehen: Haftungsbegründend kann in diesem Fall die Weisungserteilung und -befolgung nicht gewesen sein, weil zum damaligen Zeitpunkt der Verlustausgleichsanspruch noch vollwertig war. Deshalb kommt lediglich eine Haftung durch Unterlassen in Betracht. Möglich erscheint, dass der Vorstand der herrschenden Gesellschaft den Vorstand der abhängigen Gesellschaft über die mangelnde Solvenz hätte warnen müssen. Umgekehrt könnte sich aber auch der Vorstand der abhängigen Gesellschaft haftbar gemacht haben, weil er die mangelnde Solvenz am 15. Juli nicht erkannte. Auch hier ist dann wieder konsequenterweise über die Haftung der beiden Aufsichtsräte wegen mangelnder Überwachung der Vorstände nachzudenken.[354]

2. These

348 Es soll bewiesen werden, dass der Vorstand der herrschenden Gesellschaft sowohl seiner Anstellungskörperschaft als auch der abhängigen Gesellschaft für Schäden infolge von Weisungen, die ab dem Zeitpunkt der mangelnden Vollwertigkeit des Verlustausgleichsanspruchs erteilt werden, haftbar gemacht werden kann. Weitergehend haftet der Vorstand der herrschenden Gesellschaft beiden Gesellschaften, wenn er die abhängige Gesellschaft nicht über die mangelnde Solvenz aufklärt. Der Aufsichtsrat der herrschenden Gesellschaft haftet für Schäden infolge einer mangelnden Überwachung des Vorstands hingegen grundsätzlich nur seiner Anstellungskörperschaft.

349 Der Vorstand der abhängigen Gesellschaft kann in der zu untersuchenden Konstellationen in der Regel nicht zur Verantwortung gezogen werden. Dasselbe gilt für den Aufsichtsrat der abhängigen Gesellschaft.

---

354 Diese Haftungsanknüpfungspunkte können (selbstverständlich) auch bei der ersten Fallgestaltung angedacht werden.

3. Grundlagen der Managerhaftung

Bevor die These einer näheren Untersuchung unterzogen wird, sind zunächst die Grundlagen der Managerhaftung darzustellen, sofern sie für die Überprüfung der These notwendig sind. Das betrifft zum einen die Leitungsaufgabe des Vorstands und zum anderen die Überwachungsaufgabe des Aufsichtsrats. Herausgearbeitet werden die Unterschiede zwischen den Aufgaben des Vorstands und Aufsichtsrats in einer unabhängigen Aktiengesellschaft im Vergleich zu den Aufgaben der Organwalter in einem Vertragskonzern. **350**

a) Vorstand

aa) Die Leitungsaufgabe des Vorstandes einer unabhängigen AG

Der Vorstand hat gem. § 76 Abs. 1 AktG die von der Gesellschaft getragene Unternehmung in eigener Verantwortung zu leiten.[355] Dem Vorstand wird damit die ausschließliche Führungsrolle in der Gesellschaft übertragen, wobei er dabei an keinerlei Weisungen gebunden ist. **351**

Bei seiner Leitung hat der Vorstand sich nicht nur an Recht und Gesetz (sog. Legalitätspflicht), sondern daneben auch an die Gesellschaftssatzung zu halten.[356] Hinsichtlich der Geschäftsleitung ergibt sich aus Letzterem die Folge, dass der Vorstand sich an den in der Satzung festzusetzenden Unternehmensgegenstand (§ 23 Abs. 3 Nr. 2 AktG) und das Gesellschaftsziel zu halten hat, wobei das Gesellschaftsziel bei mangelnder abweichender Regelung in der Gewinnerzielung liegt.[357] **352**

Damit sind der Unternehmensgegenstand und das Gesellschaftsziel die maßgebende Richtschnur des Vorstands. Gibt die Satzung eine Handlung vor, so hat der Vorstand diese umzusetzen. Nur soweit die Satzung keine präzise Handlung vorgibt und es unternehmerische Entscheidungen zu treffen gilt, für die es mehrere von der Satzung gedeckte Lösungsmöglichkeiten gibt, eröffnet sich dem Vorstand ein Entscheidungsspielraum, den er nach pflichtgemäßem Ermessen auszuüben hat (§ 93 Abs. 1 S. 1 AktG).[358] **353**

---

355 *Henze* BB 2000, 209, 209; *Ihrig/Schäfer* Vorstand, Rn. 5; Hüffer/Koch/*Koch* AktG, § 76 Rn. 10.

356 *F. Kübler/Assmann* GesR, § 15 III 4 a) (S. 205); Grigoleit/*Vedder* AktG, § 76 Rn. 10 ff.; Hölters/*Weber* AktG, § 76 Rn. 24 f.

357 Grigoleit/*Vedder* AktG, § 76 Rn. 14.

358 *F. Kübler/Assmann* GesR, § 15 III 4 a) (S. 205).

354 Was unter pflichtgemäßem Ermessen zu verstehen ist, lässt sich aus einer Gesamtschau der allgemeinen Managerhaftungstatbestände im AktG und GmbHG (§ 93 AktG, §§ 116 i. V. m. 93 AktG und § 43 GmbHG, §§ 52 GmbHG i. V. m. 116 AktG) ableiten. Dort wiederholt sich nämlich immer der gesetzgeberische Kompromiss zweier konfligierender Interessen:

355 Die Aktionäre/Gesellschafter erhoffen sich vom Manager, dass dieser, der – nur metaphorisch gesehen[359] – Treuhänder fremden Vermögens ist, das ihm anvertraute Vermögen verwaltet und mehrt.[360] Der Manager hat – unabhängig von seinen Gründen, warum er Manager eines Unternehmens ist – das Interesse, nicht in die Haftung zu geraten.

356 Der Manager befindet sich wegen der unterschiedlichen Anforderungen an seine Person in einem Interessenkonflikt. Die Aktionäre/Gesellschafter erhoffen sich vom Manager zum einen, dass dieser auf das ihm anvertraute Vermögen Acht gibt und hier eine erhöhte Sorgfalt beachtet.[361] Zum anderen soll er aber auch das fremde Vermögen mehren. Welches Interesse überwiegt oder dem anderen nachsteht, oder ob dies situationsbedingt variiert, ist bis hierhin völlig unklar. Den Aktionären/Gesellschaftern ist nämlich einerseits nicht damit gedient, wenn der Manager aus Angst vor der persönlichen Haftung lediglich das Vermögen höchst-konservativ verwaltet und in dessen Folge der Wert der Gesellschaft stagniert (Inflation). Andererseits ist ihnen auch nicht damit gedient, wenn der Manager hoch riskante unternehmerische Entscheidungen trifft, die zwar potentiell zu einer Vervielfachung des Vermögens führen könnten, zugleich aber auch zum Totalverlust.

357 Der Gesetzgeber löst diesen Konflikt auf, indem er schädigende unternehmerische Entscheidungen des Managers nicht als Pflichtverletzung klassifiziert, soweit der Manager auf der Grundlage angemessener Informationen annehmen durfte, zum Wohle der Gesellschaft zu handeln (sog. *Business Judgement Rule*[362]). Der BGH fasst den Interessenkonflikt anschaulich in seinem ARAG/Garmenbeck-Urteil[363] zusammen:

---

359 *Dubovitskaya* NZG 2015, 983; **a. A.:** Krieger/U. Schneider/*Lutter* Managerhaftung-HdB, Rn. 1.1.

360 *F. Kübler/Assmann* GesR, § 15 III 5 a) (S. 208).

361 So schon: RG, Urt. v. 03.11.1906, Az. Rep. I. 125/06, RGZ 64, 254, 257.

362 Vertiefend: *Bachmann* FS Stilz, S. 25.

363 BGH, Urt. v. 21.04.1997, Az. II ZR 175/95, BGHZ 135, 244, 253 = NJW 1997, 1926, 1927; zust.: OLG Frankfurt, Urt. v. 12.12.2007, Az. 17 U 111/07, AG 2008, 453, 454; OLG Hamm, Beschl. v. 29.06.2010, Az. 15 Wx 312/09, NZG 2011, 1232, 1233.

„[...] daß dem Vorstand bei der Leitung der Geschäfte des Gesellschaftsunternehmens ein weiter Handlungsspielraum zugebilligt werden muß, ohne den eine unternehmerische Tätigkeit schlechterdings nicht denkbar ist. Dazu gehört neben dem bewußten Eingehen geschäftlicher Risiken grundsätzlich auch die Gefahr von Fehlbeurteilungen und Fehleinschätzungen, der jeder Unternehmensleiter, mag er auch noch so verantwortungsbewußt handeln, ausgesetzt ist."

bb) Die Leitungsaufgabe des Vorstandes bei Vorliegen eines Beherrschungsvertrags

Mit Abschluss eines Beherrschungsvertrages erwirbt das herrschende Unternehmen das Recht, dem Vorstand der abhängigen Gesellschaft verbindliche Weisungen zur Leitung der Gesellschaft zu erteilen (§ 308 Abs. 1 S. 1, Abs. 2 S. 1 AktG). Diese Weisungen können für die abhängige Gesellschaft auch nachteilig sein (§ 308 Abs. 1 S. 2 AktG).[364] **358**

Wird keine Weisung erteilt, bleibt es dabei, dass der Vorstand der abhängigen Gesellschaft weiterhin die Leitungsmacht über die Gesellschaft ausübt, wobei er sich bei Ausübung der Leitungsmacht an den Interessen der Einzelgesellschaft zu orientieren hat.[365] Sofern jedoch eine Weisung erteilt wird, sind die Interessen der abhängigen Gesellschaft nicht weiter zu beachten. Das hat auch der Vorstand der abhängigen Gesellschaft zu akzeptieren und sich den Weisungen der herrschenden Gesellschaft zu unterwerfen. Dem Vorstand der abhängigen Gesellschaft bleibt lediglich noch die Prüfung der Rechtmäßigkeit der Weisung[366] und, sofern diese rechtmäßig, aber nachteilig ist, die Prüfung, ob die Weisung offensichtlich nicht dem Konzerninteresse dient. **359**

Hieraus ergibt sich, dass der Vorstand der abhängigen Gesellschaft bei seiner Leitung stets die Sorgfalt eines ordentlichen und gewissenhaften Geschäftsleiters anzuwenden hat, im Fall einer Weisung jedoch nur in Bezug auf die Prüfung der Rechtmäßigkeit der Weisung und auf den Ausführungsakt. Um keinen „sorgfaltsfreien Raum" entstehen zu lassen, hat der Vorstand der herrschenden **360**

---

364 Vertiefend: Rn. 90 ff.

365 *Kropff* Textausgabe AktG 1965, S. 403; Fleischer/*Fleischer* HdB-Vorstandsrecht, § 18 Rn. 100; *Ihrig/Schäfer* Vorstand, Rn. 1402; Hüffer/Koch/*Koch* AktG, § 308 Rn. 20; KölnKommAktG/*Koppensteiner*, § 308 Rn. 71; MHdB-AG/*Krieger*, § 71 Rn. 161; *Sina* AG 1991, 1, 8.

366 *Ihrig/Schäfer* Vorstand, Rn. 1404; bei der Prüfung der Rechtmäßigkeit der Weisung ist die Satzung der beherrschten Gesellschaft nicht zu berücksichtigen, vgl.: *Rowedder* FS Duden, S. 501, 504; **a. A.:** OLG Düsseldorf, Beschl. v. 07.06.1990, Az. 19 W 13/86, AG 1990, 490, 492.

Gesellschaft im Falle der Weisungserteilung, also beim Entstehungsakt, die Sorgfalt eines ordentlichen und gewissenhaften Geschäftsleiters anzuwenden, was der Gesetzgeber auch konsequenterweise in § 309 Abs. 1 AktG zum Ausdruck gebracht hat.

b) Aufsichtsrat

aa) Überwachungspflichten des Aufsichtsrats einer unabhängigen AG

361 Ausgangspunkt für die Überwachungspflicht des Aufsichtsrats ist die Regelung des § 111 Abs. 1 AktG. Demnach hat der Aufsichtsrat die Geschäftsführung des Vorstandes zu überwachen. Was genau unter Geschäftsführung zu verstehen ist, kann nicht klar und deutlich definiert werden, da es in vielerlei Hinsicht auf die Besonderheiten des zu überwachenden Unternehmens ankommt. Es haben sich jedoch mittlerweile in der Literatur Oberbegriffe herausgebildet, unter welche die präzisen Geschäftsführungsaufgaben subsumierbar sind. Dazu gehören die Zielsetzung des Unternehmens, die Festlegung der Unternehmenspolitik und -strategie, die Unternehmensplanung, die Finanzierung, die Organisation sowie die Besetzung und Kontrolle der Führungspositionen.[367]

362 Unter die Überwachungsaufgabe fällt insbesondere die Pflicht, die Geschäftsführung des Vorstands auf Fehler zu kontrollieren.[368]

363 Bei der Kontrolle von Fehlern hat der Aufsichtsrat insbesondere zu prüfen, ob sich der Vorstand bei Erfüllung seiner Geschäftsführung rechtmäßig verhält bzw. verhalten hat.[369] Hierzu gehören nicht nur die Regelungen des Aktiengesetzes und der Gesellschaftssatzung, sondern gleichfalls alle anderen an Wirtschaftsunternehmen und ihre Repräsentanten gerichteten Normen.[370] Zur Überwachung des Vorstands stellt das AktG dem Aufsichtsrat vielfältige Mittel zur Verfügung. Zum einen wird er durch die regelmäßigen Berichte des Vorstands (§ 90 Abs. 1 AktG) auf dem Laufenden gehalten. Reicht das dem Aufsichtsrat nicht, hat er zusätzlich noch die Möglichkeit, einen Sonderbericht anzufordern (§ 90 Abs. 3 AktG). Zum anderen hat er ein unmittelbares Einsichts- und Prüfungsrecht in die Unterlagen der Gesellschaft (§ 111 Abs. 2 AktG).

---

367 *Lutter/Krieger/Verse* Aufsichtsrat, Rn. 63.

368 *Lutter/Krieger/Verse* Aufsichtsrat, Rn. 62.

369 BGH, Urt. v. 16.03.2009, Az. II ZR 280/07 = ZIP 2009, 860, 861; BGH, Urt. v. 20.09.2010, Az. II ZR 78/09, BGHZ 187, 60, 62 = NJW 2011, 221, 222; OLG Karlsruhe, Urt. v. 04.09.2008, Az. 4 U 26/06 = WM 2009, 1147, 1149; *Lutter/Krieger/Verse* Aufsichtsrat, Rn. 74.

370 *Lutter/Krieger/Verse* Aufsichtsrat, Rn. 74.

Zuletzt stellt sich noch die Frage, in welcher Regelmäßigkeit und wie sorgfältig der Aufsichtsrat den Vorstand zu überwachen hat. Die herrschende Meinung macht das von der wirtschaftlichen Lage der Gesellschaft abhängig.[371] 364

Welche genauen Maßstäbe in den einzelnen Situationen anzulegen sind, hat sich bisher noch nicht herauskristallisiert. Doch das Gesetz geht zumindest bei der sich nicht in der Krise befindlichen Gesellschaft davon aus, dass schon dann eine ordnungsgemäße Überwachung möglich sein kann, wenn sich der Aufsichtsrat vier Mal im Jahr zu Aufsichtsratssitzungen trifft (§ 110 Abs. 3 AktG).[372] Dies lässt den Schluss zu, dass sich die Überwachungspflicht nur auf die wesentlichen Fragen der Geschäftsleitung beschränkt. Hierunter werden zumindest alle Geschäftsleitungsmaßnahmen zu verstehen sein, die für die Vermögens-, Ertrags- und Finanzlage der „eigenen" Gesellschaft von Bedeutung sind.[373] 365

Während also bei üblichem Verlauf der Geschäfte nur eine „begleitende Überwachung" vom Aufsichtsrat gefordert wird[374], erhöht sich im Falle einer Krise die Kontrollpflicht. In einer solchen Situation wird vom Aufsichtsrat ein Höchstmaß an Kontrolldichte und Kontrollintensität gefordert.[375] 366

bb) Überwachungspflichten des Aufsichtsrats bei Vorliegen eines Beherrschungsvertrags

Durch den Abschluss eines Beherrschungsvertrages ändert sich nichts an der Aufgabe des Aufsichtsrats, die Geschäftsleitung des Vorstands zu überwachen. Allerdings ergeben sich insbesondere Änderungen hinsichtlich der Reichweite der Überwachung. 367

---

371 *Drygala/Staake/Szalai* KapGesR, § 21 Rn. 120; K. Schmidt/Lutter/*Drygala* AktG, § 111 Rn. 22; GroßKommAktG/*Hopt/Roth*, § 111 Rn. 303; Hüffer/Koch/*Koch* AktG, § 111 Rn. 15; *Lutter/Krieger/Verse* Aufsichtsrat, Rn. 92; *Löbbe* Unternehmenskontrolle, S. 253 f.; vgl.: OLG Stuttgart, Beschl. v. 19.06.2012, Az. 20 W 1/12, AG 2012, 762, 764; **a. A.:** *Claussen*/Semler AG 1984, 20, 21.

372 *Lenz* AG 1997, 448, 451.

373 *Hommelhoff* ZGR 1996, 144, 151 f.

374 *Lutter/Krieger/Verse* Aufsichtsrat, Rn. 93.

375 BGH, Urt. v. 15.10.1996, Az. VI ZR 319/95, BGHZ 133, 370, 379 = NJW 1997, 130, 132; OLG Stuttgart, Beschl. v. 19.06.2012, Az. 20 W 1/12, WM 2012, 2004, 2010; K. Schmidt/Lutter/*Drygala* AktG, § 111 Rn. 25; *Hasselbach* NZG 2012, 41; *Kindl* GesR, § 33 Rn. 11; *Löbbe* Unternehmenskontrolle, S. 253 f.; *Lutter/Krieger/Verse* Aufsichtsrat, Rn. 96; Patzina/Bank/Schimmer/Simon-Widmann/*Patzina* Haftung, § 7 Rn. 19; *T. Raiser/Veil* KapGesR, § 15 Rn. 3; *Steinbeck* Überwachungspflicht, S. 92 ff.; *Thümmel* BB 2002, 1105, 1106.

368 Mit Abschluss eines Beherrschungsvertrages wird die abhängige Gesellschaft unter die Leitung der herrschenden Gesellschaft gestellt (§ 18 Abs. 1 S. 1 AktG), deren Leitungsaufgabe wiederum vom Vorstand der herrschenden Gesellschaft wahrgenommen wird. Damit wird im ersten Schritt die Reichweite der Leitungsaufgabe des Vorstandes erweitert[376], was im zweiten Schritt konsequenterweise zu einer Erweiterung der Überwachungspflicht des Aufsichtsrats der herrschenden Gesellschaft führt.[377] Eine Änderung der Stellung des Aufsichtsrats der herrschenden Gesellschaft geht damit aber nicht einher. Er ist trotz der Erweiterung der Leitungsaufgabe des Vorstandes weiterhin nur seiner Anstellungskörperschaft verpflichtet. Eine Rechtfertigung, den Aufsichtsrat der herrschenden Gesellschaft in einen „Konzernaufsichtsrat" umzufunktionieren, demnach ein Organ des Konzerns zu werden, findet sich im Gesetz nicht.[378] Das gilt selbst dann, wenn der Aufsichtsrat der herrschenden Gesellschaft der Weisung des Vorstands der herrschenden Gesellschaft zustimmen musste (§§ 111 Abs. 4 S. 2, 308 Abs. 3 S. 2 Hs. 2 AktG), weil auch die Zustimmung lediglich ein Instrument des Aufsichtsrates zur Überwachung des Vorstands der herrschenden Gesellschaft im Interesse der Anstellungskörperschaft ist.[379]

369 In Bezug auf die Intensität und Regelmäßigkeit der Prüfung ergeben sich keine Unterschiede zur unabhängigen Aktiengesellschaft. Nur die wesentlichen Fragen der Geschäftsleitung sind zu überwachen, wobei wegen der Verlustausgleichspflicht der herrschenden Gesellschaft (§ 302 Abs. 1 AktG) auch die Weisungen überprüft werden müssen, sofern sie für die Vermögens-, Finanz- und Ertragslage der herrschenden Gesellschaft von Bedeutung sind.

---

376 *Fischbach/Lüneborg* NZG 2015, 1142, 1149; *Henze* BB 2005, 165, 168; *Lenz* AG 1997, 448, 451; *Lutter* Information und Vertraulichkeit, Rn. 156; *Lutter* AG 2006, 517, 517; *Lutter/Krieger/Verse* Aufsichtsrat, Rn. 142; *Martens* ZHR 159 (1995), 567, 580; KölnKommAktG/*Mertens/Cahn*, § 111 Rn. 28; *Timm* AG 1980, 172, 181.

377 *Fischbach/Lüneborg* NZG 2015, 1142, 1149; *Götz* ZGR 1998, 524, 539; *Lenz* AG 1997, 448, 451; *Hoffmann-Becking* ZHR 159 (1995), 325, 331; *Hommelhoff* FS Stimpel, S. 603, 615; *Hommelhoff* ZGR 1996, 144, 150 f.; *Turner* DB 1991, 583, 583.

378 Vgl.: OLG Hamburg, Urt. v. 18.02.2000, Az. 11 U 213/98, AG 2001, 141, 144; *Altmeppen* ZIP 2013, 801, 809; *Fischbach/Lüneborg* NZG 2015, 1142, 1149; *Hoffmann-Becking* ZHR 159 (1995), 325, 331; *Holle* Legalitätskontrolle, S. 120 f.; *Hommelhoff* AG 1995, 225, 226; **a. A.:** *U. Schneider* BB 1981, 249, 252; *U. Schneider* FS Hadding, S. 621, 630.

379 MüKoAktG/*Altmeppen*, § 309 Rn. 18; Emmerich/Habersack/*Emmerich* AktG, § 309 Rn. 17; *Götz* ZGR 1990, 633, 646 ff.; *Kantzas* Weisungsrecht, S. 171; Hüffer/Koch/*Koch* AktG, § 309 Rn. 4; KölnKommAktG/*Koppensteiner*, § 309 Rn. 35; *Lenz* AG 1997, 448, 453; vgl.: *Ulmer* FS Stimpel, S. 705, 712; **a. A.:** *F. Fischer* Haftung der Verwaltung, S. 133 f.; GHEK/*Geßler* AktG, § 309 Rn. 15.

Für den Aufsichtsrat der Tochtergesellschaft ergibt sich für ihre Überwachungspflicht die Besonderheit, dass der zu kontrollierende Vorstand nicht mehr eigenverantwortlich die Leitung der Gesellschaft wahrnimmt. Dieser hat bei Vorliegen einer grundsätzlich verbindlichen Weisung (§ 308 Abs. 2 S. 1 AktG) lediglich noch die Pflicht zu prüfen, ob die Weisung rechtswidrig und damit nicht zu befolgen ist.[380] Insoweit ändern sich auch die Überwachungspflichten des Aufsichtsrats der abhängigen Gesellschaft. **370**

4. Die Haftung bei Weiterpraktizierung des Beherrschungsvertrages trotz mangelnder Vollwertigkeit des Verlustausgleichsanspruchs

Nachdem nun die Grundlagen aufgearbeitet wurden, stellt sich die Frage, wie sich die Organträger haftbar machen, wenn sie trotz mangelnder Vollwertigkeit des Verlustausgleichsanspruchs den Beherrschungsvertrag weiterpraktizieren. **371**

Die Untersuchung erfolgt anhand der aktienrechtlichen Anspruchsgrundlagen, wobei auf die Geltendmachung der Ansprüche mangels Besonderheiten für den Untersuchungsgegenstand nicht näher eingegangen wird. Dasselbe gilt für das in Organhaftungsfällen auch anzuwendende Deliktsrecht, insbesondere § 826 BGB, und die Haftung der Organträger aus dem Anstellungsvertrag. **372**

a) Die Haftung bei Weisungserteilung

Erteilt der Vorstand der herrschenden Gesellschaft trotz mangelnder Vollwertigkeit des Verlustausgleichsanspruchs eine Weisung an eine Tochtergesellschaft, die zum einen vom Vorstand dieser Gesellschaft befolgt wird und zum anderen einen Schaden verursacht, stellt sich die Frage, ob, gegebenenfalls unter welchen Voraussetzungen, und wem wer hierfür haftet. **373**

aa) Haftung des Vorstands der herrschenden AG

(1) Haftung gegenüber der Tochtergesellschaft

Geht es um die Haftung des Vorstands der herrschenden Gesellschaft gegenüber der Tochtergesellschaft, kommen zwei Anspruchsgrundlagen in Betracht. Das sind zum einen § 309 Abs. 2 S. 1 AktG und zum anderen § 117 Abs. 1 S. 1 AktG. **374**

380 *Hommelhoff* ZGR 1996, 144, 147; *Lutter/Krieger/Verse* Aufsichtsrat, Rn. 167; Potthoff/Trescher/*Theisen* Aufsichtsratsmitglied, Rn. 612.

(a) Haftung aus § 309 Abs. 2 S. 1 AktG

(aa) Weisungserteilung als Pflichtverletzung i. S. d. § 309 Abs. 2 S. 1 AktG

375 Für die Haftung aus § 309 Abs. 2 S. 1 AktG ist zuvörderst maßgeblich, ob die Weisung trotz mangelnder Vollwertigkeit des Verlustausgleichsanspruchs eine Pflichtverletzung i. S. d. § 309 Abs. 2 S. 1 AktG darstellt. Eine Weisung ist unabhängig davon, ob man die Doppelfunktion des § 309 Abs. 1 AktG, also als Verschuldensmaßstab und zusätzlich als Pflichtverletzung, anerkennt[381], pflichtwidrig, wenn die Schranken des Weisungsrechts nicht beachtet wurden.[382] Zu den Schranken des Weisungsrechts gehören insbesondere die Schranken aus dem Beherrschungsvertrag (§ 308 Abs. 1 S. 2 AktG).[383]

376 In den seltensten Fällen wird im Beherrschungsvertrag eine Klausel enthalten sein, nach der das Weisungsrecht im Falle eines nicht vollwertigen Verlustausgleichsanspruchs vorübergehend suspendiert ist. Allerdings bedarf es einer solchen Klausel auch gar nicht, weil diese Schranke jedem Beherrschungsvertrag immanent ist. Das ergibt sich aus dem bereits dargestellten System des Vertragskonzernrechts[384]: Die Eingriffsbefugnisse, insbesondere das Weisungsrecht, hängen davon ab, ob der Verlustausgleichsanspruch nach § 302 Abs. 1 AktG vollwertig ist. Sobald dieser nicht mehr vollwertig ist, ist das Weisungsrecht suspendiert. Dementsprechend widersprechen Weisungen, die trotz mangelnder Vollwertigkeit des Verlustausgleichsanspruchs erteilt werden, dem Beherrschungsvertrag und sind damit pflichtwidrig.[385]

---

381 **Dafür:** Emmerich/Habersack/*Emmerich* AktG, § 309 Rn. 29; *Emmerich* GS Sonnenschein, S. 651, 656 f.; Bürgers/Körber/*Fett* AktG, § 309 Rn. 15 f.; *F. Fischer* Haftung der Verwaltung, S. 50; GroßKommAktG/*Hirte*, § 309 Rn. 22; *Kantzas* Weisungsrecht, S. 166 f.; Hüffer/Koch/*Koch* AktG, § 309 Rn. 2, 14; K. Schmidt/Lutter/*Langenbucher* AktG, § 309 Rn. 5; Hölters/*Leuering*/*Goertz* AktG, § 309 Rn. 29; *Mertens* AcP 168 (1968), 225, 229 f.; Wachter/*Rothley* AktG, § 309 Rn. 7; *Schüler* Wissenszurechnung, S. 165; Spindler/Stilz/*Veil* AktG, § 309 Rn. 24; **dagegen:** MüKoAktG/*Altmeppen*, § 309 Rn. 71; KölnKommAktG/*Koppensteiner*, § 309 Rn. 11; *Koppensteiner* AG 1995, 95, 96.

382 MüKoAktG/*Altmeppen*, § 309 Rn. 49; Emmerich/Habersack/*Emmerich* AktG, § 309 Rn. 32; Fleischer/*Fleischer* HdB-Vorstandsrecht, § 18 Rn. 56; K. Schmidt/Lutter/*Langenbucher* AktG, § 309 Rn. 21; Hölters/*Leuering*/*Goertz* AktG, § 309 Rn. 32; Grigoleit/*Servatius* AktG, § 309 Rn. 4; Spindler/Stilz/*Veil* AktG, § 309 Rn. 24.

383 Siehe nur: Emmerich/Habersack/*Emmerich* AktG, § 309 Rn. 32.

384 Siehe Rn. 157.

385 Im Ergebnis auch: MüKoAktG/*Altmeppen*, § 309 Rn. 49.

(bb) Verschuldensmaßstab

Die Erteilung einer rechtswidrigen Weisung wird vom Vorstand verschuldet, wenn die Sorgfalt eines ordentlichen und gewissenhaften Geschäftsleiters nicht beachtet wurde (§ 309 Abs. 1 AktG). Unproblematisch sorgfaltswidrig handelt der Vorstand, wenn er von der mangelnden Vollwertigkeit des Verlustausgleichsanspruchs wusste (§ 276 Abs. 1 BGB). 377

Nicht viel schwieriger ist die Frage zu beurteilen, unter welchen Voraussetzungen der Vorstand fahrlässig von der mangelnden Vollwertigkeit des Verlustausgleichsanspruchs nicht wusste.[386] Oder plakativ: Wann wusste der Vorstand der herrschenden Gesellschaft einmal unter Beachtung der entsprechenden Sorgfalt nichts von der mangelnden Vollwertigkeit des Verlustausgleichsanspruchs? Ein solcher Fall ist nur schwer vorstellbar, verantwortet dieser doch im Verhältnis zu seiner Anstellungskörperschaft die Finanzplanung (§ 76 Abs. 1 AktG) und sollte deshalb immer über die finanzielle Situation der herrschenden Gesellschaft im Bilde sein.[387] Die Beachtung der Sorgfalt in einem solchen Fall wird wohl – wenn überhaupt – nur in Ausnahmefällen in Betracht kommen. Doch selbst bei diesen wird der Vorstand der herrschenden Gesellschaft regelmäßig haften müssen, weil ihm im Prozess die Beweislast für die Beachtung der erforderlichen Sorgfalt auferlegt ist (§ 309 Abs. 2 S. 2 AktG). 378

Der Vorstand kann sich bei Erteilung von rechtswidrigen Weisungen mangels Vorliegen einer unternehmerischen Entscheidung auch nicht auf die Haftungserleichterung der *Business Judgement Rule* (§ 93 Abs. 1 S. 2 AktG analog) berufen.[388] Diese soll ausweislich des RegE zum UMAG nur für Entscheidungen anwendbar sein, die infolge ihrer Zukunftsbezogenheit von Prognosen und nicht justiziablen Einschätzungen abhängen.[389] Zwar ist die Vollwertigkeit des Verlustausgleichsanspruchs zum Zeitpunkt der Weisungserteilung unsicher, weil weder abgeschätzt werden kann, welcher Schaden bei der abhängigen Gesellschaft entsteht, noch welche finanziellen Mittel die herrschende Gesellschaft zum Zeitpunkt des Fälligwerdens des Verlustausgleichsanspruchs haben wird. Allerdings handelt es sich trotz der bestehenden Unsicherheiten um eine 379

386 Vgl.: Patzina/Bank/Schimmer/Simon-Widmann/*Patzina* Haftung, § 12 Rn. 2; Grigoleit/*Servatius* AktG, § 309 Rn. 8.

387 *Altmeppen* ZIP 2013, 801, 808; *Altmeppen* NZG 2010, 361, 364; Roth/Altmeppen/*Altmeppen* GmbHG, Anh. § 13 Rn. 80; *Fleischer* DB 2005, 759, 764; *Götz* ZGR 1998, 524, 533.

388 A. A.: *Stephan* Der Konzern 2014, 1, 26.

389 BT-Drs. 15/5092, S. 11.

gebundene Entscheidung, für welche die *Business Judgement Rule* keine Anwendung finden soll.[390]

(cc) Kausaler Schaden

380 Entsteht der abhängigen Gesellschaft durch eine nachteilige rechtswidrige Weisung des Vorstands der herrschenden Gesellschaft ein Schaden, nehmen einige Stimmen in der Literatur – unabhängig vom vorliegenden Fall der mangelnden Vollwertigkeit des Verlustausgleichsanspruchs – an, dass dieser Schaden von der Verlustausgleichspflicht der herrschenden Gesellschaft kompensiert würde. Der bei der abhängigen Gesellschaft ursprünglich entstandene Schaden sei vielmehr nur ein Schaden der herrschenden Gesellschaft.[391] Die herrschende Meinung lehnt dies mit Hinweis auf den Sinn und Zweck des § 309 AktG ab, da dieser aus Präventionsgründen pflichtwidrige Weisungen unterbinden möchte.[392]

381 Dieses Problem bedarf aus einer anderen Sichtweise beleuchtet zu werden. Zunächst ist festzuhalten, dass neben dem Vorstand der herrschenden Gesellschaft zugleich auch immer die Muttergesellschaft haftet.[393] Trotzdem hat die abhängige Gesellschaft nicht zwei verschiedene Schäden, die von zwei unterschiedlichen Schuldnern zu befriedigen sind. Es besteht vielmehr nur ein

---

390 BT-Drs. 15/5092, S. 11.

391 *Brachvogel* Leitungsmacht, S. 124; KölnKommAktG/*Koppensteiner*, § 309 Rn. 18; im Ergebnis auch: K. Schmidt/Lutter/*Langenbucher* AktG, § 309 Rn. 25; *Schatz* Sicherung des Gesellschaftsvermögens, S. 28 f.; **diff.:** Bürgers/Körber/*Fett* AktG, § 309 Rn. 17; GroßKommAktG/*Hirte*, § 309 Rn. 23; *Stephan* Der Konzern 2014, 1, 26 f.

392 Henssler/Strohn/*Bödeker*, § 309 AktG Rn. 1, 9; *Emmerich* GS Sonnenschein, S. 651, 658; Semler/Peltzer/Kubis/*Fonk* HdB-Vorstandsmitglied, § 14 Rn. 94; Hüffer/Koch/*Koch* AktG, § 309 Rn. 18; Hölters/*Leuering*/*Goertz* AktG, § 309 Rn. 2, 38; *Mertens* AcP 168 (1968), 225, 231; Grigoleit/*Servatius* AktG, § 309 Rn. 10; im Ergebnis auch: *Altmeppen* Haftung des Managers, S. 36 ff.; MüKoAktG/*Altmeppen*, § 309 Rn. 87 ff.; Emmerich/Habersack/*Emmerich* AktG, § 309 Rn. 40; *Eschenbruch* Konzernhaftung, Rn. 3043; *Kantzas* Weisungsrecht, S. 202 f.; Wachter/*Rothley* AktG, § 309 Rn. 8; Spindler/Stilz/*Veil* AktG, § 309 Rn. 27.

393 Die Anspruchsgrundlage hierfür ist strittig: MüKoAktG/*Altmeppen*, § 309 Rn. 140; Emmerich/Habersack/*Emmerich* AktG, § 309 Rn. 21; Bürgers/Körber/*Fett* AktG, § 309 Rn. 28; GHEK/*Geßler* AktG, § 309 Rn. 47 ff.; *Kantzas* Weisungsrecht, S. 191; Hüffer/Koch/*Koch* AktG, § 309 Rn. 27; KölnKommAktG/*Koppensteiner*, § 309 Rn. 37; K. Schmidt/Lutter/*Langenbucher* AktG, § 309 Rn. 41; Hölters/*Leuering*/*Goertz* AktG, § 309 Rn. 56; *Mertens* AcP 168 (1968), 225, 228 f.; *K. Müller* ZGR 1977, 1, 3; *Schürnbrand* Organschaft im Recht der privaten Verbände, S. 183; *Ulmer* FS Stimpel, S. 705, 712.

Schaden mit zwei unterschiedlichen Schuldnern, wobei diese nach zutreffender herrschender Meinung Gesamtschuldner sind (§ 421 BGB).[394]

Aus der Beziehung zwischen den beiden Schuldnern ergibt sich die Lösung für das Verhältnis zwischen dem durch die rechtswidrige Weisung entstandenen Schaden und der Verlustausgleichspflicht der herrschenden Gesellschaft: Wenn die herrschende Gesellschaft durch die Befriedigung des Verlustausgleichsanspruchs (oder auch durch eine gesonderte Zahlung) den Schaden der abhängigen Gesellschaft reguliert, erlischt der Anspruch der abhängigen Gesellschaft gegen den Muttervorstand auf Schadensersatz (§ 362 Abs. 1 BGB) und geht nach § 426 Abs. 2 S. 1 BGB auf die herrschende Gesellschaft über. Für den Anspruch der abhängigen Gesellschaft gegen den Vorstand der herrschenden Gesellschaft bleibt dann kein Raum mehr. **382**

Das bedeutet freilich nicht, dass der Vorstand der herrschenden Gesellschaft von seiner Haftung freigestellt wurde. Er haftet nur nicht mehr im Außenverhältnis zur abhängigen Gesellschaft, sondern im Innenverhältnis zur Muttergesellschaft (§§ 309 Abs. 2 S. 1 AktG, 398 S. 2, 412, 426 Abs. 2 S. 1 BGB).[395] **383**

In der zu untersuchenden Konstellation wird der Schaden der abhängigen Gesellschaft mangels Solvenz jedoch wohl kaum von der herrschenden Gesellschaft in vollem Umfang reguliert werden können, weshalb die abhängige Gesellschaft in der Regel gegen den Vorstand der herrschenden Gesellschaft noch einen (Rest-) Schaden und damit auch einen Anspruch haben dürfte. **384**

(dd) Zwischenergebnis

Die Weisungserteilung trotz mangelnder Vollwertigkeit des Verlustausgleichsanspruchs stellt eine Pflichtverletzung i. S. d. § 309 Abs. 2 S. 1 AktG dar. In der Regel wird diese Pflichtverletzung vom Vorstand der herrschenden Gesellschaft auch verschuldet worden sein, weil nur schwer Fälle denkbar sind, in denen der Vorstand die mangelnde Solvenz unter Beachtung der erforderlichen Sorgfalt übersehen hat. **385**

(b) § 117 Abs. 1 S. 1 AktG

Neben dem Anspruch aus § 309 Abs. 2 S. 1 AktG kommt auch eine Haftung nach § 117 Abs. 1 S. 1 AktG in Betracht, weil die beiden Vorschriften nach allgemeiner **386**

394 MüKoAktG/*Altmeppen*, § 309 Rn. 155; Emmerich/Habersack/*Emmerich* AktG, § 309 Rn. 21, 27; K. Schmidt/Lutter/*Langenbucher* AktG, § 309 Rn. 50.

395 *Altmeppen* Haftung des Managers, S. 39; MüKoAktG/*Altmeppen*, § 309 Rn. 105 f.; Roth/Altmeppen/*Altmeppen* GmbHG, Anh. § 13 Rn. 79; vgl.: Potthoff/Trescher/*Theisen* Aufsichtsratsmitglied, Rn. 2206.

Meinung in Anspruchskonkurrenz zueinander stehen.[396] Der Anspruch ist auch nicht nach § 117 Abs. 7 Nr. 1 AktG ausgeschlossen, weil hiervon nur rechtmäßige Weisungen erfasst sind.[397]

387 Allerdings hält dieser Anspruch für die abhängige Gesellschaft keine Vorteile bereit, weil die Vorschrift anders als § 309 Abs. 2 S. 2 AktG keine Beweislastumkehr statuiert.[398] Lediglich die hier nicht weiter zu thematisierenden außenstehenden Aktionäre der Tochtergesellschaft können die ihnen entstandenen Schäden, die nicht auch gleichzeitig der Tochtergesellschaft entstanden sind, gegen den Vorstand der herrschenden Gesellschaft geltend machen (§ 117 Abs. 1 S. 2 AktG).

(2) Haftung des Vorstands der herrschenden Gesellschaft gegenüber seiner Anstellungskörperschaft, § 93 Abs. 2 S. 1 AktG

388 Möchte die herrschende Gesellschaft gegen „ihren" Vorstand Haftungsansprüche aus einer rechtswidrigen Weisung herleiten, kommt aus aktienrechtlicher Sicht lediglich ein Anspruch aus § 93 Abs. 2 S. 1 AktG in Betracht.

389 Dieser setzt mitunter die Verletzung einer Pflicht voraus, die der Vorstand gegenüber seiner Anstellungskörperschaft zu beachten gehabt hätte. Die hier gemeinte Pflicht darf nicht mit der oben zwischen dem Vorstand der herrschenden Gesellschaft und der abhängigen Gesellschaft hergeleiteten Pflicht gleichgesetzt werden.[399] Anknüpfungspunkt zur Begründung einer Pflichtverletzung des Vorstands der herrschenden Gesellschaft gegenüber der Anstellungskörperschaft ist vielmehr der Gedanke, dass es nicht mit der Sorgfalt eines ordentlichen und gewissenhaften Geschäftsleiters vereinbar ist, wenn man der herrschenden Gesellschaft einen Schaden zufügt (§ 93 Abs. 1 S. 1 AktG).[400] Der Schaden für die

---

396 MüKoAktG/*Altmeppen*, § 309 Rn. 4; Emmerich/Habersack/*Emmerich* AktG, § 309 Rn. 53; Hüffer/Koch/*Koch* AktG, § 117 Rn. 14, § 309 Rn. 1; KölnKommAktG/*Mertens/Cahn*, § 117 Rn. 42; Spindler/Stilz/*Schall*, § 117 Rn. 9; MüKoAktG/*Spindler*, § 117 Rn. 89; *Voigt* Haftung aus Einfluss, S. 297; K. Schmidt/Lutter/*Witt* AktG, § 117 Rn. 34; **a. A.**: *Eschenbruch* Konzernhaftung, Rn. 3069.

397 Hüffer/Koch/*Koch* AktG, § 117 Rn. 13; GroßKommAktG/*Kort*, § 117 Rn. 262; KölnKommAktG/*Mertens/Cahn*, § 117 Rn. 31; MüKoAktG/*Spindler*, § 117 Rn. 69, 89; *Voigt* Haftung aus Einfluss, S. 261, 297.

398 MüKoAktG/*Spindler*, § 117 Rn. 89.

399 Siehe Rn. 375.

400 Vgl.: BGH, Urt. v. 28.04.2008, Az. II ZR 264/06, BGHZ 176, 204, 220 = NJW 2008, 2437, 2441; ähnlich: BGH, Urt. v. 27.09.1956, Az. II ZR 144/55, BGHZ 21, 354, 357 = NJW 1956, 1753, 1754; Spindler/Stilz/*Fleischer* AktG, § 93 Rn. 11.

Muttergesellschaft entsteht durch die Begründung der gesamtschuldnerischen Haftung.[401]

Betrachtet man im Rahmen des Verschuldens wieder lediglich den problematischeren Fall, welche Schwelle zur Annahme von Fahrlässigkeit überschritten werden muss, so wird der Vorstand auch in Beziehung zu seiner Anstellungskörperschaft in aller Regel die Pflichtverletzung verschuldet haben. Dies liegt daran, dass ihm gem. § 76 Abs. 1 AktG die Finanzplanung obliegt und er daher von der zur Rechtswidrigkeit der Weisung führenden mangelnden Vollwertigkeit des Verlustausgleichsanspruchs der Tochtergesellschaft hätte wissen müssen.[402] Lediglich in Ausnahmefällen wird der Vorstand die Pflichtverletzung nicht verschuldet haben. Doch selbst in diesen Fällen kommt für den Vorstand der herrschenden Gesellschaft erschwerend hinzu, dass er im Prozess darlegen müsste, dass er die erforderliche Sorgfalt beachtet hat (§ 93 Abs. 2 S. 2 AktG). 390

Allerdings ist im Rahmen des Schadens die gesamtschuldnerische Haftung der herrschenden Gesellschaft und dessen Vorstand problematisch.[403] Hier ist zwischen den möglichen Konstellationen zu unterscheiden: Begleicht die Muttergesellschaft den Schaden der abhängigen Gesellschaft – unabhängig davon, ob durch Verlustausgleich oder eine sonstige Zahlung – hat die Muttergesellschaft einen Schaden und damit einen Anspruch aus § 93 Abs. 2 S. 1 AktG, der in Anspruchskonkurrenz[404] zu §§ 309 Abs. 2 S. 1 AktG, 398 S. 2, 412, 426 Abs. 2 S. 1 BGB steht. Begleicht der Vorstand der herrschenden Gesellschaft den Schaden der abhängigen Gesellschaft, besteht in der Regel kein Schaden bei der herrschenden Gesellschaft.[405] 391

Zusammengefasst ergibt sich, dass der Vorstand der herrschenden Gesellschaft für die Weisungserteilung trotz mangelnder Vollwertigkeit des Verlustausgleichsanspruchs auch der Anstellungskörperschaft aus § 93 Abs. 2 S. 1 AktG haftet. Ein solcher Anspruch besteht mangels eines Schadens nur dann nicht, wenn der Vorstand der herrschenden Gesellschaft den Schadensersatzanspruch der abhängigen Gesellschaft aus § 309 Abs. 2 S. 1 AktG begleicht. 392

---

401 A. A.: *Schüler* Wissenszurechnung, S. 170 f.

402 Siehe Rn. 378.

403 Siehe Rn. 381 ff.

404 Vgl.: AnwHdB-AktG/*Ritter*, § 24 Rn. 117; Krieger/U. Schneider/*S. Schneider* Managerhaftung-HdB, Rn. 8.22c.

405 *Altmeppen* FS Vetter, S. 1, 12; Krieger/U. Schneider/*S. Schneider* Managerhaftung-HdB, Rn. 8.22c.

(3) Zwischenergebnis

393 Erteilt der Vorstand der herrschenden Gesellschaft eine Weisung trotz mangelnder Vollwertigkeit des Verlustausgleichsanspruchs, macht er sich hierfür gegenüber der herrschenden und abhängigen Gesellschaft in der Regel persönlich haftbar. Lediglich in Ausnahmefällen wird er sich exkulpieren können. Für die Praxis bedeutet dies, dass der Vorstand der herrschenden Gesellschaft stets die finanzielle Lage der herrschenden Gesellschaft im Blick haben sollte. Schon bei leichten Zweifeln an der Vollwertigkeit des Verlustausgleichsanspruchs sollte aus finanziellem Eigenschutz eine Weisung unterbleiben.

bb) Die Haftung des Aufsichtsrates der herrschenden AG

394 Aus den oben genannten Gründen haftet der Aufsichtsrat für Pflichtverletzungen grundsätzlich nur seiner Anstellungskörperschaft.[406] Daraus ergibt sich, dass allein § 116 S. 1 AktG die richtige Anspruchsgrundlage sein kann.

395 Die maßgebliche Pflichtverletzung des Aufsichtsrats der herrschenden Gesellschaft bei einer rechtswidrigen Weisung des Vorstands ist die mangelnde Überwachung desselben. Vom Aufsichtsrat wird nämlich verlangt, dass er den Vorstand der herrschenden Gesellschaft auf eine rechtswidrige Weisung – so wie sie eine Weisung bei nicht-vollwertigem Verlustausgleichsanspruch darstellt – hinweist und zusätzlich darauf hinwirkt, dass eine solche Weisung nicht erteilt wird. Jedoch besteht die Pflicht nur, wenn die Weisung für die Vermögens-, Finanz- und Ertragslage der herrschenden Gesellschaft entscheidend ist. Dies wird bei mangelnder Vollwertigkeit des Verlustausgleichsanspruchs je nach Inhalt der Weisung aber regelmäßig der Fall sein, da die Gesellschaft sich zu diesem Zeitpunkt zumindest schon latent in der Krise befindet und sich diese Lage durch die Verlustausgleichspflicht (§ 302 Abs. 1 AktG) verschlimmern würde.

396 Betrachtet man im Rahmen des Verschuldens (§§ 116 S. 1, 93 Abs. 1 S. 1 AktG) erneut wieder nur den problematischeren Fall der fahrlässigen Unkenntnis, wird sich herausstellen, dass der Aufsichtsrat sich wohl in den seltensten Fällen exkulpieren kann. Denn wenn der Verlustausgleichsanspruch nicht mehr vollwertig ist, befindet sich die herrschende Gesellschaft latent in der Krise, womit für den Aufsichtsrat nunmehr ein Höchstmaß an Kontrolldichte und Kontrollintensität gefordert wird.[407] Doch selbst in den Ausnahmefällen, in denen der Aufsichtsrat die erforderliche Sorgfalt hat walten lassen, wird er sich wegen der

---

406 Siehe Rn. 368.

407 *Lutter/Krieger/Verse* Aufsichtsrat, Rn. 96; in seiner Aussage zu pauschal: *Lutter* AG 2006, 517, 521; siehe Rn. 366.

Beweislastumkehr (§§ 116 S. 1, 93 Abs. 2 S. 2 AktG) nur schwer exkulpieren können.

cc) Die Haftung des Vorstands der abhängigen AG

Geht es um den Anspruch der abhängigen Gesellschaft gegen dessen Vorstand für die Befolgung einer rechtswidrigen Weisung, liegt als Anspruchsgrundlage § 93 Abs. 2 S. 1 AktG nah. Dieser ist aber aufgrund der spezielleren Vorschrift des § 310 AktG nicht anwendbar.[408] § 310 AktG verdrängt nach herrschender Meinung zudem auch den Anspruch aus § 117 Abs. 2 S. 1 AktG.[409] **397**

Die maßgebliche Pflichtverletzung im Rahmen von § 310 Abs. 1 S. 1 AktG besteht in der Ausführung einer nicht zu befolgenden Weisung.[410] Ist der Verlustausgleichsanspruch zum Zeitpunkt der Weisung nicht mehr vollwertig, folgt aus der Suspendierung der Eingriffsrechte[411] die Rechtswidrigkeit der Weisung. Führt der Vorstand der abhängigen Gesellschaft die Weisung trotzdem aus, verhält er sich pflichtwidrig.[412] **398**

Er ist aber nur dann schadensersatzpflichtig, wenn er die Sorgfalt eines ordentlichen und gewissenhaften Geschäftsleiters missachtet hat. Hiervon in jedem Fall erfasst ist die Kenntnis des Vorstands der abhängigen Gesellschaft von der mangelnden Vollwertigkeit des Verlustausgleichsanspruchs. In der Literatur umstritten ist die Frage, inwieweit ein ordentlicher und sorgfältiger Vorstand die Vollwertigkeit des Verlustausgleichsanspruchs prüfen würde, um einschätzen zu können, ob er der Weisung Folge leisten muss (§ 308 Abs. 2 S. 1 AktG). **399**

---

408 Henssler/Strohn/*Bödeker*, § 310 AktG Rn. 1; *S. Schneider*/*U. Schneider* AG 2005, 57, 63; **a. A.**: *Altmeppen* ZIP 2013, 801, 807.

409 MüKoAktG/*Altmeppen*, § 310 Rn. 41; Emmerich/Habersack/*Emmerich* AktG, § 310 Rn. 3; Bürgers/Körber/*Fett* AktG, § 310 Rn. 1; Hüffer/Koch/*Koch* AktG, § 310 Rn. 1; KölnKommAktG/*Koppensteiner*, § 310 Rn. 10; MHdB-AG/*Krieger*, § 71 Rn. 173; Spindler/Stilz/*Veil* AktG, § 310 Rn. 2; **a. A.**: Spindler/Stilz/*Schall*, § 117 Rn. 9.

410 MüKoAktG/*Altmeppen*, § 310 Rn. 21; Bürgers/Körber/*Fett* AktG, § 310 Rn. 2; GroßKommAktG/*Hirte*, § 310 Rn. 10 f.; Hüffer/Koch/*Koch* AktG, § 310 Rn. 3; KölnKommAktG/*Koppensteiner*, § 310 Rn. 6; MHdB-AG/*Krieger*, § 71 Rn. 171; K. Schmidt/Lutter/*Langenbucher* AktG, § 310 Rn. 4; Grigoleit/*Servatius* AktG, § 310 Rn. 4; Spindler/Stilz/*Veil* AktG, § 310 Rn. 3; weitergehend: Potthoff/Trescher/*Theisen* Aufsichtsratsmitglied, Rn. 612.

411 Siehe Rn. 157.

412 So schon: *Altmeppen* ZIP 2013, 801, 807; *Altmeppen* ZIP 2009, 49, 55 f.

400 Nach einer Ansicht muss der Vorstand der abhängigen Gesellschaft die Solvenz des herrschenden Unternehmens stets im Auge behalten.[413] Ein Anspruch auf die hierfür erforderlichen Unterlagen soll die abhängige Gesellschaft aus § 242 BGB haben.[414]

401 Nach einer anderen Ansicht handelt der Vorstand der abhängigen Gesellschaft schon dann mit der Sorgfalt eines ordentlichen und gewissenhaften Geschäftsleiters, wenn er sich die Solvenz des herrschenden Unternehmens vom Vorstand der herrschenden Gesellschaft bestätigen lässt – sei es auch konkludent durch Weisungserteilung. Nur bei begründeten Anhaltspunkten ist die finanzielle Lage des herrschenden Unternehmens zu prüfen.[415]

402 Der letzteren Ansicht ist zuzustimmen. Die Annahme, der Vorstand der abhängigen Gesellschaft müsse den Angaben der Konzernmutter zu ihrer Solvenz stets misstrauen, geht über die geforderte Sorgfaltspflicht hinaus.[416] Zum einen deshalb, weil es dem Vorstand der abhängigen Gesellschaft neben seiner Tätigkeit als Leitungsorgan (§ 76 Abs. 1 AktG) unzumutbar ist, daneben noch alle Unterlagen zur Prüfung der Solvenz der Muttergesellschaft zu sichten – ganz unabhängig von der Frage, ob der Vorstand überhaupt ein Informationsrecht hierfür hat.[417] Die Gegenansicht kann man geradezu *ad absurdum* führen, wenn man dem Vorstand der abhängigen Gesellschaft die Pflicht auferlegt, die Solvenz einer zu einem *Cash Pool* zugehörigen Gesellschaft zu prüfen. Zum anderen erscheint es sinnwidrig, sowohl dem Vorstand der herrschenden als auch der abhängigen Gesellschaft eine Pflicht zur Prüfung der Solvenz aufzuerlegen. Der Vorstand der herrschenden Gesellschaft ist hierfür der viel bessere Ansprechpartner, weil er im Rahmen seiner Leitungsaufgabe ohnehin stets über die finanzielle Lage der herrschenden Gesellschaft informiert sein muss.[418] Außerdem widerspricht die doppelte Prüfung dem Grundsatz der konzernfreundlichen Zusammenarbeit.[419] Lediglich in dem Fall, dass der Vorstand der abhängigen

413 Vgl.: Emmerich/Habersack/*Emmerich* AktG, § 297 Rn. 21a, § 308 Rn. 64; Grigoleit/*Servatius* AktG, § 310 Rn. 8; für die GmbH: Baumbach/Hueck/*Fastrich* GmbHG, § 30 Rn. 45; U/H/L/*Habersack* GmbHG, § 30 Rn. 89.

414 *Pöschke* ZGR 2015, 550, 567.

415 MüKoAktG/*Altmeppen*, § 309 Rn. 61, § 310 Rn. 15; *Altmeppen* FS Vetter, S. 1, 11; wohl auch: *Löbbe* Unternehmenskontrolle, S. 373 f.

416 MüKoAktG/*Altmeppen*, § 309 Rn. 61; *Altmeppen* FS Vetter, S. 1, 11.

417 Vgl.: *Pöschke* ZGR 2015, 550, 553.

418 Vgl.: *Pöschke* ZGR 2015, 550, 553.

419 Vgl.: Emmerich/Habersack/*Emmerich* AktG, § 308 Rn. 54; Hüffer/Koch/*Koch* AktG, § 308 Rn. 20; für die abhängige Gesellschaft: MüKoAktG/*Altmeppen*, § 308 Rn. 159; KölnKommAktG/*Koppensteiner*, § 308 Rn. 71.

Gesellschaft Anhaltspunkte für begründete Zweifel daran hat, dass der Verlustausgleichsanspruch nicht mehr vollwertig ist, muss dieser sich über die Solvenz des herrschenden Unternehmens eigens versichern.[420]

Daraus ergibt sich, dass sich der Vorstand der abhängigen Gesellschaft grundsätzlich nicht haftbar macht, wenn er Weisungen trotz mangelnder Vollwertigkeit des Verlustausgleichsanspruchs befolgt. Lediglich wenn er begründete Anhaltpunkte dafür hat, dass die Muttergesellschaft nicht die nötige Solvenz hat, muss der Vorstand der abhängigen Gesellschaft eigene Nachforschungen anstellen. Belastet wird der Vorstand der abhängigen Gesellschaft im Fall des Prozesses mit der Beweislast dafür, dass er die erforderliche Sorgfalt angewandt hat (§ 310 Abs. 1 S. 2 AktG). **403**

dd) Die Haftung des Aufsichtsrates der abhängigen AG

Auch der Aufsichtsrat der abhängigen Gesellschaft könnte seiner Anstellungskörperschaft gesamtschuldnerisch nach § 310 Abs. 1 S. 1 AktG haften, indem er den Vorstand nicht ordnungsgemäß überwacht hat. Für eine solche Pflichtverletzung gibt es zwei denkbare Anspruchsgrundlagen: § 310 Abs. 1 S. 1 AktG und §§ 116 S. 1 i. V. m. 93 Abs. 2 S. 1 AktG. Diese laufen nicht nur im Ergebnis gleich, sondern haben zudem dieselben haftungsbegründenden Voraussetzungen. Deshalb geht die herrschende Meinung völlig zurecht davon aus, dass § 310 AktG die speziellere Vorschrift ist.[421] Dies gilt nur insofern, wie es auch um Pflichtverletzungen geht, die in direktem Zusammenhang mit der Weisungserteilung stehen. **404**

Im Rahmen von § 310 Abs. 1 S. 1 AktG besteht die maßgebliche Pflichtverletzung für eine Haftung des Aufsichtsrats darin, den Vorstand der abhängigen Gesellschaft bei der Prüfung der Rechtswidrigkeit der Weisung nicht entsprechend überwacht zu haben. Er hätte vielmehr darauf hinwirken müssen, dass die Weisung nicht befolgt wird.[422] Das gilt jedoch nur für derartige Weisungen, die für die Vermögens-, Finanz- und Ertragslage der abhängigen Gesellschaft entscheidend sind. **405**

Bei Vorliegen einer Pflichtverletzung wird der Aufsichtsrat diese in den wenigsten Fällen zu verschulden haben. Führt man sich nochmal das oben gefundene **406**

420 MüKoAktG/*Altmeppen*, § 310 Rn. 15; *Altmeppen* FS Vetter, S. 1, 11; *Habetha* ZIP 2017, 652, 653 f.

421 Henssler/Strohn/*Bödeker*, § 310 AktG Rn. 1; KölnKommAktG/*Koppensteiner*, § 310 Rn. 11; Spindler/Stilz/*Veil* AktG, § 310 Rn. 2.

422 *Löbbe* Unternehmenskontrolle, S. 398.

Ergebnis vor Augen, dass der Vorstand den Angaben der herrschenden Gesellschaft vertrauen darf[423], es sei denn, es bestehen Anhaltspunkte für begründete Zweifel, muss das für den Aufsichtsrat erst recht gelten. Schließlich kann vom Aufsichtsrat nicht eine weitergehende Sorgfaltspflicht als vom Vorstand verlangt werden.[424] Demnach darf dieser auch grundsätzlich auf die Angaben der Muttergesellschaft vertrauen, es sei denn, dem Aufsichtsrat der abhängigen Gesellschaft liegen Anhaltspunkte für begründete Zweifel vor. Im Prozess wird der Aufsichtsrat aber darlegen müssen, dass er mit der entsprechenden Sorgfalt gehandelt hat, §§ 116 S. 1 i. V. m. 93 Abs. 2 S. 2 AktG.

b) Die Haftung bei mangelnder Warnung darüber, dass der Verlustausgleichsanspruch nicht mehr vollwertig ist

407 In der Literatur bisher nur stiefmütterlich behandelt wurde die Frage, ob der Vorstand der herrschenden Gesellschaft eine Warnpflicht hat, sobald der Verlustausgleichsanspruch nicht mehr vollwertig ist. Pionierarbeit hat hierbei *Altmeppen* geleistet, auf dessen Fundament hier aufgebaut werden kann.[425] Ist eine solche Pflicht begründbar, stellt sich die Frage, wer wem gegenüber unter welchen Voraussetzungen bei einer Pflichtverletzung haftet. Außer Acht lassen darf man hierbei nicht die Haftung des Aufsichtsrats der herrschenden Gesellschaft, der im Rahmen seiner Überwachungsaufgabe den Vorstand der herrschenden Gesellschaft auf eine entsprechende Pflicht aufmerksam machen müsste.

aa) Die Haftung des Vorstands der herrschenden AG

(1) Haftung gegenüber der Anstellungskörperschaft

Zunächst wird die Haftung des Vorstands der herrschenden Gesellschaft gegen-
408 über seiner Anstellungskörperschaft untersucht. Neben den anderen Voraussetzungen des § 93 Abs. 2 S. 1 AktG müsste zum einen die herrschende Gesellschaft gegenüber der abhängigen Gesellschaft eine Warnpflicht haben, zum anderen müsste diese Pflicht im Innenverhältnis vom Vorstand verantwortet werden.

Zumindest Letzteres ergibt sich unproblematisch aus § 76 Abs. 1 AktG, weil
409 eine eventuelle Warnpflicht zur Leitungsaufgabe des Vorstandes gehören würde. Deshalb ist hier allein zu untersuchen, ob die herrschende Gesellschaft gegenüber der abhängigen Gesellschaft eine Warnpflicht hat. Das Sachnächste für eine

---

423 Siehe Rn. 402.

424 *Löbbe* Unternehmenskontrolle, S. 35.

425 *Altmeppen* FS Vetter, S. 1, 12 f.; *Altmeppen* ZIP 2013, 801, 808.

Begründung einer solchen Pflicht stellt der Beherrschungsvertrag i. V. m. § 241 Abs. 2 BGB dar.

(a) Anwendbarkeit des § 241 Abs. 2 BGB

Als erstes stellt sich die Frage, ob § 241 Abs. 2 BGB überhaupt auf den Beherrschungsvertrag angewendet werden darf. Dies wurde in der Literatur mit dem Argument bezweifelt, dass dem Beherrschungsvertrag als Organisationsvertag jeglicher schuldrechtliche Charakter fremd sei und deshalb keine schuldrechtlichen Regelungen auf den Beherrschungsvertrag Anwendung finden würden.[426] Dem ist jedoch die herrschende Meinung zurecht nicht gefolgt, weil der Beherrschungsvertrag selbstverständlich schuldrechtliche Elemente in sich trägt. Man siehe hierzu nur die Normen der §§ 302 Abs. 1, 304, 305, 308 Abs. 2 S. 1 AktG.[427] 410

(b) Die Voraussetzungen einer Warnpflicht

Nachdem die Anwendbarkeit des § 241 Abs. 2 BGB bejaht wurde, ist nun § 241 Abs. 2 AktG inhaltlich einer Prüfung zu unterziehen. Nach dieser Vorschrift sind beide Vertragsparteien, demnach auch das herrschende Unternehmen, zur Rücksicht auf die Rechte, Rechtsgüter und Interessen des anderen Teils verpflichtet, wozu nach herrschender Meinung auch der Schutz der Vermögensinteressen gehört.[428] Dieser konturenlose Gesetzeswortlaut wurde durch die Rechtsprechung und die Literatur weitestgehend präzisiert.[429] In den entwickelten Kategorien gedacht, würde eine in Betracht kommende Warnpflicht zu den Schutzpflichten des herrschenden Unternehmens gehören. Unter welchen Voraussetzungen eine Warnpflicht angenommen werden kann, hat *Olzen*[430] 411

---

426 *Bälz* AG 1992, 277, 286 f.; *Bayer* Grenzüberschreitender Beherrschungsvertrag, S. 17; *Praël* Eingliederung und Beherrschungsvertrag, S. 73, 93; *U. Schneider* BB 1981, 249, 257.

427 MüKoAktG/*Altmeppen*, § 291 Rn. 37; Emmerich/Habersack/*Emmerich* AktG, § 291 Rn. 27; Hüffer/Koch/*Koch* AktG, § 291 Rn. 18; KölnKommAktG/*Koppensteiner*, Vorb. § 291 Rn. 157; K. Schmidt/Lutter/*Langenbucher* AktG, § 291 Rn. 18; Groß-KommAktG/*Mülbert*, § 291 Rn. 21 ff.; Henssler/Strohn/*Paschos*, § 291 AktG Rn. 4; *T. Raiser*/*Veil* KapGesR, § 62 Rn. 5; Grigoleit/*Servatius* AktG, § 291 Rn. 24.

428 BGH, Urt. v. 24.01.2006, Az. XI ZR 384/03, BGHZ 166, 84, 93 = NJW 2006, 830, 833 f.; MüKoBGB/*Bachmann*, § 241 Rn. 114; *Pohlmann* Aufklärungspflichten, S. 105; Erman/*Westermann* BGB, § 241 Rn. 13.

429 Siehe nur: MüKoBGB/*Bachmann*, § 241 Rn. 114 ff.; Staudinger/*Olzen* BGB, § 241 Rn. 388 ff.; BeckOK-BGB/*Sutschet*, § 241 Rn. 89 ff.; Erman/*Westermann* BGB, § 241 Rn. 10 f.

430 Staudinger/*Olzen* BGB, § 241 Rn. 447 ff.

herausgearbeitet. Anhand seiner Kriterien wird im Folgenden auch die Warnpflicht des herrschenden Unternehmens hergeleitet.

(aa) Informationsgefälle

412 Zunächst müsste zwischen dem herrschenden und dem abhängigen Unternehmen ein Informationsgefälle vorliegen.[431] Anders ausgedrückt: Das herrschende Unternehmen müsste über mehr Informationen verfügen als das abhängige Unternehmen.

413 Der für die herrschende Gesellschaft zuständige Vorstand hat im Rahmen seiner Leitungsaufgabe (§ 76 Abs. 1 AktG) die finanzielle Lage der herrschenden Gesellschaft zu überwachen und hat deshalb – das rechtmäßige Verhalten vorausgesetzt – einen umfassenden Überblick. Er hat nicht nur die finanzielle Lage der herrschenden Gesellschaft zu überwachen, sondern mittelbar auch die finanzielle Lage der abhängigen Gesellschaften, weil die herrschende Gesellschaft in der Regel an diesen beteiligt ist.[432]

414 Der für die abhängige Gesellschaft zuständige Vorstand hat zwar auch die finanzielle Lage seiner Anstellungskörperschaft zu überwachen, hat damit aber keinen Einblick in die Solvenz der herrschenden Gesellschaft.

415 Es besteht insofern ein dem Konzernrecht immanentes strukturelles Informationsgefälle[433] zwischen der herrschenden und der abhängigen Gesellschaft.

(bb) Erkennbarkeit des Informationsgefälles

416 Ferner müsste der Vorstand des herrschenden Unternehmens dieses Informationsgefälle auch erkannt haben. Es reicht allerdings aus, dass zumindest damit gerechnet werden konnte, dass die abhängige Gesellschaft weder über die betreffende Information verfügt noch darüber verfügen kann, und dieser ersichtlich daran gelegen ist, die besondere Information zu erlangen.[434]

417 Aufgrund der aktienrechtlichen Gegebenheiten, insbesondere der konzernweiten Aufteilung der Verantwortlichkeiten, muss stets damit gerechnet werden, dass die abhängige Gesellschaft über eine derartige Information nicht verfügt.

---

431 *Kieninger* AcP 199 (1999), 190, 232; Dauner-Lieb/Heidel/Lepa/Ring/*Krebs* Das neue Schuldrecht, § 3 Rn. 29; *Krebs* Sonderverbindung, S. 509; Staudinger/*Olzen* BGB, § 241 Rn. 448; *Pohlmann* Aufklärungspflichten, S. 104 f.; *Rödel* Aufklärungspflicht, S. 129.

432 Vgl.: MüKoAktG/*Altmeppen*, § 309 Rn. 61.

433 Vertiefend: *Fleischer* Informationsasymmetrie, S. 296 ff.

434 BGH, Urt. v. 19.12.1977, Az. II ZR 164/76, BGHZ 70, 337, 343 = NJW 1978, 1374, 1375; *Böhme* Aufklärungspflicht, S. 67; *Kötz* FS Drobnig, S. 563, 566 f.; Staudinger/*Olzen* BGB, § 241 Rn. 450 ff.; *Pohlmann* Aufklärungspflichten, S. 103; ähnlich: *Klingler* Aufklärungspflichten, S. 22.

Die Wichtigkeit der Information über die Werthaltigkeit des Verlustausgleichsanspruchs ergibt sich aus dem System des Vertragskonzernrechts. Ist nämlich der Verlustausgleichsanspruch nicht mehr vollwertig, werden die Eingriffsbefugnisse, insbesondere das Weisungsrecht suspendiert.[435]

(cc) Entscheidungserheblichkeit

Es bedarf auch einer Entscheidungserheblichkeit der Information. Es kommt also darauf an, ob sich die abhängige Gesellschaft mit der Information anders verhalten würde, als ohne die Information.[436] **418**

Würde die abhängige Gesellschaft von der mangelnden Vollwertigkeit des Verlustausgleichsanspruchs wissen, wüsste sie, dass die Eingriffsbefugnisse der herrschenden Gesellschaft enden. Das bedeutet auch, dass die abhängige Gesellschaft ab diesem Zeitpunkt nur noch im Eigeninteresse wirtschaftet.[437] Daraus ergibt sich für den Vorstand der abhängigen Gesellschaft im Innenverhältnis zu ihrer Anstellungskörperschaft die Pflicht, das abhängige Unternehmen neu auszurichten, sofern zu Zeiten des Beherrschungsvertrages Maßnahmen durchgeführt wurden, die bei der abhängigen Gesellschaft dazu geführt haben, dass diese zu Lasten ihres eigenen Wohls im Konzerninteresse wirtschaftet. **419**

Dementsprechend ist – das pflichtgemäße Verhalten des Vorstands der abhängigen Gesellschaft vorausgesetzt – die Information über die mangelnde Vollwertigkeit des Verlustausgleichsanspruchs auch entscheidungserheblich. **420**

(dd) Schutzwürdigkeit

Außerdem müsste die abhängige Gesellschaft auch schutzwürdig sein.[438] Die Schutzwürdigkeit ergibt sich aus dem Sinn und Zweck der konzernrechtlichen Vorschriften der §§ 300 ff. AktG. Nach diesen Vorschriften soll das bilanzielle Vermögen der abhängigen Gesellschaft geschützt werden, was im Falle der mangelnden Vollwertigkeit des Verlustausgleichsanspruchs nicht mehr gewährleistet wäre. **421**

(ee) Abwägung

Zuletzt müsste auch eine Abwägung der widerstreitenden Interessen der Vertragsparteien eine Warnpflicht rechtfertigen. Es müsste demnach der herrschenden Gesellschaft bzw. dessen Vorstand zumutbar sein, die Information der **422**

---

435 Siehe Rn. 157.

436 *Kötz* FS Drobnig, S. 563, 567; Staudinger/*Olzen* BGB, § 241 Rn. 452.

437 MüKoAktG/*Altmeppen*, § 308 Rn. 128.

438 Staudinger/*Olzen* BGB, § 241 Rn. 453.

mangelnden Vollwertigkeit an die abhängige Gesellschaft weiterzugeben. Das bestimmt sich durch eine Abwägung der Risikoverteilung.[439]

423 Auf der einen Seite steht das Interesse der herrschenden Gesellschaft, die abhängige Gesellschaft so lang wie möglich wirtschaftlich zu vereinnahmen. Auf der anderen Seite steht das Interesse der abhängigen Gesellschaft, trotz des Beherrschungsvertrages das bilanzielle Anfangsvermögen über die Vertragslaufzeit hinweg zu erhalten.

424 Beurteilt man das Risiko eines Beherrschungsvertrags, ergibt sich aus § 302 Abs. 1 AktG, dass das gesamte Risiko – unabhängig von einem Verschulden – bei der herrschenden Gesellschaft liegt. Ist der Verlustausgleichsanspruch jedoch nicht mehr vollwertig, wird das Risiko entgegen dem gesetzgeberischen Willen auf die abhängige Gesellschaft verlagert.

425 Die einzige Möglichkeit, die bestehende Risikoverteilung auch im Falle mangelnder Solvenz der herrschenden Gesellschaft beizubehalten, besteht darin, dem Vorstand der herrschenden Gesellschaft die Pflicht aufzuerlegen, die abhängige Gesellschaft hierüber aufzuklären. Nur dann wird das Risiko der abhängigen Gesellschaft, das bilanzielle Anfangsvermögen nicht über die Vertragslaufzeit erhalten zu können, billigerweise auf die abhängige Gesellschaft übertragen.

(c) Zwischenergebnis

426 Aus dem Beherrschungsvertrag i. V. m. § 241 Abs. 2 BGB ergibt sich die Pflicht des herrschenden Unternehmens, über die mangelnde Solvenz aufzuklären.[440] Im Innenverhältnis zwischen der herrschenden Gesellschaft und dessen Vorstand gehört die Warnpflicht zum Aufgabenkreis des Vorstands (§ 76 Abs. 1 AktG), woraus vorschnell der Schluss gezogen werden könnte, dass der Vorstand bei Vorliegen eines Verschuldens im Innenverhältnis nach § 93 Abs. 2 S. 1 AktG stets hafte. Tatsächlich könnte sich der Schaden wegen einer in Betracht kommenden Gesamtschuldnerschaft nach oben vorgegebenen Grundsätzen[441] jedoch minimieren bzw. entfallen. Das gilt allerdings nur, wenn der Muttervorstand auch im Außenverhältnis zur abhängigen Gesellschaft haften würde. Das ist im Folgenden zu untersuchen.

---

439 Staudinger/*Olzen* BGB, § 241 Rn. 454; ähnlich: *Klingler* Aufklärungspflichten, S. 23; *Böhme* Aufklärungspflicht, S. 84.

440 Im Ergebnis auch: MüKoAktG/*Altmeppen*, § 308 Rn. 127.

441 Siehe Rn. 381 ff.

(2) Haftung gegenüber der abhängigen Gesellschaft

Als Anspruchsgrundlage für eine Haftung des Muttervorstands auch der abhängigen Gesellschaft im Außenverhältnis gegenüber, kommt allein § 309 Abs. 2 S. 1 AktG in Betracht. 427

(a) Die Erweiterung der personellen Schutzpflicht

Schwierigkeit bereitet der Umstand, dass der Vorstand der herrschenden Gesellschaft nicht Vertragspartner des Beherrschungsvertrages ist. Es bedarf daher einer Begründung, warum sich die Schutzpflichten des herrschenden Unternehmens auch auf den Vorstand der herrschenden Gesellschaft im Außenverhältnis erstrecken sollen. Eine solche Erweiterung könnte sich aus dem Sinn und Zweck des § 309 AktG ergeben: 428

Der Sinn und Zweck der Vorschrift des § 309 AktG besteht darin, die Wirkungen eines Beherrschungsvertrages entgegen den grundsätzlich geltenden Vertragswirkungen (*inter partes*) auf den gesetzlichen Vertreter des herrschenden Unternehmens im Außenverhältnis zu erweitern.[442] Nach dem RegE sollte dadurch die Möglichkeit der Leitungsmacht („bestimmen können“[443]) mit einer entsprechenden Verantwortlichkeit verknüpft werden. 429

Zur Leitungsmacht gehört im Allgemeinen nicht nur die Pflicht, die Geschicke der Gesellschaft zu bestimmen, sondern auch die Gesellschaft vor Schäden zu schützen (§§ 76 Abs. 1, 93 Abs. 1 S. 1 AktG).[444] Eine solche Pflicht gegenüber der abhängigen Gesellschaft hat der Vorstand der herrschenden Gesellschaft entgegen weit verbreiteter Fehlvorstellungen[445] nicht nur bei Erteilung von Weisungen, sondern schon ab Beginn des Beherrschungsvertrages. Es soll nämlich nicht nur die Leitungsmacht mit einer entsprechenden Verantwortlichkeit verknüpft werden, sondern schon die *Möglichkeit* der Leitungsmacht. Soweit es um die Möglichkeit der Leitungsmacht geht, und das sind alle mit dem Weisungsrecht verbundenen Rechte und Pflichten (insbesondere auch Schutzpflichten), tritt der Vorstand der herrschenden Gesellschaft in die Rolle des Vorstands der 430

---

442 MüKoAktG/*Altmeppen*, § 309 Rn. 2; *Altmeppen* Haftung des Managers, S. 30; Emmerich/Habersack/*Emmerich* AktG, § 309 Rn. 1; GroßKommAktG/*Hirte*, § 309 Rn. 4; KölnKommAktG/*Koppensteiner*, § 309 Rn. 3; Wachter/*Rothley* AktG, § 309 Rn. 1; ansatzweise: *Emmerich* GS Sonnenschein, S. 651, 652.

443 *Kropff* Textausgabe AktG 1965, S. 405.

444 Vgl.: BGH, Urt. v. 27.09.1956, Az. II ZR 144/55, BGHZ 21, 354, 357 = NJW 1956, 1753, 1754; *S. Schneider*/*U. Schneider* AG 2005, 57, 58.

445 Z. B.: *Ihrig*/*Schäfer* Vorstand, Rn. 1327; *Schäfer* Organstellung, S. 185; Potthoff/Trescher/*Theisen* Aufsichtsratsmitglied, Rn. 585.

abhängigen Gesellschaft ein.[446] Diese Verantwortung wird dem Vorstand der herrschenden Gesellschaft aber zugleich auch wieder weitestgehend vom Vorstand der abhängigen Gesellschaft abgenommen, jedoch nur soweit der Vorstand der abhängigen Gesellschaft seine Pflichten erfüllen kann. Damit bleibt für den Vorstand der herrschenden Gesellschaft eine Restverantwortlichkeit in Bezug auf seine durch Weisung ausübbare Konzernleitungsmacht, die zwar der Vorstand der abhängigen Gesellschaft nicht absehen kann, sehr wohl aber der Vorstand der herrschenden Gesellschaft. Dieser hier umschriebene Bereich sind nichts anderes, als die Schutzpflichten des herrschenden Unternehmens bezogen auf den essentiellen Teil eines Beherrschungsvertrages.

431 Der Sinn und Zweck des § 309 AktG gebietet es mithin, die Schutzpflichten aus dem Beherrschungsvertrag, soweit es um den Teil der Möglichkeit der Weisungsmacht geht, auf den Vorstand der herrschenden Gesellschaft zu erweitern.

(b) Der Pflichtenbegriff des § 309 Abs. 2 S. 1 AktG

432 Zuletzt müsste die auf den Vorstand der herrschenden Gesellschaft übergeleitete Warnpflicht eine Pflicht im Sinne des § 309 Abs. 2 S. 1 AktG sein.

433 Erinnert man sich an die Ausführungen zur Haftung des Vorstands der herrschenden Gesellschaft für die pflichtwidrige Weisung, wurde lediglich festgestellt, dass pflichtwidrige Weisungserteilungen unstreitig eine Pflichtverletzung darstellen.[447] Nun ist zu klären, ob von der Schadensersatzpflicht nach § 309 Abs. 2 S. 1 AktG auch weitergehende Pflichtverletzungen umfasst sind.

(aa) Meinungsstand

434 Zumeist wird § 309 Abs. 2 S. 1 AktG allein im Zusammenhang mit § 309 Abs. 1 AktG gelesen. Demnach haftet der Vorstand der herrschenden Gesellschaft „nur" für pflichtwidrige Weisungen.[448]

435 Andere erkennen den Zusammenhang aus der Systematik nicht an und wollen die Schadensersatzpflicht weitergehend interpretieren. Sie verstehen unter

---

446 Wohl auch: *Klein* ZIP 2017, 258, 261; einschränkend: MüKoAktG/*Altmeppen*, § 309 Rn. 5.

447 Siehe Rn. 375.

448 So die h. M.: MüKoAktG/*Altmeppen*, § 309 Rn. 75, 78; Henssler/Strohn/*Bödeker*, § 309 AktG Rn. 8a; Semler/Peltzer/Kubis/*Fonk* HdB-Vorstandsmitglied, § 13 Rn. 95; Hüffer/Koch/*Koch* AktG, § 309 Rn. 15; K. Schmidt/Lutter/*Langenbucher* AktG, § 309 Rn. 19; Hölters/*Leuering*/*Goertz* AktG, § 309 Rn. 30; Grigoleit/*Servatius* AktG, § 309 Rn. 6; *Thümmel* Haftung von Managern, Rn. 441; *Tröger*/*Dangelmayer* ZGR 2011, 558, 575; Spindler/Stilz/*Veil* AktG, § 309 Rn. 24.

den von § 309 Abs. 2 S. 1 AktG geahndeten Pflichtverletzungen alle Pflichten, die sich aus dem Beherrschungsvertrag ergeben.[449]

(bb) Stellungnahme

Wie weit die Schadensersatzpflicht nach § 309 Abs. 2 S. 1 AktG geht, ist durch Auslegung zu ermitteln. **436**

Der Wortlaut des § 309 Abs. 2 S. 1 AktG spricht von „ihren" Pflichten. Hiermit sind die Pflichten des Vorstands der herrschenden Gesellschaft gemeint. Welche genauen Pflichten hiervon erfasst sind, kann aus dem Wortlaut nicht geschlossen werden. Der Gesetzgeber hätte freilich von „diesen" Pflichten sprechen können, wenn er lediglich Pflichtverletzungen bei Weisungserteilungen einer unmittelbaren Haftung des Vorstands der herrschenden Gesellschaft gegenüber der abhängigen Gesellschaft hätte regeln wollen. Doch hieraus im Umkehrschluss anzunehmen, es seien alle Pflichtverletzungen gemeint, die in Zusammenhang mit dem Beherrschungsvertrag stehen, geht zu weit.[450] Im Ergebnis lässt der Wortlaut beide Interpretationen zu, ohne auf eine hinzudeuten. **437**

Aus systematischer Hinsicht spricht viel dafür, dass § 309 Abs. 2 S. 1 AktG lediglich Pflichtverletzungen bei Weisungserteilungen meint, weil Abs. 2 unmittelbar an die Vorschriften zur Weisungserteilung (§§ 308, 309 Abs. 1 AktG) anknüpft. Für eine solche Interpretation spricht auch die Gesetzgebungshistorie, weil die Erläuterungen des RegE zu Abs. 2 lediglich auf Weisungen Bezug nehmen.[451] **438**

Doch diese *canones* werden von der teleologischen Auslegung überschattet. Wie bereits dargelegt, ergibt sich aus dem Sinn und Zweck des § 309 AktG, dass die Schutzpflichten aus dem Beherrschungsvertrag auch persönliche Pflichten des Vorstands der herrschenden Gesellschaft sind. Dann muss § 309 Abs. 2 S. 1 AktG auch die richtige Anspruchsgrundlage sein, um diesbezügliche Pflichtverletzungen zu ahnden. **439**

Ähnlich wie es gerade bewiesen wurde, sieht es auch ein Teil der Literatur, die aus § 309 AktG mit Abschluss des Beherrschungsvertrages ein gesetzliches Schuldverhältnis zwischen dem Vorstand des herrschenden Unternehmens und der abhängigen Gesellschaft konstruieren, dessen Inhalt sich mit dem eben **440**

449 Emmerich/Habersack/*Emmerich* AktG, § 309 Rn. 30 f.; *Emmerich* GS Sonnenschein, S. 651, 654; GroßKommAktG/*Hirte*, § 309 Rn. 26.

450 So jedoch: *Emmerich* GS Sonnenschein, S. 651, 654; Emmerich/Habersack/*Emmerich* AktG, § 309 Rn. 30.

451 *Kropff* Textausgabe AktG 1965, S. 405.

gefundenen Ergebnis deckt.[452] Allerdings bedarf es einer solchen Konstruktion gar nicht, weil die sich aus dem Beherrschungsvertrag ergebenden Schutzpflichten auch Pflichten i. S. d. § 309 Abs. 2 S. 1 AktG darstellen.

441 Kurzum: Der Sinn und Zweck des § 309 AktG gebietet es, die Schutzpflichten aus dem Beherrschungsvertrag, soweit es um den Teil der Möglichkeit der Weisungsmacht geht, auf den Vorstand der herrschenden Gesellschaft zu erweitern. Konsequenterweise muss dann auch die von § 309 AktG gebotene Außenpflichtverletzung zu einer Schadensersatzpflicht im Außenverhältnis führen (§ 309 Abs. 2 S. 1 AktG).

bb) Die Haftung des Aufsichtsrates der herrschenden AG

442 Besteht für den Aufsichtsrat der herrschenden Gesellschaft eine Überwachungspflicht, würde bei einer Verletzung dieser Pflicht das oben zur Haftung des Aufsichtsrats zur mangelnden Überwachung des Vorstands bei pflichtwidriger Weisung Geschriebene entsprechend gelten.[453]

443 Einzig noch zu klären ist die Frage, was die maßgebliche Pflichtverletzung des Aufsichtsrats sein soll. Von diesem wird erwartet, dass er auf den Vorstand einwirkt und diesen darauf hinweist, eine solche Warnung auszusprechen. Kommt er dieser Pflicht nicht nach, handelt er pflichtwidrig. In den meisten Fällen wird der Aufsichtsrat diese Pflichtverletzung auch verschuldet haben.

5. Zwischenergebnis

444 Wird der Beherrschungsvertrag trotz mangelnder Vollwertigkeit des Verlustausgleichsanspruchs weiterpraktiziert, kommt eine Schadensersatzpflicht mehrerer für die entstandenen Schäden in Betracht. Das kommt mittelbar den Gläubigern der anspruchsberechtigten Gesellschaften zugute.

445 Der Vorstand der herrschenden Gesellschaft macht sich grundsätzlich beiden Gesellschaften gegenüber schadensersatzpflichtig, wenn er trotz mangelnder Vollwertigkeit des Verlustausgleichsanspruchs eine Weisung erteilt. Allerdings steht er in Gesamtschuldnerschaft mit dem herrschenden Unternehmen, weshalb unter Umständen der Schaden bei einer der beiden Gesellschaften entfallen kann. Die Untersuchung hat ferner ergeben, dass der Muttervorstand sich sogar regelmäßig auch schon dann haftbar macht, wenn er die abhängige Gesellschaft über die mangelnde Vollwertigkeit des Verlustausgleichsanspruchs nicht

---

452 Emmerich/Habersack/*Emmerich* AktG, § 309 Rn. 1; *Klein* ZIP 2017, 258, 261; *Schäfer* Organstellung, S. 174.

453 Siehe Rn. 394 ff.

aufklärt. Damit macht sich in der Regel auch der Aufsichtsrat der herrschenden Gesellschaft schadensersatzpflichtig, weil er das rechtswidrige Verhalten des Vorstands hätte überwachen müssen.

Hingegen werden sich der Vorstand und Aufsichtsrat der abhängigen Gesell- 446 schaft bei der Weiterpraktizierung des Beherrschungsvertrages trotz mangelnder Vollwertigkeit des Verlustausgleichsanspruchs in der Regel nicht schadensersatzpflichtig machen.

Schlussendlich werden es in der Praxis wohl nicht die Organträger sein, die 447 für den Schaden mit ihrem Privatvermögen einstehen.[454] Es werden vielmehr die sog. *Directors-and-Officers*-Versicherungen (kurz: D&O-Versicherungen) sein, die den entstandenen Schaden regulieren, denn trotz der Freiwilligkeit sind die D&O-Versicherungen weit verbreitet, bei börsennotierten Unternehmen sogar eine Selbstverständlichkeit.[455]

---

454 Vgl.: *Thümmel* Haftung von Managern, Rn. 40.

455 Krieger/U. Schneider/*Balthasar* Managerhaftung-HdB, Rn. 33.2; *Dreher*/*Thomas* ZGR 2009, 31, 32; *Hemeling* FS Hoffmann-Becking, S. 491, 491; *Janert* BB 2013, 3016, 3016; Krieger/U. Schneider/*Krieger* Managerhaftung-HdB, Rn. 3.58; *v. Schenck* NZG 2015, 494, 495.

G. Ergebnisse der Untersuchung

„Im Konzern ist alles anders"
(Herbert Wiedemann, 1988)

Diese Arbeit hat sich zum Ziel gesetzt, die Fragen rund um die Haftung bei Doppelinsolvenz im AG-Vertragskonzern zu beleuchten.

Im Ausgangspunkt wurde festgestellt, dass typischerweise das Haftungssubstrat der insolventen Schuldnerin für die bestehenden Verbindlichkeiten haftet. Ganz im Sinne des obigen Zitats wurde daraufhin untersucht, inwiefern sich die Haftung im Vertragskonzern von der Haftung bei unabhängigen Gesellschaften unterscheidet.

Angesichts der Besonderheiten des Vertragskonzerns hat sich für die Untersuchung eine dreistufige Prüfung angeboten:

- Der Konzern als Schuldner für die Konzerngläubiger (materielle Konsolidierung)
- Die Konzernmutter als Schuldnerin der Gläubiger der abhängigen Gesellschaft
- Die Organträger als Schuldner der Konzerngläubiger

Die Ergebnisse der einzelnen Untersuchungen werden im folgenden thesenartig zusammengefasst:

(1) Das Grundmodell der materiellen Konsolidierung verstößt *de lege lata* gegen zwei Grundpfeiler der Insolvenzordnung, namentlich dem Prinzip der Haftungstrennung (Rn. 254 ff.) und dem Prinzip der Gläubigergleichbehandlung (Rn. 267 ff.).

(2) *Hirte* hat das Grundmodell der materiellen Konsolidierung modifiziert und dabei einen überlegenswerten Ansatz geliefert, wie die materielle Konsolidierung mit dem deutschen Gesellschafts- und Insolvenzrecht vereinbar ist. Über diesen Ansatz ist in Zukunft weiter nachzudenken (Rn. 292 ff.)

(3) Im Fall der Doppelinsolvenz (Rn. 192 f.) endet der Beherrschungsvertrag *ipso iure* (Rn. 219). Der dann in Frage kommende Zahlungsanspruch des Gläubigers (i. S. d. § 303 AktG) gegen die herrschende Gesellschaft aus § 303 Abs. 1 AktG führt bei Geltendmachung, außer im Fall der absoluten

Vermögenslosigkeit der Muttergesellschaft, immer zu einer höheren Befriedigungsquote (Rn. 303 ff.).

(4) Im Ergebnis bleibt es formaljuristisch bei der Haftungstrennung, auch wenn dieser Grundsatz zugunsten der Tochtergesellschaft wegen des Verlustausgleichsanspruchs aufgeweicht ist (Rn. 261).

(5) Es kommen im Fall der Doppelinsolvenz im AG-Vertragskonzern lediglich besondere Organhaftungsansprüche der herrschenden und abhängigen Gesellschaft in Betracht (Rn. 338 ff.). Die Anspruchsgeltendmachung kommt schlussendlich den Gläubigern der jeweiligen Gesellschaft zugute. Für das richtige Haftungsverständnis der Organwalter bedarf es eines genauen Blicks auf die Beziehungen der einzelnen Regelungsinstitute des Vertragskonzernrechts zueinander (Rn. 142 ff.).

(6) Das Weisungsrecht nach § 308 AktG kann nur bestehen, sofern der Verlustausgleichsanspruch aus § 302 Abs. 1 AktG vollwertig ist (Rn. 148 ff.). Dementsprechend enden die Eingriffsbefugnisse des herrschenden Unternehmens, sobald der Verlustausgleichsanspruch nicht mehr vollwertig ist. Der Beherrschungsvertrag darf nicht mehr weiterpraktiziert werden.

(7) Wird trotzdem eine Weisung erteilt und ausgeführt, handeln zwar sowohl der Vorstand und Aufsichtsrat der herrschenden als auch der abhängigen Gesellschaft pflichtwidrig. Schadensersatzpflichtig machen sich aber regelmäßig nur der Vorstand und Aufsichtsrat der herrschenden Gesellschaft, weil die Organwalter der abhängigen Gesellschaft in der Regel unverschuldet handeln (Rn. 373 ff.). Während der Vorstand der herrschenden Gesellschaft auch nach außen, sprich gegenüber der abhängigen Gesellschaft, haftet, haftet der Aufsichtsrat der herrschenden Gesellschaft nur im Verhältnis zur Anstellungskörperschaft.

(8) Aus dem Beherrschungsvertrag i. V. m. § 241 Abs. 2 BGB ergibt sich die Pflicht des Vorstands der herrschenden Gesellschaft, die abhängige Gesellschaft alsbald auf die mangelnde Vollwertigkeit des Verlustausgleichsanspruchs hinzuweisen. Handelt er pflichtwidrig, haftet er auch hier nicht nur im Innenverhältnis, sondern auch gegenüber der abhängigen Gesellschaft (Rn. 407 ff.). Für mangelnde Überwachung haftet auch der Aufsichtsrat der herrschenden Gesellschaft im Innenverhältnis (Rn. 442).

Literaturverzeichnis

Acher, **Franz**: Vertragskonzern und Insolvenz – Zur Problematik der Leitungsmacht eines herrschenden Unternehmens bei Insolvenz und Liquidation einer Tochtergesellschaft, Diss. Frankfurt a. M., 1987 (zitiert: *Acher* Vertragskonzern und Insolvenz).

***Adam*, Dietmar/*Poertzgen*, Christoph**: Überlegungen zum Europäischen Konzerninsolvenzrecht (Teil 2), in: ZInsO 2008, S. 347–352.

Albach, **Horst**: Betriebswirtschaftliche Überlegungen zur rechtlichen Neugestaltung der Insolvenz von Konzernen, in: ZfB 1984, S. 773–780.

Altmeppen, **Holger**: Abschied vom „qualifiziert faktischen" Konzern – Verflechtungen im faktischen Unternehmensverbund und ihre Auswirkungen, Heidelberg 1991 (zitiert: *Altmeppen* Abschied vom „qualifiziert faktischen" Konzern).

Altmeppen, **Holger**: Aufsteigende Sicherheiten im Konzern, in: ZIP 2017, S. 1977–1982.

Altmeppen, **Holger**: Cash Pooling und Kapitalerhaltung bei bestehendem Beherrschungs- oder Gewinnabführungsvertrag, in: NZG 2010, S. 361–368.

Altmeppen, **Holger**: Der Verlustausgleichsanspruch nach § 302 AktG – Noch ein Kunstfehler im „modernen" Verjährungsrecht, in: DB 2002, S. 879–880.

Altmeppen, **Holger**: Die Grenzen der Zulässigkeit des Cash Pooling, in: ZIP 2006, S. 1025–1035.

Altmeppen, **Holger**: Die Haftung des Managers im Konzern, München 1998 (zitiert: *Altmeppen* Haftung des Managers).

Altmeppen, **Holger**: Haftungsrisiken für Organwalter im Vorfeld der Konzerninsolvenz, in: ZIP 2013, S. 801–810.

Altmeppen, **Holger**: Interessenkonflikte im Konzern, in: ZHR 171 (2007), S. 320–341.

Altmeppen, **Holger**: Notleidender Verlustausgleichsanspruch und Haftungsfolgen im Vertragskonzern, in: Festschrift Eberhard Vetter zum 70. Geburtstag, hrsg. v. *Grunewald*, Barbara/*Koch*, Jens/*Tielmann*, Jörgen, Köln 2019, S. 1–13.

Altmeppen, **Holger**: „Upstream-loans", Cash Pooling und Kapitalerhaltung nach neuem Recht, in: ZIP 2009, S. 49–56.

Altmeppen, **Holger**: Zur Entstehung, Fälligkeit und Höhe des Verlustausgleichsanspruchs nach § 302 AktG – zugleich Besprechung des Urteils des BGH vom 11.10.1999 – II ZR 120/98, in: DB 1999, S. 2453–2457.

Andres, **Dirk/*Leithaus*, Rolf (Hrsg.)**: Kommentar zur Insolvenzordnung, 4. Auflage, München 2018 (zitiert: Andres/Leithaus/*Bearbeiter* InsO).

Arens, **Stephan**: Untreue im Konzern, Diss. Freiburg i. Br., 2010.

Assmann, **Heinz-Dieter**: Gläubigerschutz im faktischen GmbH-Konzern durch richterliche Rechtsfortbildung – Teil 2, in: JZ 1986, S. 928–938.

Bachmann, **Gregor**: Das „vernünftige" Vorstandsmitglied – Zum richtigen Verständnis der deutschen Business Judgement Rule (§ 93 Abs. 1 Satz 2 AktG), in: Festschrift Eberhard Stilz zum 65. Geburtstag, hrsg. v. *Habersack*, Mathias/*Huber*, Karl/*Spindler*, Gerald, München 2014, S. 25–44.

Bälz, **Ulrich**: Einheit und Vielfalt im Konzern, in: Funktionswandel der Privatrechtsinstitutionen – Festschrift für Ludwig Raiser zum 70. Geburtstag, hrsg. v. *Auer*, Fritz/*Esser*, Josef/*Kübler*, Friedrich/*Steindorff*, Ernst, Tübingen 1974, S. 287–338.

Bälz, **Ulrich**: Verbundene Unternehmen, in: AG 1992, S. 277–311.

Bamberger, **Heinz/*Roth*, Herbert/*Hau*, Wolfgang/*Poseck*, Roman (Hrsg.)**: Beck`scher Online-Kommentar zum Bürgerlichen Gesetzbuch, 51. Edition (Stand: 01.08.2019), München 2019 (zitiert: BeckOK-BGB/*Bearbeiter*).

Baumbach, **Adolf (Begr.)/*Hueck*, Alfred (Hrsg.)**: Kommentar zum Gesetz betreffend die Gesellschaften mit beschränkter Haftung, 21. Auflage, München 2017 (zitiert.: Baumbach/Hueck/*Bearbeiter* GmbHG).

Bayer, **Walter**: Der grenzüberschreitende Beherrschungsvertrag – Ein Beitrag zur Dogmatik des deutschen internationalen Konzernrechts, Diss. Mannheim, 1988 (zitiert: *Bayer* Grenzüberschreitender Beherrschungsvertrag).

Beck, **Lukas**: Die Auswirkung der Insolvenz auf den Fortbestand von Organschaft und Konzern, in: MwStR 2014, S. 359–369.

Becker, **Christoph**: Insolvenzrecht, 3. Auflage, Köln 2010 (zitiert: *C. Becker* InsR).

Becker, **Moritz**: Kooperationspflichten in der Konzerninsolvenz, Diss. München, 2012.

Behrends, **Okko/*Knütel*, Rolf/*Kupisch*, Berthold/*Seiler*, Hans**: Corpus Iuris Civilis – Text und Übersetzung, Band 1 – Institutionen, Heidelberg 1990 (zitiert: *Behrends/Knütel/Kupisch/Seiler* Corpus Iuris Civilis, Bd. 1, Institutionen).

Berthold, **Dorothee**: Unternehmensverträge in der Insolvenz, Diss. Passau, 2004 (zitiert: *Berthold* Unternehmensverträge).

Bitter, **Georg/*Heim*, Sebastian**: Gesellschaftsrecht, 4. Auflage, München 2018 (zitiert: *Bitter/Heim* GesR).

Bitz, **Michael/*Domsch*, Michel/*Ewert*, Ralf/*Wagner*, Franz (Hrsg.)**: Vahlens Kompendium der Betriebswirtschaftslehre, Bd. 2, 5. Auflage, München 2005 (zitiert: Bitz/Domsch/Ewert/Wagner/*Bearbeiter* BWL).

***Blasche*, Sebastian/*König*, Mirko**: Upstream Darlehen vor dem Hintergrund des neuen § 30 Abs. 1 GmbHG, in: GmbHR 2009, S. 897–902.

***Böhme*, Lothar**: Die Aufklärungspflicht bei Vertragsverhandlungen, Diss. Göttingen, 1964 (zitiert: *Böhme* Aufklärungspflicht).

***Boehmer*, Gustav**: Grundlagen der Bürgerlichen Rechtsordnung, Band II/1: Dogmengeschichtliche Grundlagen des Bürgerlichen Rechtes, Tübingen 1951.

***Bork*, Reinhard**: Die Wirkung des § 93 InsO auf Ansprüche aus § 303 AktG – Ein Beitrag zur Verzahnung von Insolvenz- und Aktienrecht, in: ZIP 2012, S. 1001–1007.

***Bork*, Reinhard**: Einführung in das Insolvenzrecht, 9. Auflage., Tübingen 2019 (zit: *Bork* InsR).

***Bormann*, Michael/*Ulrichs*, Marc**: Kapitalaufbringung und Kapitalerhaltung nach dem MoMiG, in: GmbHR Sonderheft 10/2008 – GmbH-Beratung nach dem MoMiG – Die Neuregelungen und ihre praktischen Auswirkungen im Überblick, hrsg. v. *Römermann*, Volker/*Wachter*, Thomas, S. 37–51.

***Bous*, Ulrich**: Die Konzernleitungsmacht im Insolvenzverfahren konzernverbundener Kapitalgesellschaften, Diss. Bonn, 2001 (zitiert: *Bous* Konzernleitungsmacht).

***Brachvogel*, Gerrit**: Leitungsmacht und Verantwortlichkeit im Konzern, Diss. München, 1967 (zitiert: *Brachvogel* Leitungsmacht).

***Brandes*, Helmut**: Grundsätze der Kapitalerhaltung im Vertragskonzern, in: Festschrift für Alfred Kellermann zum 70. Geburtstag am 29. November 1990, hrsg. v. *Goerdeler*, Reinhard/*Hommelhoff*, Peter/*Lutter*, Marcus/*Odersky*, Walter/*Wiedemann*, Herbert, Berlin/New York 1991, S. 25–35.

***Braun*, Eberhard (Hrsg.)**: Kommentar zur Insolvenzordnung, 7. Auflage, München 2017 (Braun/*Bearbeiter* InsO).

***Brünkmans*, Christian**: Die Koordinierung von Insolvenzverfahren konzernverbundener Unternehmen nach deutschem und europäischem Insolvenzrecht, Diss. Bonn, 2009 (zitiert: *Brünkmans* Koordinierung von Insolvenzverfahren).

***Bürgers*, Tobias/*Körber*, Torsten (Hrsg.)**: Kommentar zum Aktiengesetz; 4. Auflage, Heidelberg 2017 (zitiert: Bürgers/Körber/*Bearbeiter* AktG).

***Büscher*, Dirk**: Die qualifizierte faktische Konzernierung – eine gelungene Fortbildung des Rechts der GmbH?, Diss. Bochum, 1999 (zitiert: *Büscher* Die qualifizierte faktische Konzernierung).

Bundesagentur für Arbeit: Beschäftigte nach ausgewählten Merkmalen (Zeitreihe Quartalszahlen) – Stichtag: 31.12.2018, https://statistik.arbeitsagentur.de/Statistikdaten/Detail/Aktuell/iiia6/beschaeftigung-sozbe-zr-ausgew-merkmale/zr-ausgewmerkmale-altersgr-d-0-xlsx.xlsx, zuletzt abgerufen: 21.09.2019 (zitiert: *Bundesagentur für Arbeit* Beschäftigung 12/2018).

Bundesanstalt für Finanzdienstleistungsaufsicht: Rundschreiben 8/2011 (BA) – Umsetzung der CEBS-Großkreditleitlinie vom 11.12.2009 sowie weitere Auslegungsentscheidungen zu Großkreditvorschriften, https://www.bafin.de/SharedDocs/Veroeffentlichungen/DE/Rundschreiben/rs_1108_ba_cebs_grosskreditleitlinie.html, zuletzt abgerufen: 04.09.2019 (zitiert: BaFin Rundschreiben 8/2011).

Bundesministerium der Justiz: Erster Bericht der Kommission für Insolvenzrecht, Köln 1985 (zitiert: BMJ Erster Bericht der Kommission für Insolvenzrecht).

***Busch*, Holger/*Winkens*, Herbert/*Büker*, Melanie**: Insolvenzrecht und Steuern visuell, 2. Auflage, Stuttgart 2014 (zitiert: *Busch/Winkens/Büker* InsR und Steuern).

***Claussen*, Carsten/*Semler*, Johannes**: Abgestufte Überwachungspflicht des Aufsichtsrats, in: AG 1984, S. 20–22.

***Coase*, Ronald**: The nature of the Firm, in: Economica 1937, Vol. 4 Issue 16, S. 386–405.

***Dauner-Lieb*, Barbara/*Heidel*, Thomas/*Lepa*, Manfred/*Ring*, Gerhard (Hrsg.)**: Das neue Schuldrecht – Ein Lehrbuch, Heidelberg 2002 (zitiert: Dauner-Lieb/Heidel/Lepa/Ring/*Bearbeiter* Das neue Schuldrecht).

***Decher*, Christian**: Verbundeffekte im Aktienkonzernrecht und im Recht der Unternehmensbewertung, in: Festschrift für Peter Hommelhoff zum 70. Geburtstag, hrsg. v. *Erle*, Bernd/*Goette*, Wulf/*Kleindiek*, Detlef/*Krieger*, Gerd/*Priester*, Hans-Joachim/*Schubel*, Christian/*Schwab*, Martin/*Teichmann*, Christoph/*Witt*, Carl-Heinz, Köln 2012, S. 115–133.

***Dreher*, Meinrad/*Thomas*, Stefan**: Die D&O-Versicherung nach der VVG-Novelle 2008, in: ZGR 2009, S. 31–73.

***Drüke*, Heiner**: Die Haftung der Muttergesellschaft für Schulden der Tochtergesellschaft – Eine Untersuchung nach deutschem und US-amerikanischem Recht, Köln/Berlin/Bonn/München 1990 (zitiert: *Drüke* Die Haftung der Muttergesellschaft).

***Druey*, Jean Nicolas**: Die Zukunft des Konzernrechts, in: Festschrift für Peter Hommelhoff zum 70. Geburtstag, hrsg. v. *Erle*, Bernd/*Goette*, Wulf/*Kleindiek*, Detlef/*Krieger*, Gerd/*Priester*, Hans-Joachim/*Schubel*, Christian/*Schwab*, Martin/*Teichmann*, Christoph/*Witt*, Carl-Heinz, Köln 2012, S. 135–160.

***Drygala*, Tim/*Staake*, Marco/*Szalai*, Stephan**: Kapitalgesellschaftsrecht – Mit Grundzügen des Konzern- und Umwandlungsrechts, Berlin/Heidelberg 2012 (zitiert: *Drygala/Staake/Szalai* KapGesR).

***Dubovitskaya*, Elena**: Sind Vorstandsmitglieder einer AG wirklich Treuhänder?, in: NZG 2015, S. 983–988.

***Eberth*, Christine**: Die Aktiengesellschaft mit atypischer Zwecksetzung, Diss. Trier, 2000 (zitiert: *Eberth* Atypische Zwecksetzung).

***Ehricke*, Ulrich**: Das abhängige Konzernunternehmen in der Insolvenz, Habil. HU Berlin, 1998 (zitiert: *Ehricke* Das abhängige Konzernunternehmen).

***Ehricke*, Ulrich**: Die Zusammenfassung von Insolvenzverfahren mehrerer Unternehmen desselben Konzerns, in: DZWiR 1999, S. 353–363.

***Ehricke*, Ulrich**: Zur gemeinschaftlichen Sanierung insolventer Unternehmen eines Konzerns; in: ZInsO 2002, S. 393–397.

***Eichholz*, Rainer**: Das Recht konzerninterner Darlehen, Diss. Darmstadt, 1992 (zitiert: *Eichholz* Konzerninterne Darlehen).

***Eidenmüller*, Horst**: Der nationale und der internationale Insolvenzverwaltungsvertrag, in: ZZP 2001, S. 3–36.

***Eidenmüller*, Horst**: Verfahrenskoordination bei Konzerninsolvenzen, in: ZHR 169 (2005), S. 528–569.

***Eidenmüller*, Horst/*Frobenius*, Tilmann**: Ein Regulierungskonzept zur Bewältigung von Gruppeninsolvenzen: Verfahrenskonsolidierung im Kontext nationaler und internationaler Reformvorhaben, in: ZIP 2013, Beilage zu Heft 22, S. 1–20.

***Emmerich*, Volker**: Das Konzernrecht der Personengesellschaften – Rückblick und Ausblick, in: Festschrift für Walter Stimpel zum 68. Geburtstag am 29. November 1985, hrsg. v. *Lutter*, Marcus/*Mertens*, Hans-Joachim/*Ulmer*, Peter, Berlin/New York 1985, S. 743–757.

***Emmerich*, Volker**: Zur Organhaftung im Vertragskonzern, in: Gedächtnisschrift Jürgen Sonnenschein, hrsg. v. *Jickeli*, Joachim/*Kreutz*, Peter/*Reuter*, Dieter, Berlin 2003, S. 651–660.

***Emmerich*, Volker/*Habersack*, Mathias (Hrsg.)**: Aktien- und GmbH-Konzernrecht, 9. Auflage, München 2019 (zitiert: Emmerich/Habersack/*Bearbeiter* AktG).

***Emmerich*, Volker/*Habersack*, Mathias**: Konzernrecht, 10. Auflage, München 2013 (zitiert: *Emmerich/Habersack* KonzernR).

***Emmerich*, Volker/*Lange*, Knut**: Kartellrecht, 14. Auflage, München 2018 (*Emmerich/Lange* KartellR).

***Emmerich*, Volker/*Sonnenschein*, Jürgen**: Konzernrecht – Das Recht der verbundenen Unternehmen bei Aktiengesellschaft, GmbH, Personengesellschaften, Genossenschaft, Verein und Stiftung, 6. Auflage, München 1997 (zitiert: *Emmerich/Sonnenschein* KonzernR).

***Erman*, Walter (Begr.):** Kommentar zum Bürgerlichen Gesetzbuch, hrsg. v. *Grunewald*, Barbara/*Maier-Reimer*, Georg/*Westermann*, Harm Peter, 15. Auflage, Köln 2017 (zitiert: Erman/*Bearbeiter* BGB).

***Eschenbruch*, Klaus:** Konzernhaftung – Haftung der Unternehmen und der Manager, Düsseldorf 1996 (zitiert: *Eschenbruch* Konzernhaftung).

***Eschwege*, Ludwig:** Tochtergesellschaften, in: Die Bank 1914, S. 544–551.

***Fichtelmann*, Helmar:** Die Beendigung des Gewinnabführungsvertrags und ihre Auswirkungen auf die Organschaft, in: GmbHR 2010, S. 576–584.

***Fischbach*, Jonas/*Lüneborg*, Cäcilie:** Die Organpflichten bei der Durchsetzung von Organhaftungsansprüchen im Aktienkonzern, in: NZG 2015, S. 1142–1150.

***Fischer*, Curt:** Die Reform des Aktiengesetzes – Grundsätzliche Gesichtspunkte und einige Vorschläge für die Neufassung, in: AcP 154 (1955), S. 181–243.

***Fischer*, Florian:** Haftung der Verwaltung der Aktiengesellschaft im Subordinationsvertrag, Diss. Würzburg, 1968 (zitiert: *F. Fischer* Haftung der Verwaltung).

***Flechtheim*, Julius:** Konzernbildung und Aktienrecht, in: Recht und Wirtschaft 1922, S. 21–24.

***Fleischer*, Holger (Hrsg.):** Handbuch des Vorstandsrechts, München 2006 (zitiert: Fleischer/*Bearbeiter* HdB-Vorstandsrecht).

***Fleischer*, Holger:** Informationsasymmetrie im Vertragsrecht – Eine rechtsvergleichende und interdisziplinäre Abhandlung zu Reichweite und Grenzen vertragsschlußbezogener Aufklärungspflichten, Habil. Köln, 2001 (zitiert: *Fleischer* Informationsasymmetrie).

***Fleischer*, Holger:** Konzernleitung und Leitungssorgfalt der Vorstandsmitglieder im Unternehmensverbund, in: DB 2005, S. 759–766.

***Flöther*, Lucas (Hrsg.):** Handbuch zum Konzerninsolvenzrecht, 2. Auflage, München 2018 (zitiert: Flöther/*Bearbeiter* HdB-KonzernInsR).

***Flume*, Werner:** Die konzernrechtliche Gestaltung im Aktienrecht, in: Werner Flume – Gesammelte Schriften, hrsg. v. *Jakobs*, Horst/*Knobbe-Keuk*, Brigitte/*Picker*, Eduard/*Wilhelm*, Jan, Bd. 2, Köln 1988, S. 169–180 (zitiert: *Flume* Gesammelte Schriften II).

***Foerste*, Ulrich:** Insolvenzrecht, 7. Auflage, München 2018 (zitiert: *Foerste* InsR).

***Freudenberg*, Rainer:** Der Fortbestand des Beherrschungs- und Gewinnabführungsvertrages in der Insolvenz der Konzernobergesellschaft, in: ZIP 2009, S. 2037–2047.

***Fridgen*, Alexander/*Geiwitz*, Arndt/*Göpfert*, Burkard (Hrsg.):** Beck`scher Online-Kommentar zur Insolvenzordnung, 14. Edition (Stand: 25.04.2019), München 2019 (zitiert: BeckOK-InsO/*Bearbeiter*).

***Friedländer*, Heinrich**: Die Interessengemeinschaft als Rechtsform der Konzernbildung, Berlin 1921 (zitiert: *Friedländer* Konzernbildung).

***Fröchtenicht*, Ralf**: Wertsteigernde Desinvestitionsstrategien in Konzernen – Die Entflechtung integrierter Konzernstrukturen, Diss. Trier, 2008 (zitiert: *Fröchtenicht* Desinvestitionsstrategien).

***Gärtner*, Matthias**: Die rechtlichen Grenzen der Zulässigkeit des Cash Pooling, Diss. Passau, 2011 (zitiert: *Gärtner* Grenzen des Cash Pooling).

***Gärtner*, Matthias**: Rückabwicklung überhöhter Gewinnabführung, in: AG 2014, S. 793–806.

***Geißler*, Markus**: Der Geschäftsführer der vertraglich konzernierten GmbH im Spannungsfeld gefährdender Weisungen des herrschenden Unternehmens, in: GmbHR 2015, S. 734–741.

***Geitzhaus*, Georg**: Verlustausgleichspflicht als Motor der Konzernplanung (I), in: GmbHR 1989, S. 397–406.

***Geßler*, Ernst**: Bestandsschutz der beherrschten Gesellschaft im Vertragskonzern?, in: ZHR 140 (1976), S. 433–441.

***Geßler*, Ernst/*Hefermehl*, Wolfgang/*Eckhardt*, Ulrich/*Kropff*, Bruno (Hrsg.)**: Kommentar zum Aktiengesetz – Band VI (§§ 291 – 410), München 1976 (zitiert: GHEK/*Bearbeiter* AktG).

***Glaser*, Erhard**: Grenzen des Weisungsrechts im Vertragskonzern, Diss. München, 1982 (zitiert: *Glaser* Grenzen des Weisungsrechts).

***Godin*, Reinhard von/*Wilhelmi*, Hans (Begr.)**: Kommentar zum Aktiengesetz, 4. Auflage, Berlin/New York 1971 (zitiert: Godin/Wilhelmi/*Bearbeiter* AktG, 4. Aufl.).

***Godin*, Reinhard von (Begr.)/*Wilhelmi*, Hans (Hrsg.)**: Kommentar zum Aktiengesetz – Band 2 (§§ 179 – 410; Einführungsgesetze), 3. Auflage, Berlin 1967 (zitiert: Godin/Wilhelmi/*Bearbeiter* AktG, 3. Aufl.).

***Göhmann*, Lars/*Winnen*, Armin**: Anforderungen an die Beendigung von Unternehmensverträgen mit einer abhängigen GmbH, in: RNotZ 2015, S. 53–67.

***Görling*, Helmut**: Die Konzernhaftung in mehrstufigen Unternehmensverbindungen, Diss. Frankfurt a. M., 1998 (zitiert: *Görling* Konzernhaftung).

***Görling*, Helmut**: Die Verbreitung zwei- und mehrstufiger Unternehmensverbindungen, in: AG 1993, S. 538–547.

***Goette*, Wulf/*Habersack*, Mathias (Hrsg.)**: Das MoMiG in Wissenschaft und Praxis, Köln 2009 (zitiert: Goette/Habersack/*Bearbeiter* MoMiG).

***Götz*, Heinrich**: Leitungssorgfalt und Leitungskontrolle der Aktiengesellschaft hinsichtlich abhängiger Unternehmen, in: ZGR 1998, S. 524–546.

Götz, **Heinrich**: Zustimmungsvorbehalte des Aufsichtsrates der Aktiengesellschaft, in: ZGR 1990, S. 633–656.

***Gottwald*, Peter (Hrsg.)**: Insolvenzrechts-Handbuch, 5. Auflage, München 2015 (zitiert: Gottwald/*Bearbeiter* InsR-HdB).

***Gottwald*, Peter**: Grenzüberschreitende Insolvenzen – Europäische und weltweite Tendenzen und Lösungen, München 1997 (zitiert: *Gottwald* Grenzüberschreitende Insolvenzen).

***Graeber*, Thorsten**: Der Konzerninsolvenzverwalter – Pragmatische Überlegungen zu Möglichkeiten eines Konzerninsolvenzverfahrens, in: NZI 2007, S. 265–270.

***Grigoleit*, Hans (Hrsg.)**: Kommentar zum Aktiengesetz, München 2013 (zitiert: Grigoleit/*Bearbeiter* AktG).

***Grigoleit*, Hans/*Rieder*, Markus**: GmbH-Recht nach dem MoMiG – Analyse, Strategie, Gestaltung, München 2009 (zitiert: *Grigoleit/Rieder* GmbH Recht nach dem MoMiG).

Großkommentar zum Aktiengesetz – Band 4 (§§ 291 – 410): 3. Auflage, Berlin/New York 1975 (zitiert: GroßKommAktG/*Bearbeiter*, 3. Aufl.).

Großkommentar zum Aktiengesetz – Band 5 (§§ 95 – 116): hrsg. v. *Hirte*, Heribert/*Mülbert*, Peter/*Roth*, Markus, 5. Auflage, Berlin/Boston 2019 (zitiert: GroßKommAktG/*Bearbeiter*).

Großkommentar zum Aktiengesetz – Band 6 (§ 117; Unternehmensmitbestimmung; § 76 Abs. 4): hrsg. v. *Hirte*, Heribert/*Mülbert*, Peter/*Roth*, Markus, 5. Auflage, Berlin/Boston 2018 (zitiert: GroßKommAktG/*Bearbeiter*).

Großkommentar zum Aktiengesetz – Band 8 (§§ 278 – 310): hrsg. v. *Hopt*, Klaus J./*Wiedemann*, Herbert, 4. Auflage, Berlin 2013 (zitiert: GroßKommAktG/*Bearbeiter*).

***Grüner*, Michael**: Die Beendigung von Gewinnabführungs- und Beherrschungsverträgen, Diss. Bayreuth, 2003 (zitiert: *Grüner* Beendigung von Organisationsverträgen).

***Grunewald*, Barbara**: Einführung ins Konzernrecht, in: JA 1992, S. 11–18.

***Gutenberg*, Erich**: Grundlagen der Betriebswirtschaftslehre – Erster Band: Die Produktion, 24. Auflage, Berlin/Heidelberg/New York/Tokyo 1984 (zitiert: *Gutenberg* Die Produktion).

***Gutenberg*, Erich**: Grundlagen der Betriebswirtschaftslehre – Zweiter Band: Der Absatz, 17. Auflage, Berlin/Heidelberg/New York/Tokyo 1984 (zitiert: *Gutenberg* Der Absatz).

***Habersack*, Mathias**: Aufsteigende Kredite nach MoMiG, in: Steuerzentrierte Rechtsberatung – Festschrift für Harald Schaumburg zum 65. Geburtstag, hrsg. v. *Spindler*, Wolfgang/*Tipke*, Klaus/*Rödder*, Thomas, Köln 2009, S. 1291–1305.

***Habersack*, Mathias**: Der persönliche Schutzbereich des § 303 AktG, in: Beiträge zum Unternehmensrecht – Festschrift für Hans-Georg Koppensteiner zum 65. Geburtstag, hrsg. v. *Kramer*, Ernst/*Schuhmacher*, Wolfgang, Wien 2001, S. 31–41.

***Happ*, Wilhelm (Hrsg.)**: Konzern- und Umwandlungsrecht, Köln 2012 (zitiert: Happ/*Bearbeiter*).

***Harbarth*, Stephan**: Weisungsrecht und Berichtswege bei der Konzernleitung in Matrixstrukturen, in: Festschrift für Alfred Bergmann zum 65. Geburtstag am 13. Juli 2018, hrsg. v. *Dreher*, Meinrad/*Drescher*, Ingo/*Mülbert*, Peter O./*Verse*, Dirk, Berlin/Boston 2018, S. 243–258.

***Harder*, Sebastian**: Das neue deutsche Konzerninsolvenzrecht im Überblick, in: NJW-Spezial 2017, S. 469–470.

***Hasselbach*, Kai**: Überwachungs- und Beratungspflichten des Aufsichtsrats in der Krise, in: NZG 2012, S. 41–48.

***Haussmann*, Fritz**: Die Tochtergesellschaft – Eine rechtliche Studie zur modernen Konzernbildung und zum Effektenkapitalismus, Berlin 1923 (zitiert: *Haussmann* Tochtergesellschaft).

***Heesing*, Joachim**: Bestandsschutz des Beherrschungs- und Gewinnabführungsvertrags in der Unternehmenskrise und im Konkurs, Diss. Bielefeld, 1988 (zitiert: *Heesing* Bestandsschutz).

***Heidel*, Thomas (Hrsg.)**: Aktienrecht und Kapitalmarktrecht, 4. Auflage, Baden-Baden 2014 (zitiert: Heidel/*Bearbeiter* AktG).

***Hemeling*, Peter**: Neuere Entwicklungen in der D&O-Versicherung, in: Festschrift für Michael Hoffmann-Becking zum 70. Geburtstag, hrsg. v. *Krieger*, Gerd/*Lutter*, Marcus/*Schmidt*, Karsten, München 2013, S. 491–510.

***Hengeler*, Hans/*Hoffmann-Becking*, Michael**: Insolvenz im Vertragskonzern, in: Strukturen und Entwicklungen im Handels-, Gesellschafts- und Wirtschaftsrecht – Festschrift für Wolfgang Hefermehl zum 70. Geburtstag am 18. September 1976, hrsg. v. *Fischer*, Robert/*Geßler*, Ernst/*Schilling*, Wolfgang/*Serick*, Rolf/*Ulmer*, Peter, München 1976, S. 283–304.

***Henssler*, Martin/*Strohn*, Lutz (Hrsg.)**: Gesellschaftsrecht, 4. Auflage, München 2019 (zitiert: Henssler/Strohn/*Bearbeiter*).

***Hentzen*, Matthias**: Zulässigkeit der Verrechnung des Verlustausgleichsanspruchs aus § 302 Abs. 1 AktG im Cash Pool, in: AG 2006, S. 133–142.

***Henze*, Hartwig**: Konzernrecht – Höchst- und obergerichtliche Rechtsprechung, Köln 2001 (zitiert: *Henze* KonzernR).

Henze, **Hartwig**: Leitungsverantwortung des Vorstands – Überwachungspflicht des Aufsichtsrats, in: BB 2000, S. 209–216.

Henze, **Hartwig**: Neue Rechtsprechung zu Rechtsstellung und Aufgaben des Aufsichtsrats, in: BB 2005, S. 165–175.

Hill, **Charles/*Hoskisson*, Robert**: Strategy and Structure in the Multiproduct Firm, in: Academy of Management Review 1987, Vol. 12, S. 331–341.

Hirte, **Heribert**: Die Tochtergesellschaft in der Insolvenz der Muttergesellschaft als Verpfändung von „Konzern"-Aktiva an Dritte – Überlegungen zur Entwicklung eines Konzerninsolvenzrechts, in: Festschrift für Karsten Schmidt zum 70. Geburtstag, hrsg. v. *Bitter*, Georg/*Lutter*, Marcus/*Priester*, Hans-Joachim/*Schön*, Wolfgang/*Ulmer*, Peter, Köln 2009, S. 641–656.

Hirte, **Heribert**: Insolvenzanfechtung im Konzern: upstream guarantees als anfechtbare Rechtshandlungen, in: Verschuldung, Haftung, Vollstreckung, Insolvenz – Festschrift für Gerhart Kreft zum 65. Geburtstag, hrsg. v. *Haarmeyer*, Hans/*Hirte*, Heribert/*Kirchhof*, Hans-Peter/*Graf von Westphalen*, Friedrich, Bonn 2004, S. 307–325.

Hirte, **Heribert**: Kapitalgesellschaftsrecht, 8. Auflage, Köln 2016 (zitiert: *Hirte* KapGesR).

Hirte, **Heribert**: Towards a Framework for the Regulation of Corporate Groups' Insolvencies, in: ECFR 2008, S. 213–236.

Hirte, **Heribert**: Vorschläge für die Kodifikation eines Konzerninsolvenzrechts, in: ZIP 2008, S. 444–449.

Hölters, **Wolfgang (Hrsg.)**: Kommentar zum Aktiengesetz, 3. Auflage, München 2017 (zitiert: Hölters/*Bearbeiter* AktG).

Hoffmann-Becking, **Michael**: Der Aufsichtsrat im Konzern, in: ZHR 159 (1995), S. 325–345.

Hoffmann-Becking, **Michael**: Gibt es das Konzerninteresse?, in: Festschrift für Peter Hommelhoff zum 70. Geburtstag, hrsg. v. *Erle*, Bernd/*Goette*, Wulf/*Kleindiek*, Detlef/*Krieger*, Gerd/*Priester*, Hans-Joachim/*Schubel*, Christian/*Schwab*, Martin/*Teichmann*, Christoph/*Witt*, Carl-Heinz, Köln 2012, S. 433–446.

Holle, **Philipp**: Legalitätskontrolle im Kapitalgesellschafts- und Konzernrecht, Diss. Konstanz, 2014 (zitiert: *Holle* Legalitätskontrolle).

Holzer, **Johannes**: Die Empfehlungen der UNCITRAL zum nationalen und internationalen Konzerninsolvenzrecht, in: ZIP 2011, S. 1894–1900.

Hommelhoff, **Peter**: Der Verlustausgleich im Mehrmütter-Vertragskonzern – zu den Legitimationsgrundlagen der aktienrechtlichen Ausgleichspflicht, in: Bilanz- und Konzernrecht – Festschrift zum 65. Geburtstag von Dr. Dr. h.c. Reinhard Goerdeler, hrsg. v. *Havermann*, Hans, Düsseldorf 1987, S. 221–239.

***Hommelhoff*, Peter**: Die Konzernleitungspflicht – Zentrale Aspekte eines Konzernverfassungsrechts, Habil. Bochum, 1982 (zitiert: *Hommelhoff* Konzernleitungspflicht).

***Hommelhoff*, Peter**: Eigenkapital-Ersatz im Konzern und in Beteiligungsverhältnissen, in: WM 1984, S. 1105–1118.

***Hommelhoff*, Peter**: Grundsätze ordnungsgemäßer Kontrolle der Beteiligungsverwaltung des Konzernvorstands durch den Konzernaufsichtsrat, in: AG 1995, S. 225–227.

***Hommelhoff*, Peter**: Vernetzte Aufsichtsratsüberwachung im Konzern?, in: ZGR 1996, S. 144–163.

***Hommelhoff*, Peter**: Zur Anteils- und Beteiligungsüberwachung im Aufsichtsrat, in: Festschrift für Walter Stimpel zum 68. Geburtstag am 29. November 1985, hrsg. v. *Lutter*, Marcus/*Mertens*, Hans-Joachim/*Ulmer*, Peter, Berlin/New York 1985, S. 603–620.

***Hommelhoff*, Peter/*Stimpel*, Walter/*Ulmer*, Peter (Hrsg.)**: Heidelberger Konzernrechtstage: Der qualifizierte faktische GmbH-Konzern – Analyse der Rechtsprechung – Folgerungen für die Praxis, Köln 1992 (zitiert: Hommelhoff/Stimpel/Ulmer/*Bearbeiter* Konzernrechtstage).

***Hong*, Yan**: Materielle Konsolidierung bei Konzerninsolvenzen – Eine Studie aus rechtsvergleichender Perspektive zu den USA, Deutschland und China, Diss. HU Berlin, 2019 (zitiert: *Hong* Materielle Konsolidierung).

***Hüffer*, Uwe (Begr.)/*Koch*, Jens**: Beck`scher Kurzkommentar zum Aktiengesetz, 13. Auflage, München 2018 (zitiert: Hüffer/Koch/*Bearbeiter* AktG).

***Humbeck*, Jochen**: Plädoyer für ein materielles Konzerninsolvenzrecht, in: NZI 2013, S. 957–962.

***Ihrig*, Hans-Christoph/*Schäfer*, Carsten**: Rechte und Pflichten des Vorstands, Köln 2014 (zitiert: *Ihrig/Schäfer* Vorstand).

***Immenga*, Ulrich**: Bestandsschutz der beherrschten Gesellschaft im Vertragskonzern?, in: ZHR 140 (1976), S. 301–316.

INSOL Europe: Revision of the European Insolvency Regulation – Proposals by INSOL Europe (zitiert: INSOL European Insolvency Regulation).

***Isay*, Rudolf**: Das Recht am Unternehmen, Berlin 1910 (zitiert: *Isay* Recht am Unternehmen).

***Jaeger*, Ernst (Begr.)**: Kommentar zur Konkursordnung mit Einführungsgesetzen, Bd. II/2, §§ 208–244, 8. Auflage, Berlin/New York 1973 (zitiert: Jaeger/*Bearbeiter* KO).

***Jaffè*, Michael/*Friedrich*, Andreas**: Verbesserung der Wettbewerbsfähigkeit des Insolvenzstandorts Deutschland, in: ZIP 2008, S. 1849–1858.

Janert, **Ingo**: Rechtliche Gestaltungsmöglichkeiten zur Beschränkung der Geschäftsführerhaftung, in: BB 2013, S. 3016–3022.

Jensen, **Christoph**: Der Konzern in der Krise – Aktuelle Rechtsfragen im Kontext deutscher und europäisch-grenzüberschreitender Konzerninsolvenzen, Diss. Kiel, 2018 (zitiert: *Jensen* Der Konzern).

Jula, **Rocco/*Breitbarth*, Carmen**: Legalitätsausgleich im Konzern durch konzerninterne Darlehen, in: AG 1997, S. 256–265.

JUVE Verlag für juristische Information GmbH: Aus der Mode gekommen: Die größten Insolvenzen 2016, https://www.juve.de/nachrichten/namenundnachrichten/2016/12/aus-der-mode-gekommen-die-groessten-insolvenzen-2016, vom 19.12.2016, zuletzt abgerufen: 04.09.2019 (zitiert: JUVE Top 50 Insolvenzen 2016).

JUVE Verlag für juristische Information GmbH: Imtech schlägt sie alle: Die größten Insolvenzen 2015, https://www.juve.de/nachrichten/namenundnachrichten/2015/12/imtech-schlaegt-sie-alle-die-groessten-insolvenzen-2015, vom 21.12.2015, zuletzt abgerufen: 04.09.2019 (zitiert: JUVE Top 50 Insolvenzen 2015).

JUVE Verlag für juristische Information GmbH: Mode, Möbel und Metall: Die größten Insolvenzen 2017, https://www.juve.de/nachrichten/insolvenzen/2017/12/mode-moebel-und-metall-die-groessten-insolvenzen-2017, vom 29.12.2017, zuletzt abgerufen: 04.09.2019 (zitiert: JUVE Top 50 Insolvenzen 2017).

JUVE Verlag für juristische Information GmbH: Von Weltbild bis zur Autowelt: Die größten Insolvenzen 2014, https://www.juve.de/nachrichten/namenundnachrichten/2015/01/von-weltbild-bis-zur-autowelt-die-groessten-insolvenzen-2014, vom 16.01.2015, zuletzt abgerufen: 04.09.2019 (zitiert: JUVE Top 50 Insolvenzen 2014).

Känel, **Siegfried von**: Betriebswirtschaftslehre – Eine Einführung, Wiesbaden 2018 (zitiert: *v. Känel* BWL).

Kantzas, **Ioannis**: Das Weisungsrecht im Vertragskonzern, Diss. München, 1988 (zitiert: *Kantzas* Weisungsrecht).

Kieninger, **Eva-Maria**: Informations-, Aufklärungs- und Beratungspflichten, in: AcP 199 (1999), S. 190–147.

Kindl, **Johann**: Gesellschaftsrecht, 2. Auflage, Baden-Baden 2019 (zitiert: *Kindl* GesR).

Kirchner, **Christian**: Ökonomische Überlegungen zum Konzernrecht, in: ZGR 1985, S. 214–234.

Klee, **Kenneth/*Butler*, Brendt**: Asset-Backed Securitization, Special Purpose Vehicles and Other Securitization Issues, in: Uniform Commercial Code Law Journal 2002, Vol. 35, S. 23–68.

Klein, **Sebastian**: Pflichten und Haftungsrisiken der Geschäftsleitung beim Cash Pooling, in: ZIP 2017, S. 258–270.

Kleindiek, **Detlef**: Entstehung und Fälligkeit des Verlustausgleichsanspruchs im Vertragskonzern - Besprechung der Entscheidung BGHZ 142, 382, in: ZGR 2001, S. 479–496.

Kleindiek, **Detlef**: Strukturvielfalt im Personengesellschafts-Konzern - Rechtsformspezifische und rechtsformübergreifende Aspekte des Konzernrechts, Diss. Bielefeld, 1991 (zitiert: *Kleindiek* Strukturvielfalt).

Kley, **Karl-Ludwig**: Die Rechtsstellung der außenstehenden Aktionäre bei der vorzeitigen Beendigung von Unternehmensverträgen, Diss. München, 1986 (zitiert: *Kley* Rechtsstellung).

Klingler, **Joachim**: Aufklärungspflichten im Vertragsrecht - Hypothesen zu ihrer richterlichen Instrumentalisierung, Diss. Frankfurt a. M., 1981 (zitiert: *Klingler* Aufklärungspflichten).

Klöckner, **Stefan**: Ausfallhaftung der Obergesellschaft bei Beendigung eines Beherrschungs- oder Gewinnabführungsvertrages, in: ZIP 2011, S. 1454–1459.

Knecht, **Thomas/*Hommel*, Ulrich/*Wohlenberg*, Holger (Hrsg.)**: Handbuch Unternehmensrestrukturierung - Grundlagen, Konzepte, Maßnahmen, 2. Auflage, Wiesbaden 2018 (zitiert: Knecht/Hommel/Wohlenberg/*Bearbeiter* HdB-Unternehmensrestrukturierung).

Knoblau, **Jochen**: Leitungsmacht und Verantwortlichkeit bei Bestehen eines Beherrschungsvertrages nach der Regelung des neuen Aktiengesetztes vom 6.9.1965 (BGBl I S. 1089), Diss. Würzburg, 1968 (zitiert: *Knoblau* Leitungsmacht und Verantwortlichkeit).

Koch, **Ulrich**: Urteilsanmerkung zu BGH, Urt. v. 14.12.1987–II ZR 170/87, in: EWiR 1988, S. 1149–1150.

Kölner Kommentar zum Aktiengesetz - Band 1 (§§ 1–75): hrsg. v. *Zöllner*, Wolfgang/*Noack*, Ulrich, 3. Auflage, Köln 2011 (zitiert: KölnKommAktG/*Bearbeiter*).

Kölner Kommentar zum Aktiengesetz - Band 2/2 (§§ 95–117): hrsg. v. *Zöllner*, Wolfgang/*Noack*, Ulrich, 3. Auflage, Köln 2013 (zitiert: KölnKommAktG/*Bearbeiter*).

Kölner Kommentar zum Aktiengesetz - Band 3 (§§ 291–410): hrsg. v. *Zöllner*, Wolfgang, 2. Auflage, Köln/Berlin/Bonn/München 1985 (zitiert: KölnKommAktG/*Bearbeiter*, 2. Aufl.).

Kölner Kommentar zum Aktiengesetz – Band 6 (§§ 15–22; §§ 291–328): hrsg. v. *Zöllner*, Wolfgang/*Noack*, Ulrich, 3. Auflage, Köln/Berlin/München 2004 (zitiert: KölnKommAktG/*Bearbeiter*).

***Kötz*, Hein**: Vertragliche Aufklärungspflichten – Eine rechtsökonomische Studie, in: Festschrift für Ulrich Drobnig zum siebzigsten Geburtstag, hrsg. v. *Basedow*, Jürgen/*Hopt*, Klaus/*Kötz*, Hein, Tübingen 1998, S. 563–577.

***Koppensteiner*, Hans-Georg**: Buchbesprechung – Emmerich/Sonnenschein, Konzernrecht, 5. Auflage 1993, in: AG 1995, S. 95–96.

***Kort*, Michael**: Anwendung der Grundsätze der fehlerhaften Gesellschaft auf einen „verdeckten" Beherrschungsvertrag?, in: NZG 2009, S. 364–368.

***Kort*, Michael**: Der Abschluß von Beherrschungs- und Gewinnabführungsverträgen im GmbH-Recht, Diss. München, 1986 (zitiert: *Kort* Abschluß von Unternehmensverträgen).

***Kort*, Michael**: Die konzerngebundene GmbH in der Insolvenz, in: ZIP 1988, S. 681–689.

***Krebs*, Peter**: Sonderverbindung und außerdeliktische Schutzpflichten, Habil. Köln, 2000 (zitiert: *Krebs* Sonderverbindung).

***Krieger*, Gerd**: Unternehmensvertrag und Insolvenz, in: Festschrift für Friedrich Wilhelm Metzeler zum 70. Geburtstag, hrsg. v. *Betteray*, Wolfgang/*Delhaes*, Wolfgang, Köln 2003, S. 139–152.

***Krieger*, Gerd/*Schneider*, Uwe (Hrsg.)**: Handbuch Managerhaftung, 3. Auflage, Köln 2017 (zitiert: Krieger/U. Schneider/*Bearbeiter* Managerhaftung-HdB).

***Kropff*, Bruno**: 25 Jahre Aktiengesetz – was waren die Ziele und was wurde erreicht?, in: 25 Jahre Aktiengesetz, hrsg. v. *Lutter*, Marcus, Düsseldorf 1991, S. 19–51 (zitiert: *Kropff* 25 Jahre AktG).

***Kropff*, Bruno**: Aktiengesetz – Textausgabe des Aktiengesetzes vom 6.9.1965 (Bundesgesetzbl. I S. 1089) und des Einführungsgesetzes zum Aktiengesetz vom 6.9.1965 (Bundesgesetzbl. I S. 1185), Düsseldorf 1965 (zitiert: *Kropff* Textausgabe AktG 1965).

***Kropff*, Bruno**: Das Konzernrecht des Aktiengesetzes 1965, in: BB 1965, S. 1281–1289.

***Kropff*, Bruno**: Zur Konzernleitungspflicht, in: ZGR 1984, S. 112–133.

***Kübler*, Bruno**: Konzern und Insolvenz – Zur Durchsetzung konzernmäßiger Sanierungsziele an den Beispielsfällen AEG und Korf, in: ZGR 1984, S. 560–593.

***Kübler*, Friedrich**: Haftungstrennung und Gläubigerschutz im Recht der Kapitalgesellschaften – Zur Kritik der „Autokran"-Doktrin des Bundesgerichtshofes, in: Festschrift für Theodor Heinsius zum 65. Geburtstag am

25. September 1991, hrsg. v. *Kübler*, Friedrich/*Mertens*, Hans-Joachim/*Werner*, Winfried, Berlin/New York 1991, S. 397–424.

***Kübler*, Friedrich/*Assmann*, Heinz-Dieter**: Gesellschaftsrecht – Die privatrechtlichen Ordnungsstrukturen und Regelungsprobleme von Verbänden und Unternehmen, 6. Auflage, Heidelberg 2006 (zitiert: *Kübler/Assmann* GesR).

***Kühnberger*, Manfred/*Schmidt*, Thorsten**: Der Konzernabschluß als Ausschüttungsbemessungsgrundlage, in: ZfB 1999, S. 1263–1291.

***Kuhlmann*, Jens/*Ahnis*, Erik**: Konzern- und Umwandlungsrecht, 4. Auflage, Heidelberg 2016 (zitiert *Kuhlmann/Ahnis* KonzernR).

***Kuhn*, Georg (Begr.)/*Uhlenbruck*, Wilhelm (Hrsg.)**: Kommentar zur Konkursordnung, 11. Auflage, München 1994 (zitiert: Kuhn/Uhlenbruck/*Bearbeiter* KO).

***Larsson*, Rikard**: Organizational Integration of Mergers and Akquisitions: A case survey of realization of synergy potentials, Diss. University of Southern California, 1989 (zitiert: *Larsson* Organizational Integration).

***Lehmann*, Heinrich**: Gesellschaftsrecht, 2. Auflage, Berlin/Frankfurt a. M. 1959 (zitiert: *Lehmann* GesR).

***Leinekugel*, Rolf/*Winstel*, Marc**: Sicherheitsleistung nach § 303 AktG (analog) bei der Beendigung von Unternehmensverträgen im mehrstufigen Konzern, in: AG 2012, S. 389–399.

***Lenz*, Tobias**: Zustimmungsvorbehalte im Konzern, in: AG 1997, S. 448–454.

***Lettl*, Tobias**: Kartellrecht, 4. Auflage, München 2017 (zitiert: *Lettl* KartellR).

***Leuschner*, Lars**: Das Konzernrecht des Vereins, Habil. Mainz, 2011 (zitiert: *Leuschner* VereinskonzernR).

***Leutheusser-Schnarrenberger*, Sabine**: Dritte Stufe der Insolvenzrechtsreform – Entwurf eines Gesetzes zur Erleichterung der Bewältigung von Konzerninsolvenzen, in: ZIP 2013, S. 97–102.

***Liebscher*, Thomas**: Die Erfüllung des Verlustausgleichsanspruchs nach § 302 AktG, in: ZIP 2006, S. 1221–1229.

***Liefmann*, Robert**: Die Unternehmungen und ihre Zusammenschlüsse, Band 2: Kartelle, Konzerne und Trusts, 8. Auflage, Stuttgart 1930 (zitiert: *Liefmann* Kartelle, Konzerne und Trusts).

***Limmer*, Peter**: Die Haftungsverfassung des faktischen GmbH-Konzerns – Haftungsrechtliche Konsequenzen von Konzernleitung und -organisation, Diss. Bochum, 1992 (zitiert: *Limmer* Haftungsverfassung).

***Linnhoff*, Ulrich/*Pellens*, Bernhard**: Ausschüttungspolitik deutscher Konzerne – Eine empirische Untersuchung zum Ausschüttungsverhalten deutscher Konzernobergesellschaften, in: ZfbF 1987, S. 987–1006.

***Löbbe*, Marc**: Unternehmenskontrolle im Konzern – Die Kontrollaufgaben von Vorstand, Geschäftsführer und Aufsichtsrat, Diss. Heidelberg, 2003 (zitiert: *Löbbe* Unternehmenskontrolle).

***Lutter*, Marcus**: Der Aufsichtsrat im Konzern, in: AG 2006, S. 517–521.

***Lutter*, Marcus**: Der Konzern in der Insolvenz, in: ZfB 1984, S. 781–788.

***Lutter*, Marcus**: Information und Vertraulichkeit im Aufsichtsrat, 3. Auflage, Köln/Berlin/München 2006 (zitiert: *Lutter* Information und Vertraulichkeit).

***Lutter*, Marcus/*Hommelhoff*, Peter (Hrsg.)**: Kommentar zum Gesetz betreffend die Gesellschaften mit beschränkter Haftung, 19. Auflage, Köln 2016 (zitiert: Lutter/Hommelhoff/*Bearbeiter* GmbHG).

***Lutter*, Marcus/*Krieger*, Gerd/*Verse*, Dirk**: Rechte und Pflichten des Aufsichtsrats, 6. Auflage, Köln 2014 (zitiert: *Lutter*/*Krieger*/*Verse* Aufsichtsrat).

***Lutter*, Marcus/*Scheffler*, Eberhard/*Schneider*, Uwe (Hrsg.)**: Handbuch der Konzernfinanzierung, Köln 1998 (zitiert: Lutter/Scheffler/U. Schneider/*Bearbeiter* HdB-Konzernfinanzierung).

***Lutter*, Marcus/*Semler*, Johannes (Hrsg.)**: Rechtsgrundlagen freiheitlicher Unternehmenswirtschaft, Köln 1991 (zitiert: Lutter/Semler/*Bearbeiter* Rechtsgrundlagen freiheitlicher Unternehmenswirtschaft).

***Martens*, Klaus-Peter**: Der Aufsichtsrat im Konzern, in: ZHR 159 (1995), S. 567–592.

***Meilicke*, Heinz**: Korporative Versklavung deutscher Aktiengesellschaften durch Beherrschungs- und Gewinnabführungsverträge gegenüber in- und ausländischen Unternehmen, in: Berliner Festschrift für Ernst E. Hirsch – Dargebracht von Mitgliedern der Juristischen Fakultät zum 65. Geburtstag, hrsg. v. Juristische Fakultät Berlin, Berlin 1968, S. 99–126.

***Meister*, Burkhardt**: Der Ausgleichsanspruch nach § 302 Abs. I AktG bei Beherrschungs- und Gewinnabführungsverträgen als Kreditsicherheit, in: WM 1976. S. 1182–1192.

***Mellewigt*, Thomas**: Konzernorganisation und Konzernführung – Eine empirische Untersuchung börsennotierter Konzerne, Diss. Mainz, 1995 (zitiert: *Mellewigt* Konzernorganisation).

***Mertens*, Hans-Joachim**: Die Haftung wegen Mißbrauchs der Leitungsmacht nach § 309 AktG, in: AcP 168 (1968), S. 225–234.

***Mertens*, Hans-Joachim**: Die rechtliche Behandlung von Options- und Wandelungsrechten anläßlich der Eingliederung der verpflichteten Gesellschaft, in: AG 1992, S. 209–216.

***Mertens*, Hans-Joachim**: Empfiehlt sich die Einführung eines konzernbezogenen Reorganisationsverfahrens?, in: ZGR 1984, S. 542–559.

Mestmäcker, **Ernst-Joachim**: Zur Systematik des Rechts der verbundenen Unternehmen im neuen Aktiengesetz, in: Das Unternehmen in der Rechtsordnung – Festgabe für Heinrich Kronstein aus Anlass seines 70. Geburtstages am 12. September 1967, hrsg. v. *Biedenkopf*, Kurt/*Coing*, Helmut/*Mestmäcker*, Ernst, Karlsruhe 1967, S. 129–150.

Mestmäcker, **Ernst-Joachim**: Verwaltung, Konzerngewalt und Rechte der Aktionäre – Eine rechtsvergleichende Untersuchung nach deutschem Aktienrecht und dem Recht der Corporations in den Vereinigten Staaten, Habil. Frankfurt a. M., 1958 (zitiert: *Mestmäcker* Verwaltung).

Mevorach, **Irit**: Appropriate Treatment of Corporate Groups in Insolvency: A Universal View, in: European Business Organization Law Review 2008, Vol. 8, S. 179–194.

Mittnacht, **Jens**: Die Kapitalmarktbewertung von Desinvestitionen – eine Ereignisstudie über Selloffs und Unit Buyouts in Kontinentaleuropa, Diss. München, 2005 (zitiert: *Mittnacht* Kapitalmarktbewertung).

Mock, **Sebastian**: Das neue Konzerninsolvenzrecht nach dem Gesetz zur Erleichterung der Bewältigung von Konzerninsolvenzen, in: DB 2017, S. 951–957.

Morsch, **Stephan**: Probleme der Kapitalaufbringung und der Kapitalerhaltung im Cash-Pool, in: NZG 2003, S. 97–107.

Mülbert, **Peter/*Leuschner*, Lars**: Aufsteigende Darlehen im Kapitalerhaltungs- und Konzernrecht – Gesetzgeber und BGH haben gesprochen, in: NZG 2009, S. 281–288.

Müller, **Hans-Peter**: Zur Gewinn- und Verlustermittlung bei aktienrechtlichen Gewinnabführungsverträgen, in: Bilanz- und Konzernrecht – Festschrift zum 65. Geburtstag von Dr. Dr. h.c. Reinhard Goerdeler, hrsg. v. *Havermann*, Hans, Düsseldorf 1987, S. 375–396.

Müller, **Klaus**: Die Haftung der Muttergesellschaft für die Verbindlichkeiten der Tochtergesellschaft im Aktienrecht, in: ZGR 1977, S. 1–34.

Müller, **Thomas/*Stöcker*, Ernst/*Lieber*, Bettina**: Die Organschaft, 10. Auflage, Herne 2017 (zitiert: Müller/Stöcker/Lieber/*Bearbeiter* Organschaft).

Müller, **Welf**: Ist nach dem TBB-Urteil des Bundesgerichtshof eine Verlustübernaheverpflichtung im qualifiziert faktischen Konzern noch begründbar?, in: Festschrift für Heinz Rowedder zum 75. Geburtstag 1994, hrsg. v. *Pfeiffer*, Gerd/*Wiese*, Günther/*Zimmermann*, Klaus, S. 277–295.

Münchener Anwalts Handbuch Aktienrecht: hrsg. v. *Schüppen*, Matthias/*Schaub*, Bernhard, 3. Auflage, München 2018 (zitiert: AnwHdB-AktG/*Bearbeiter*).

Münchener Handbuch des Gesellschaftsrechts – Band 4: Aktiengesellschaft: hrsg. v. *Hoffmann-Becking*, Michael, 4. Auflage, München 2015 (zitiert: MHdB-AG/*Bearbeiter*).

Münchener Kommentar zum Aktiengesetz – Band 1 (§§ 1–75): hrsg. v. *Goette*, Wulf/*Habersack*, Mathias, 5. Auflage, München 2019 (zitiert: MüKoAktG/*Bearbeiter*).

Münchener Kommentar zum Aktiengesetz – Band 2 (§§ 76–117): hrsg. v. *Goette*, Wulf/*Habersack*, Mathias, 5. Auflage, München 2019 (zitiert: MüKo-AktG/*Bearbeiter*).

Münchener Kommentar zum Aktiengesetz – Band 5 (§§ 278–328): hrsg. v. *Goette*, Wulf/*Habersack*, Mathias, 5. Auflage, München 2020 (zitiert: MüKo-AktG/*Bearbeiter*).

Münchener Kommentar zum Bürgerlichen Gesetzbuch – Band 2 (§§ 241–310): hrsg. v. *Säcker*, Franz/*Rixecker*, Roland/*Oetker*, Hartmut/*Limperg*, Bettina, 8. Auflage, München 2019 (zitiert: MüKoBGB/*Bearbeiter*).

Münchener Kommentar zum Gesetz betreffend die Gesellschaften mit beschränkter Haftung: GmbHG – Band 1 (§§ 1–34): hrsg. v. *Fleischer*, Holger/*Goette*, Wulf, 3. Auflage, München 2018 (zitiert: MüKoGmbHG/*Bearbeiter*).

Münchener Kommentar zur Insolvenzordnung – Band 1 (§§ 1–79, InsVV): hrsg. v. *Stürner*, Rolf/*Eidenmüller*, Horst/*Schoppmeyer*, Heinrich, 4. Auflage, München 2019 (zitiert: MüKoInsO/*Bearbeiter*).

Münchener Kommentar zur Insolvenzordnung – Band 3 (§§ 217-359, Art. 103a – 110 EGInsO, Konzerninsolvenzrecht, Insolvenzsteuerrecht): hrsg. v. *Stürner*, Rolf/*Eidenmüller*, Horst/*Schoppmeyer*, Heinrich, 3. Auflage, München 2014 (zitiert: MüKoInsO/*Bearbeiter*).

***Mylich*, Falk**: § 300 Nr. 3 AktG als Grundlage des Kapitalschutzes im Vertragskonzern, in: AG 2016, S. 529–537.

***Neuhaus*, Jürgen**: Die zivilrechtliche Organhaftung des Vorstandes einer beherrschten Aktiengesellschaft im sogenannten „faktischen" Konzern und im Vertragskonzern, Diss. Bochum, 1969 (zitiert: *Neuhaus* Die zivilrechtliche Organhaftung).

***Noack*, Ulrich**: Gesellschaftsrecht, Köln 1999 (zitiert: *Noack* GesR).

***Oberhammer*, Paul**: Von der EuInsVO zum europäischen Insolvenzrecht – Eine Zwischenbilanz über rechtspolitische Gestaltungsmittel und Ziele, in: KTS 2009, S. 27–67.

***Oehlrich*, Marcus**: Organisation – Organisationsgestaltung, Principal-Agent-Theorie und Wandel von Organisationen, München 2016 (zitiert: *Oehlrich* Organisation).

***Ott*, Joachim**: Akquisition und Integration mittelständischer Unternehmungen, Diss. St. Gallen, 1990 (zitiert: *Ott* Akquisition und Integration).

***Patzina*, Reinhard/*Bank*, Stefan/*Schimmer*, Dieter/*Simon-Widmann*, Michaele**: Haftung von Unternehmensorganen – Vorstände, Aufsichtsräte, Geschäftsführer, München 2010 (zitiert: Patzina/Bank/Schimmer/Simon-Widmann/*Bearbeiter* Haftung).

***Paulus*, Christoph**: § 1 InsO und sein Insolvenzmodell, in: NZI 2015, S. 1001–1006.

***Paulus*, Christoph**: Group Insolvencies – Some Thoughts About New Approaches, in: Texas International Law Journal 2007, Vol. 42, S. 819–830.

***Paulus*, Christoph**: Konzernrecht und Konkursanfechtung, in: ZIP 1996, S. 2141–2148.

***Paulus*, Christoph**: Überlegungen zu einem modernen Konzerninsolvenzrecht, in: ZIP 2005, S. 1948–1955.

***Paulus*, Christoph**: Wege zu einem Konzerninsolvenzrecht, in: ZGR 2010, S. 270–294.

***Pawlowski*, Hans-Martin**: Einführung in die Juristische Methodenlehre, 2. Auflage, Heidelberg 2000 (zitiert: *Pawlowski* Juristische Methodenlehre).

***Pellens*, Bernhard**: Aktionärsschutz im Konzern – Empirische und theoretische Analyse der Reformvorschläge der Konzernverfassung, Habil. Bochum, 1994 (zitiert: *Pellens* Aktionärsschutz im Konzern).

***Pellens*, Bernhard**: Berücksichtigung der Aktionärsinteressen bei der Gewinnverwendung im Konzern, in: Unternehmenssicherung und Unternehmensentwicklung, hrsg. v. *Elschen*, Rainer, S. 161–191 (zitiert: Elschen/*Pellens* Unternehmenssicherung und -entwicklung).

***Pellens*, Bernhard/*Jödicke*, Dirk/*Richard*, Marc**: Solvenztests als Alternative zur bilanziellen Kapitalerhaltung?, in: DB 2005, S. 1393–1401.

***Peltzer*, Martin**: Die Haftung der Konzernmutter für die Schulden der Tochter, mit der sie durch Ergebnisabführungs- und/oder Beherrschungsvertrag verbunden ist, insbesondere im Falle der Insolvenz der Tochter, in: AG 1975, S. 309–313.

***Pentz*, Andreas**: Die Rechtsstellung der Enkel-AG in einer mehrstufigen Unternehmensverbindung, Diss. Heidelberg, 1994 (zitiert: *Pentz* Enkel-AG).

***Perin*, Sinan**: Synergien bei Unternehmensakquisitionen – Empirische Untersuchung von Finanz- Markt- und Leistungssynergien, Diss. Köln, 1996 (zitiert: *Perin* Unternehmensakquisitionen).

***Peter*, Henry**: Insolvency in a group of companies, substantive and procedural consolidation: when and how?, in: The challenges of insolvency law reform in the 21st century, hrsg. v. *Peter*, Henry/*Jeandin*, Nicolas/*Kiborn*, Jason, Zürich/

Basel/Genf 2006, S. 199–212 (zitiert: *Peter* The challanges of insolvency law reform).

***Philippi*, Ulrich/*Neveling*, Anjella**: Unterjährige Beendigung von Gewinnabführungsverträgen im GmbH-Konzern – Beendigungsgründe und Rechtsfolgen, in: BB 2003, S. 1685–1692.

***Pleyer*, Klemens**: Aktienrecht und Unternehmenskonzentration, in: AG 1959, S. 39–43.

***Pöschke*, Moritz**: Auskunftsrechte der abhängigen Kapitalgesellschaft gegenüber dem herrschenden Unternehmen, in: ZGR 2015, S. 550–590.

***Pohlmann*, André**: Die Haftung wegen Verletzung von Aufklärungspflichten – Ein Beitrag zur culpa in contrahendo und zur positiven Forderungsverletzung unter Berücksichtigung der Schuldrechtsreform, Diss. Trier, 2002 (zitiert: *Pohlmann* Aufklärungspflichten).

***Porter*, Michael**: Competetive Advantage – Creating and Sustaining Superior Performance, New York 1985 (zitiert: *Porter* Competetive Advantage).

***Potthoff*, Erich/*Trescher*, Karl (Begr.)**: Das Aufsichtsratsmitglied – Ein Handbuch der Aufgaben, Rechte und Pflichten, 6. Auflage, Stuttgart 2003 (zitiert: Potthoff/Trescher/*Bearbeiter* Aufsichtsratsmitglied).

***Praël*, Christoph**: Eingliederung und Beherrschungsvertrag als körperschaftliche Rechtsgeschäfte, Diss. München, 1978 (zitiert: *Praël* Eingliederung und Beherrschungsvertrag).

***Priester*, Hans-Joachim**: Liquiditätsausstattung der abhängigen Gesellschaft und unterjährige Verlustdeckung bei Unternehmensverträgen, in: ZIP 1989, S. 1301–1308.

***Raiser*, Ludwig**: Die Konzernbildung als Gegenstand rechts- und wirtschaftswissenschaftlicher Untersuchung, in: Das Verhältnis der Wirtschaftswissenschaft zur Rechtswissenschaft, Soziologie und Statistik, hrsg. v. *Raiser*, Ludwig/*Sauermann*, Heinz/*Schneider*, Erich, Berlin 1964, S. 51–56 (zitiert: *L. Raiser* Konzernbildung).

***Raiser*, Thomas**: Recht der Kapitalgesellschaften, 2. Auflage, München 1992 (zitiert: *T. Raiser* KapGesR, 2. Aufl.).

***Raiser*, Thomas/*Veil*, Rüdiger**: Recht der Kapitalgesellschaften, 6. Auflage, München 2015 (zitiert: *T. Raiser/Veil* KapGesR).

***Rasch*, Harold**: Deutsches Konzernrecht, 5. Auflage, Köln/Berlin/Bonn/München 1974 (zitiert: *Rasch* KonzernR).

***Rasch*, Harold**: Richtige und falsche Wege der Aktienrechtsreform, Karlsruhe 1960 (zitiert: *Rasch* Aktienrechtsreform).

***Reimer*, Franz**: Juristische Methodenlehre, Baden-Baden 2016 (zitiert: *Reimer* Juristische Methodenlehre).

***Reuter*, Dieter**: Ansätze eines Konzernrechts der Personengesellschaft in der höchstrichterlichen Rechtsprechung, in: AG 1986, S. 130–138.

***Reuter*, Dieter**: Die Personengesellschaft als abhängiges Unternehmen, in: ZHR 146 (1982), S. 1–29.

***Reuter*, Peter/*Woltersdorf*, Sascha**: Liquide in der Krise? Wer sich den Kauf aus der Insolvenz noch leisten kann, in: INDAT-Report 03/2009, S. 8–10 (zitiert: *Reuter/Woltersdorf* INDat-Report 03/2009).

***Rittscher*, Hauke**: Cash-Management-Systeme in der Insolvenz, Baden-Baden 2007.

***Rix*, Reinhard**: Gesellschaftsrechtliche Probleme von Gewinnabführungsverträgen bei der GmbH, in: MittRhNotK 1986, S. 29–44.

***Rödel*, Felix**: Aufklärungspflichten und Schadensersatz wegen Aufklärungspflichtverletzung am Beispiel der Anlageberatung, Diss. Mainz, 2015 (zitiert: *Rödel* Aufklärungspflicht).

***Rodermann*, Marcus**: Strategisches Synergiemanagement, Diss. Trier, 1997 (zitiert: *Rodermann* Synergiemanagement).

***Roth*, Markus**: Entwicklung des Aktienrechts und des Aufsichtsrats – Aktiengesetz und Deutscher Corporate Governance Kodes im internationalen Vergleich, in: Festschrift für Theodor Baums zum siebzigsten Geburtstag, hrsg. v. *Siekmann*, Helmut in Gemeinschaft mit *Florstedt*, Tim/*Redenius-Hövermann*, Julia/*Tröger*, Tobias/*Segna*, Ulrich/ *Cahn*, Andreas/*Langenbucher*, Katja, Bd. 2, Tübingen 2017, S. 1023–1039.

***Roth*, Günter (Begr.)/*Altmeppen*, Holger**: Kommentar zum Gesetz betreffend die Gesellschaften mit beschränkter Haftung, 9. Auflage, München 2019 (zitiert: Roth/Altmeppen/*Bearbeiter* GmbHG).

***Rothweiler*, Stefan**: Der Informationsfluss vom beherrschten zum herrschenden Unternehmen im Gesellschafts- und Kapitalmarktrecht, Diss. Frankfurt a. M., 2007 (zitiert: *Rothweiler* Informationsfluss).

***Rowedder*, Heinz**: Die Rechte des Aufsichtsrates in der beherrschten Gesellschaft, in: Festschrift für Konrad Duden zum 70. Geburtstag, hrsg. v. *Pawlowski*, Hans-Martin/*Wiese*, Günther/*Wüst*, Günther, München 1977, S. 501–512.

***Rowedder*, Heinz (Begr.)/*Schmidt-Leithoff*, Christian (Hrsg.)**: Kommentar zum Gesetz betreffend die Gesellschaften mit beschränkter Haftung: GmbHG, 6. Auflage, München 2017 (Rowedder/Schmidt-Leithoff/*Bearbeiter* GmbHG).

***Säcker*, Jürgen**: Zur Problematik von Mehrfachfunktionen im Konzern, in: ZHR 151 (1987), S. 59–71.

***Saenger*, Ingo**: Gesellschaftsrecht, 4. Auflage, München 2018 (zitert: *Saenger* GesR).

***Sämisch*, Henning/*Adam*, Sven**: Gläubigerschutz in der Insolvenz von abhängigen Konzerngesellschaften, in: ZInsO 2007, S. 520–527.

***Samer*, Michael**: Beherrschungs- und Gewinnabführungsverträge gemäß § 291 Abs. 1 AktG in Konkurs und Vergleich der Untergesellschaft, Diss. Freiburg i. Br., 1990 (zitiert: *Samer* Organisationsverträge im Konkurs).

***Schäfer*, Philipp**: Die Organstellung, Anstellungsverträge und Haftung der Mitglieder des Vorstands und der Geschäftsführung abhängiger Gesellschaften, Diss. Hagen, 2003 (zitiert: *Schäfer* Organstellung).

***Schatz*, Stefan**: Die Sicherung des Gesellschaftsvermögens und der Gläubigerinteressen im deutschen Konzernrecht, Diss. Göttingen, 1980 (zitiert: *Schatz* Sicherung des Gesellschaftsvermögens).

***Schauß*, Wolfgang**: Das Weisungsrecht des herrschenden Unternehmens bei Bestehen eines Beherrschungsvertrages (§ 308 AktG), Diss. Frankfurt a. M., 1973 (zitiert: *Schauß* Weisungsrecht).

***Scheel*, Hansjörg**: Konzerninsolvenzrecht – Eine rechtsvergleichende Darstellung des US-amerikanischen und des deutschen Rechts, Diss. Konstanz, 1993 (zitiert: *Scheel* KonzernInsR).

***Schenck*, Kersten von**: Handlungsbedarf bei der D&O-Versicherung, in: NZG 2015, S. 494–501.

***Schilling*, Wolfgang**: Konzernfragen, in: JZ 1957, S. 529–531.

***Schindler*, Charlotte**: Konzerndimensionaler Kündigungsschutz?, in: Der Jurist 2018, S. 29–56.

***Schluck-Amend*, Alexandra**: Der Beherrschungsvertrag als Instrument der Konzernsteuerung, in: Unternehmen, Kapitalmarkt, Finanzierung – Festschrift für Reinhard Marsch-Barner zum 75. Geburtstag, hrsg. v. *Spindler*, Gerald/*Wilsing*, Hans-Ulrich/*Butzke*, Volker, München 2018, S. 491–509.

***Schmidt*, Ingo/*Röhrich*, Martina**: Zielkonflikte zwischen dem Erhalt kompetitiver Marktstrukturen und der Realisierung von Effizienzsteigerungen durch externes Unternehmenswachstum?, in: WiSt 1992, S. 179–184.

***Schmidt*, Karsten**: Die isolierte Verlustdeckungszusage unter verbundenen Unternehmen als Insolvenzabwendungsinstrument – Eine Studie über Voraussetzungen und Inhalt der Zusage sowie über die Rechtsfolgen ihres Fehlschlags, in: Festschrift für Winfried Werner zum 65. Geburtstag am 17. Oktober 1984 – Handelsrecht und Wirtschaftsrecht in der Bankpraxis, hrsg. v. *Hadding*, Walther/*Immenga*, Ulrich/*Mertens*, Hans-Joachim/*Pleyer*, Klemens/*Schneider*, Uwe, Berlin/New York 1984, S. 777–794.

Schmidt, **Karsten**: Die konzernrechtliche Verlustübernahmepflicht als gesetzliches Dauerschuldverhältnis – Eine rechtsdogmatische Problemskizze zu § 302 AktG, in: ZGR 1983, S. 513–534.

Schmidt, **Karsten**: Flexibilität und Praktikabilität im Konzerninsolvenzrecht – Die Zuständigkeitsfrage als Beispiel, in: ZIP 2012, S. 1053–1058.

Schmidt, **Karsten**: Gesellschaftsrecht, 4. Auflage, Köln/Berlin/Bonn/München 2002 (zitiert: *K. Schmidt* GesR).

Schmidt, **Karsten**: Konzern-Insolvenzrecht – Entwicklungsstand und Perspektiven, in: KTS 2010, S. 1–37.

Schmidt, **Karsten**: Wege zum Insolvenzrecht der Unternehmen – Befunde, Kritik, Perspektiven, Köln 1990 (zitiert: *K. Schmidt* Insolvenzrecht der Unternehmen).

Schmidt, **Karsten**: Zum Stand des Konzernhaftungsrechts bei der GmbH – Bemerkungen zum „Video“-Urteil des Bundesgerichtshofs vom 23. September 1991, in: ZIP 1991, S. 1325–1330.

Schmidt, **Karsten/*Lutter*, Marcus (Hrsg.)**: Kommentar zum Aktiengesetz – Band 1 (§§ 1–149), 3. Auflage, Köln 2015 (zitiert: K. Schmidt/Lutter/*Bearbeiter* AktG).

Schmidt, **Karsten/*Lutter*, Marcus (Hrsg.)**: Kommentar zum Aktiengesetz – Band 2 (§§ 150–410, SpruchG), 3. Auflage, Köln 2015 (zitiert: K. Schmidt/Lutter/*Bearbeiter* AktG).

Schmidt, **Karsten/*Uhlenbruck*, Wilhelm (Hrsg.)**: Die GmbH in Krise, Sanierung und Insolvenz, 5. Auflage, Köln 2016 (zitiert: K. Schmidt/Uhlenbruck/*Bearbeiter* Die GmbH in der Krise).

Schmollinger, **Christian**: Der Konzern in der Insolvenz, Diss. Freiburg i. Br., 2013 (zitiert: *Schmollinger* Konzerninsolvenz).

Schneider, **Sven/*Schneider*, Uwe**: Vorstandshaftung im Konzern, in: AG 2005, S. 57–66.

Schneider, **Uwe**: Das Recht der Konzernfinanzierung, in: ZGR 1984, S. 497–537.

Schneider, **Uwe**: Der Aufsichtsrat des herrschenden Unternehmens im Konzern – Ein Beitrag zum Konzernverfassungsrecht, in: Festschrift für Walther Hadding zum 70. Geburtstag, hrsg. v. *Häuser*, Franz/*Hammen*, Horst/*Hennrichs*, Joachim/*Steinbeck*, Anja/*Siebel*, Ulf/*Welter*, Reinhard, Berlin 2004, S. 621–636.

Schneider, **Uwe**: Die vertragliche Ausgestaltung der Konzernverfassung – zur Anpassung von Gesellschaftsverträgen, Geschäftsordnungen, Stimmbindungsverträgen und Konsortialverträgen an die Konzernlage, in: BB 1986, S. 1993–1999.

***Schneider*, Uwe**: Konzernleitung als Rechtsproblem, in: BB 1981, S. 249–259.

***Schöning*, Pascal/*Steininger*, Andreas**: Beherrschungsverträge mit einer Personengesellschaft als beherrschtem Konzernunternehmen, in: NZG 2019, S. 890–894.

***Scholz*, Franz (Begr.)**: Kommentar zum Gesetz betreffend die Gesellschaften mit beschränkter Haftung, Bd. 1 (§§ 1–34; Konzernrecht), 12. Auflage, Köln 2018 (zitiert: Scholz/*Bearbeiter* GmbHG).

***Schreiber*, Christoph**: Konzernrechtsfreie Kontrolle: Zivilrechtliche Möglichkeiten der Einflussnahme auf die Geschäftsführung der GmbH, Habil. Erlangen-Nürnberg, 2017 (zitiert: *Schreiber* Konzernrechtsfreie Kontrolle).

***Schüler*, Wolfgang**: Die Wissenszurechnung im Konzern, Diss. Bonn, 2000 (zitiert: *Schüler* Wissenszurechnung).

***Schürnbrand*, Jan**: Organschaft im Recht der privaten Verbände, Habil. Mainz, 2007.

***Seibt*, Christoph/*Cziupka*, Johannes**: Existenzgefährdende Weisungen im Vertragskonzern: Prognosepflichten und Haftungsgefahren für den Vorstand der abhängigen Gesellschaft, in: AG 2015, S. 721–732.

***Semler*, Johannes/*Peltzer*, Martin (Begr.)/*Kubis*, Dietmar (Hrsg.)**: Arbeitshandbuch für Vorstandsmitglieder, 2. Auflage, München 2015 (zitiert: Semler/Peltzer/Kubis/*Bearbeiter* HdB-Vorstandsmitglied).

***Semler*, Johannes**: Die Überwachungsaufgabe des Aufsichtsrats, Diss. Bochum, 1980 (zitiert: *Semler* Überwachungsaufgabe des Aufsichtsrats).

***Sester*, Peter**: Plädoyer gegen ein materielles Konzerninsolvenzrecht, in: ZIP 2005, S. 2099–2101.

***Siemon*, Klaus**: Konzerninsolvenzverfahren – wird jetzt alles besser?, in: NZI 2014, S. 55–61.

***Siemon*, Klaus/*Frind*, Frank**: Der Konzern in der Insolvenz – Zur Überwindung des Dominoeffekts in der (internationalen) Konzerninsolvenz, in: NZI 2013, S. 1–11.

***Sina*, Peter**: Grenzen des Konzern-Weisungsrechts nach § 308 AktG, in: AG 1991, S. 1–10.

***Sonnenschein*, Jürgen**: Organschaft und Konzerngesellschaftsrecht unter Berücksichtigung des Wettbewerbsrechts und des Mitbestimmungsrechts, Habil. Bielefeld, 1976 (zitiert: *Sonnenschein* Konzerngesellschaftsrecht).

***Sonnenschein*, Jürgen/*Holdorf*, Britta**: Unbegrenzte Haftung eines GmbH-Gesellschafters im Konzern – Gleichzeitig Besprechung des Urteils des *BGH* vom 23.9.1991 – II ZR 135/90, in: JZ 1992, S. 715–724.

Spindler, **Gerald/*Stilz*, Eberhard (Hrsg.):** Kommentar zum Aktiengesetz – Band 1 (§§ 1–149), 4. Auflage, München 2019 (zitiert: Spindler/Stilz/*Bearbeiter* AktG).

Spindler, **Gerald/*Stilz*, Eberhard (Hrsg.):** Kommentar zum Aktiengesetz – Band 2 (§§ 150–410; SpruchG; SE-VO), 4. Auflage, München 2019 (zitiert: Spindler/Stilz/*Bearbeiter* AktG).

Statistisches Bundesamt: Pressemitteilung Nr. 427 vom 30. November 2016, https://www.destatis.de/DE/Presse/Pressemitteilungen/2016/11/PD16_427_52431.html, zuletzt abgerufen: 05.09.2019 (zitiert: *Statistisches Bundesamt* Pressemitteilung Nr. 427).

Staudinger, **Julius von (Begr.):** Kommentar zum Bürgerlichen Gesetzbuch – Buch 2, Recht der Schuldverhältnisse, Einleitung zum Schuldrecht; §§ 241–243 (Treu und Glauben), Neubearbeitung 2015, Berlin 2015 (zitiert: Staudinger/*Bearbeiter* BGB).

Steinbeck, **Claudia**: Überwachungspflicht und Einwirkungsmöglichkeiten des Aufsichtsrats in der Aktiengesellschaft, Diss. Münster, 1992 (zitiert: *Steinbeck* Überwachungspflicht).

Stephan, **Klaus-Dieter**: Zum Stand des Vertragskonzernrechts, in: Der Konzern 2014, S. 1–28.

Stienemann, **Marc**: Wertsteigerung durch Desinvestitionen, Diss. Witten/Herdecke, 2003 (zitiert: *Stienemann* Desinvestitionen).

Stimpel, **Walter**: Haftung im qualifizierten faktischen GmbH-Konzern, in: ZGR 1991, S. 144–161.

Ströhmann, **Martin**: Haftungsfälle §§ 302, 303 AktG? – Kein Ende mit der Endloshaftung? Kreuzende Beendigungstatbestände und die Pflicht zur Sicherheitsleistung, in: NZG 1999, S. 1030–1039.

Theisen, **Manuel**: Der Konzern – Betriebswirtschaftliche und rechtliche Grundlagen der Konzernunternehmung, 2. Auflage, Stuttgart 2000 (zitiert: *Theisen* Konzern).

Tholen, **Laurenz**: Europäisches Konzernrecht – Eine Untersuchung auf der Grundlage eines Vergleichs des deutschen und englischen Rechts, Diss. Freiburg i. Br., 2013 (*Tholen* Europäisches KonzernR).

Thümmel, **Roderich**: Aufgaben und Haftungsrisiken des Managements in der Krise des Unternehmens, in: BB 2002, S. 1105–1108.

Thümmel, **Roderich**: Persönliche Haftung von Managern und Aufsichtsräten – Haftungsrisiken bei Managementfehlern, Risikobegrenzung und D&O-Versicherung, 5. Auflage, Stuttgart 2016 (zitiert: *Thümmel* Haftung von Managern).

Timm, **Wolfram**: Die Sanierung von Unternehmen – Eine Bestandsaufnahme nach dem 54. DJT, in: ZIP 1983, S. 225–238.

Timm, **Wolfram**: Geklärte und offene Fragen im Vertragskonzernrecht der GmbH – Anmerkungen zum Urteil des LG Bochum vom 1.7.1986, in: GmbHR 1987, S. 8–19.

Timm, **Wolfram**: Grundfälle zum Konzernrecht, in: JuS 1999, S. 553–557.

Timm, **Wolfram**: Hauptversammlungskompetenzen und Aktionärsrechte in der Konzernspitze, in: AG 1980, S. 172–187.

Timm, **Wolfram**/*Schöne*, **Torsten**: Handels- und Wirtschaftsrecht Band II – Ein Arbeitsbuch: Wahlfachstoff, 2. Auflage, München 2002 (zitiert: *Timm*/*Schöne* Handels- und WirtschaftsR II).

Trendelenburg, **Hortense**: Der Gewinnabführungs- und Beherrschungsvertrag in der Krise der Obergesellschaft, in: NJW 2002, S. 647–650.

Tröger, **Tobias**/*Dangelmayer*, **Stephan**: Eigenhaftung der Organe für die Veranlassung existenzvernichtender Leitungsmaßnahmen im Konzern, in: ZGR 2011, S. 558–588.

Tschernig, **Klaus**: Haftungsrechtliche Probleme der Konzerninsolvenz – Eine Untersuchung nach deutschem und US-amerikanischem Recht unter besonderer Berücksichtigung der Problematik grenzüberschreitender Konzerninsolvenzen, Diss. Regensburg, 1995 (zitiert: *Tschernig* KonzernInsR).

Turner, **George**: Zur Stellung des Aufsichtsrats im beherrschten Unternehmen, in: DB 1991, S. 583–586.

Uhlenbruck, **Wilhelm**: Konzerninsolvenzrecht oder wirtschaftlich denkende Richter? Zu den Grenzen richterlicher Rechtsfortbildung im Insolvenzrecht, in: Unternehmenskrisen – Der Jurist als Notarzt – Festschrift für Eberhard Braun zum 60. Geburtstag, hrsg. v. *Kind*, Thomas/*Kießner*, Ferdinand/*Frank*, Achim, München 2007, S. 335–353.

Uhlenbruck, **Wilhelm**: Konzerninsolvenzrecht über einen Insolvenzplan?, in: NZI 1999, S. 41–44.

Ulmer, **Peter**: Gläubigerschutz im „qualifizierten" faktischen GmbH-Konzern – Bemerkungen zum „Autokran"-Urteil des BGH vom 16.9.1985, in: NJW 1986, S. 1579–1586.

Ulmer, **Peter**: Verlustübernahmepflicht des herrschenden Unternehmens als konzernspezifischer Kapitalerhaltungsschutz, in: AG 1986, S. 123–130.

Ulmer, **Peter**: Zur Haftung der abordnenden Körperschaft nach § 31 BGB für Sorgfaltsverstöße des von ihr benannten Aufsichtsratsmitglieds, in: Festschrift für Walter Stimpel zum 68. Geburtstag am 29. November 1985, hrsg. v. *Lutter*, Marcus/*Mertens*, Hans-Joachim/*Ulmer*, Peter, Berlin/New York 1985, S. 705–725.

***Ulmer*, Peter/*Habersack*, Mathias/*Löbbe*, Marc (Hrsg.):** GmbHG – Gesetz betreffend die Gesellschaften mit beschränkter Haftung, Band 2, §§ 29–52, 2. Auflage, Tübingen 2014 (zit.: U/H/L/*Bearbeiter* GmbHG).

United Nations Commission on International Trade Law: Legislative Guide on Insolvency Law – Part three: Treatment of enterprise groups in insolvency, https://uncitral.un.org/sites/uncitral.un.org/files/media-documents/uncitral/en/leg-guide-insol-part3-ebook-e.pdf, Stand: Juli 2012, zuletzt abgerufen: 21.09.2019 (zitiert: UNCITRAL Legislative Guide III).

***Vallender*, Heinz/*Deyda*, Stephan:** Brauchen wir einen Konzerninsolvenzgerichtsstand?, in: NZI 2009, S. 825–834.

***Veil*, Rüdiger:** Unternehmensverträge – Organisationsautonomie und Vermögensschutz im Recht der Aktiengesellschaft, Habil. HU Berlin, 2003 (zitiert: *Veil* Unternehmensverträge).

***Verhoeven*, Alexander:** Die Konzerninsolvenz – Eine Lanze für ein modernes Insolvenzrecht, Diss. Köln, 2011 (zitiert: *Verhoeven* Konzerninsolvenzrecht).

***Vetter*, Jochen:** 50 Jahre Aktiengesetz, in: ZGR Sonderheft 19 – 50 Jahre Aktiengesetz, hrsg. v. *Fleischer*, Holger/*Koch*, Jens/*Kropff*, Bruno/*Lutter*, Marcus, S. 231–272.

***Voigt*, Hans-Christoph:** Haftung aus Einfluss auf die Aktiengesellschaft (§§ 117, 309, 317 AktG), Diss. Hamburg, 2004 (zitiert: *Voigt* Haftung aus Einfluss).

***Voss*, Bernd:** Zur Einheitsbesteuerung verbundener Unternehmen aus betriebswirtschaftlicher Sicht, in: AG 1973, S. 326–329.

***Wachter*, Thomas (Hrsg.):** Kommentar zum Aktiengesetz, 3. Auflage, Köln 2018 (zitiert: Wachter/*Bearbeiter* AktG).

***Wäger*, Christoph:** Umsatzsteuerrechtliche Organschaft im Wandel, in: DB 2014, S. 915–920.

***Walther*, Gottfried:** Zur Gewinnverwendung beim abhängigen Partner eines Unternehmensvertrags, in: DB 1976, S. 661–664.

***Wand*, Peter/*Tillmann*, Tobias/*Heckenthaler*, Stephan:** Aufsteigende Darlehen und Sicherheiten bei Aktiengesellschaften nach dem MoMiG und der MPS-Entscheidung des BGH, in: AG 2009, S. 148–161.

***Weber*, Wolfgang/*Kabst*, Rüdiger/*Baum*, Matthias:** Einführung in die Betriebswirtschaftslehre, 10. Auflage, Wiesbaden 2018 (zitiert: *Weber/Kabst/Baum* BWL).

***Wellensiek*, Jobst:** Risiken von Beteiligungen in (durch) Insolvenzverfahren der Muttergesellschaften, in: ZIP 1984, S. 541–545.

***Weller*, Marc-Philippe/*Prütting*, Jens:** Handels- und Gesellschaftsrecht, 9. Auflage, München 2016 (zitiert: *Weller/Prütting* Handels- und GesR).

***Westpfahl*, Lars/*Goetker*, Uwe/*Wilkens*, Jochen**: Grenzüberschreitende Insolvenzen, Köln 2008.

***Wiedemann*, Herbert**: Die Unternehmensgruppe im Privatrecht, Tübingen 1988 (zitiert: *Wiedemann* Unternehmensgruppe).

***Wiedemann*, Herbert/*Frey*, Kaspar**: Gesellschaftsrecht, 9. Auflage, München 2016 (zitiert: *Wiedemann/Frey* GesR).

***Wilhelm*, Hermann**: Die Beendigung des Beherrschungs- und Gewinnabführungsvertrags, Diss. Bochum, 1976 (zitiert: *H. Wilhelm* Beendigung der Organisationsverträge).

***Wilhelm*, Jan**: Kapitalgesellschaftsrecht – Mit Grundzügen des Kapitalmarktrechts, 4. Auflage, Berlin/Boston 2018 (zitiert: *J. Wilhelm* KapGesR).

***Wilhelm*, Jan**: Konzernrecht und allgemeines Haftungsrecht, in: DB 1986, S. 2113–2120.

***Wilhelmi*, Rüdiger**: Upstream-Darlehen nach dem MoMiG – Zugleich Besprechung des Urteils des BGH vom 1.12.2008 = WM 2009, 78 – MPS, in: WM 2009, S. 1917–1923.

***Wilken*, Oliver/*Ziens*, Hans-Joachim**: Beendigung von Unternehmensverträgen in der Krise und Insolvenz, in: Festschrift für Friedrich Wilhelm Metzeler zum 70. Geburtstag, hrsg. v. *van Betteray*, Wolfgang/*Delhaes*, Wolfgang, Köln 2003.

***Willig*, Robert**: Multiproduct Technology and Market Structure, in: The American Economic Review 1979, Vol. 69, S. 346–351.

***Wilmowsky*, Peter von**: Insolvenzkonzernrecht: Die Obergesellschaft eines Beherrschungsvertrags in Insolvenz, in: Der Konzern 2016, S. 261–277.

***Wimmer-Leonhardt*, Susanne**: Konzernhaftungsrecht – die Haftung der Konzernmuttergesellschaft für die Tochtergesellschaften im deutschen und englischen Recht, Tübingen 2004 (zitiert: *Wimmer-Leonhardt* Konzernhaftungsrecht).

***Windbichler*, Christine**: Unternehmensverträge und Zusammenschlusskontrolle – Aktienrechtliche Probleme der Auflösung eines Beherrschungs- und Gewinnabführungsvertrags im Rahmen der wettbewerbsrechtlichen Zusammenschlusskontrolle, Diss. München, 1977 (zitiert: *Windbichler* Unternehmensverträge und Zusammenschlusskontrolle).

***Würdinger*, Hans**: Aktienrecht und das Recht der verbundenen Unternehmen – Eine systematische Darstellung, 4. Auflage, Heidelberg/Karlsruhe 1981 (zitiert: *Würdinger* AktR).

***Zeidler*, Finn**: Ausgewählte Probleme des GmbH-Vertragskonzernrechts, in: NZG 1999, S. 692–698.

***Zeiß*, Friedrich (Hrsg.)**: Das Aktiengesetz 1965 – Erläuterungen unter besonderer Berücksichtigung der Verhältnisse kommunaler Gesellschaften (zitiert: Zeiß/*Bearbeiter* AktG 1965).

***Zenner*, Andreas/*Raapke*, Julius**: Sicherheitsleistungsverpflichtung der Konzernmutter gemäß § 303 AktG bei der Beendigung von Beherrschungs- und Gewinnabführungsverträgen für (gegenwärtige und zukünftige) Verlustausgleichsansprüche von Konzernunternehmen gemäß § 302 AktG, in: NZG 2018, S. 681–686.

***Zöllner*, Wolfgang**: Einführung in das Konzernrecht, in: JuS 1968, S. 297–304.

Gebraucht werden die üblichen Abkürzungen:

***Kirchner*, Hildebert**: Abkürzungsverzeichnis der Rechtssprache, 9. Auflage, Berlin 2018.

FSC
www.fsc.org
MIX
Papier | Fördert
gute Waldnutzung
FSC® C083411

Kolibri 360 GmbH
Ferdinand-Jühlke-Straße 7
99095 Erfurt, Deutschland
produktsicherheit@kolibri360.de